看世界

王喜民 著

去非洲
/ Go to Africa

带您领略非洲**全部54个国家**的风土人情——

原始、神秘、狂野,一个独特的奇幻之洲;

物竞天择、弱肉强食,一个震撼的动物世界!

当代世界出版社
THE CONTEMPORARY WORLD PRESS

非洲示意图

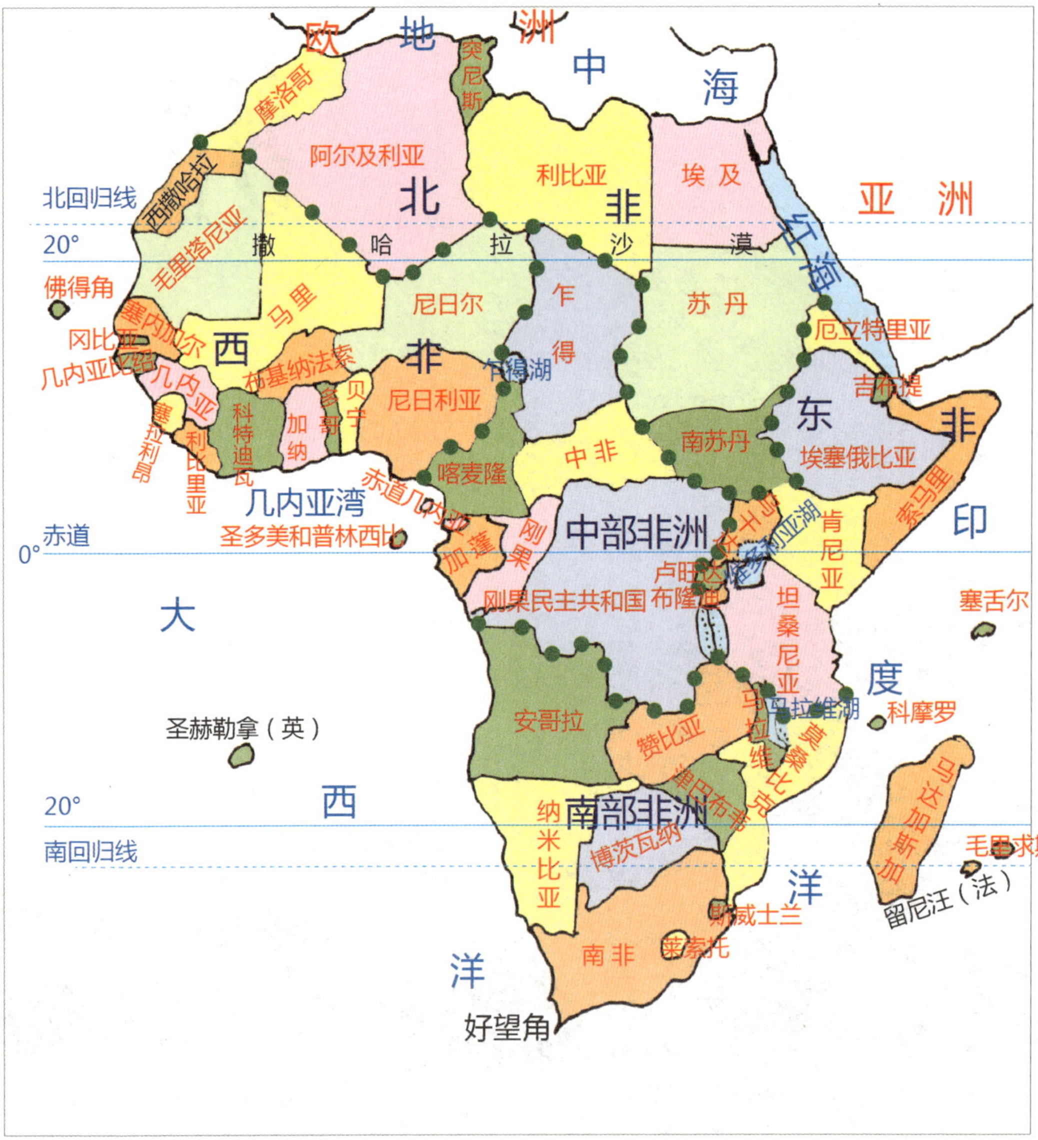

前言

这是一个野性、狂热、粗犷的洲际!

这又是一个生态、自然、绿色的世界!

这就是令人迷恋的地球第二大洲——非洲。

非洲,大自然造化、恩赐的世界之最——

当您站在占非洲面积三分之一的、世界第一大沙漠撒哈拉沙漠,您会立刻感受到连绵不断的滚滚黄沙向您翻卷而来!

当您面对世界第一长河尼罗河,您会马上感触到波光粼粼的水流向您奔涌而来!

当您跋涉世界第一大裂谷东非大裂谷,您会骤然触觉地球上的大伤痕向您扑面而来!

当您来到世界第一大盆地刚果盆地,您会瞬间看到地陷出现的奇景向您铺展而来……

非洲还有世界罕见的最完美的恩戈罗恩戈罗火山口、"可以毁灭世界"的尼拉贡戈火山、世界奇特的弗里德堡陨石坑、超咸的阿萨尔湖和世界最大的钻石"南非之星"、世界最大的赞比亚独块铜矿石及世界独有的"地上彩虹"七色土、奇形石林月亮谷、紫色飘带玫瑰湖、"墨汁涂染"似的黑沙滩等,让您过目不忘……

非洲,拥有极致美妙的自然风光——

当您走进非洲赤道热带雨林,那是地球的"绿色腰带",茫茫无边!

当您眺望地球上的"赤道雪峰"乞力马扎罗山,那是非洲的肚脐,光彩夺目!

当您站在大西洋和印度洋夹击的好望角,您会领略到地球两大洋汇合的波涛巨浪!

当您穿行披满红霞的纳比布沙漠,那是世界上最古老、最原始的荒漠沙丘!

非洲还有飞流直下的"世界三大瀑布"之一的维多利亚大瀑布、生灵纷呈的马赛马拉和塞伦盖蒂大草原、撒哈拉大漠中的明珠乍得湖等等。"世界十大奇景""世界七大奇观""世界八大自然奇迹""世界十大浪漫之地""可以毁灭世界的十大火山"等相续出现在非洲这片充满神奇魅力的大地上,异彩缤纷、绚烂多姿……

非洲,人文景观如梦如幻、如痴如醉——

非洲是人类的发源地,人类文明的摇篮。为此留下世界上著名的历史遗迹,丰富多彩,震撼人心。埃及的金字塔,令人折服!埃塞俄比亚的岩石教堂,叫人惊叹!坦桑尼亚的桑给巴尔石头城,让人叫绝!马里的邦贾加拉悬崖山寨,叹为观止!南非的德拉肯斯山洞岩画,沁人肺腑!这都是世界级的历史文物,还有尼罗河畔的苏丹神庙、尼日尔河谷的杰内古城、撒哈拉沙漠腹地的欣盖提古城、几内亚湾的加纳奴隶堡、诺库埃湖畔的贝宁阿波美皇宫及古都卢克索、阿尔及尔城堡、莫桑比克岛、大里贝拉旧城、戈雷岛等,都是被联合国教科文组织列入的世界文化遗产。跋涉在非洲历史遗迹的尘埃中,感受它的古老、原始和厚重……

非洲,世界上国家分布最多、最密集的洲——

非洲面积3020万平方公里、人口11.22亿,计54个国家和3个地区,其中包括留尼汪(法)、圣赫勒拿(英)及一个有争议的"西撒哈拉"。在地理上分为北非、东非、西非、中部非洲、南部非洲地区及周边岛国。非洲不仅国家分布多,也是世界上民族成分最复杂的地区,大多数民族属黑种人,而人口的出生率、死亡率、增长率均居世界各洲的前列。由于长期被专制统治和殖民,成为世界上经济发展水平最低的一个洲,是世界上发展中国家最集中的一个洲……

非洲,地理、气候、环境孕育了庞大的动物世界——

非洲全称"阿非利加洲"。"阿非利加"希腊文为"阳光灼热"之意。非洲大陆地跨南北半球,赤道横贯非洲中部,大部分地区位于南、北回归线之间,是世界上地处南北回归线陆地面积最大的一个洲,有四分之三的土地受到太阳的垂直照射,全年高温地区的面积广大,有"热带大陆"之称,成为世界上最炎热的大陆。非洲是世界上热带草原气候分布最广的洲，其草原面积居世界各洲之首，占非洲总面积27%，而热带雨林面积之大仅次于亚马逊热带雨林。如果说亚马逊热带雨林为"地球之肺"，那么非洲热带雨林应该是"地球之肺叶"。为此，非洲的动植物资源极为丰富，其大型野生动物种类和数量均居世界第一，被称为"天然动物园"，尤其是东非热带草原，是野生动物最大的集聚地区。当您穿行在热带草原，会深切感受到"物竞天择，适者生存""弱肉强食"的自然法则，那狮子猎食斑马、豹子追杀羚羊的场面；那角马争战、犀牛角斗的场景，撕裂人心……而在动物大迁徙之季，那浩浩浩荡荡的动物世界又分外壮观……

非洲，充满了奇特、神秘、奥妙的趣闻轶事——

原始的非洲大陆上有着独特的风土人情。非洲人吃虫子是一种习俗，还有食蚁、食土的习惯；海椰子，形似女性的生殖器官，极为罕见，成为世界上珍奇的植物种子；旷世奇观斯威士兰的芦苇节选妃，一年一度国王如期举办且声势浩大；俾格米人被称为"袖珍民族"却是森林中的勇士；辛巴族"红泥人"即将消失；莫西部落妇女唇戴泥盘，以此为荣；还有的部族将耳朵打洞垂坠，把门牙拔掉，以炫耀美……

非洲，有着古朴粗犷、浓郁厚重的历史文化——

非洲是世界古人类和古文明的发祥地，是人类进化史上从古猿到现代人都存在过的大陆，是世界上最古老的人类化石发现地，其中尼罗河流域是世界古代文明的摇篮。早在公元前4000多年，非洲便有了最早的文字记载。非洲北部最早出现的古建筑、古墓群、古雕刻、古绘画、古泥塑，成为人类史上的杰作和世界历史上的奇迹。追溯非洲的文化源泉，其皮鼓、打击乐、草裙舞、面具舞、黑木刻、沙画等都是传统产物。在演唱上，非洲人疯狂跳跃的舞步，纵情叫喊的歌声，野性扭动的身躯，抒发、释放着纯真和力量。非洲人还在婚丧、嫁娶、服饰、餐饮等习俗方面有着浓郁的风土人情。这一切都印刻着非洲文明的璀璨、绚丽……

非洲，深刻着殖民者统治、压榨、掠夺的烙印——

非洲原始自然，资源丰厚，西方殖民者早就盯上了这块宝地。自1415年西班牙人占领休达开始，葡、荷、英、法等国陆续登陆，瓜分、侵占非洲这块"处女地"，并进行野蛮、残酷的殖民统治，大肆掠夺，疯狂杀戮，还将数以千万计的黑人贩卖他乡，给非洲人民带来深重灾难，伤痕累累，罄竹难书……

非洲，疑惑、不解、茫然无知的谜团——

在非洲这块原始的大陆上，充溢着神秘的色彩，有许多没有解开的谜团。撒哈拉沙漠中奇形怪状的岩画年代难以稽查，茫然、迷惑，成为人类文明史上的一个谜。在冈比亚河长达350多公里的河畔上，布满上千大大小小的石圈，这些世上罕见的石圈真正的作用有着多种说法。在非洲原始森林中生活的"小人国"国民为什么身材矮小？曾有不少专家探讨过，追踪其祖先出自何方。被认为绝种的寇拉侃兹鱼是3.7亿年前的古生物，比恐龙出现得还早，在非洲竟然被发现并捕捉到，实在不可思议。圆形博苏姆推湖一说是陨石落下形成，那么陨石的体积将是多大才能沉陷出如此巨大的深潭？非洲还有很多疑点，如一些没有定论的古墓穴、古神殿、稀有动物、罕见植物……

非洲，深印着众多的中国元素——

在非洲，中国项目可谓比比皆是。中国援建或承建的铁路、公路、大桥、隧道、涵洞等非常醒目，大型体育场、会展中心、医院、学校、工厂遍布各地，尤其是地标性建筑国会大厦、总统府多是中国人的杰作。中餐馆、华人宾馆、华人诊所、华人店铺、华人超市更如雨后春笋。中国医疗队、中国石油、中国勘探、中国电力、中国交通、中国建筑等已扎根非洲这片热土。中国与非洲早在毛泽东时代就建立了牢不可破的友谊，天长日久。行走在这块原始的土地上，您一定会感受到非洲人的热情、好客、真诚……

非洲，这是一块既野性又粗犷的疆域！

非洲，这里仍然披着神秘的面纱！

王喜民
2018年6月3日

目 录

01 北非：撒哈拉沙漠中的历史遗迹

埃及：世界文明古国 ………………………… 012
探秘"世界七大奇迹"之金字塔 ………………… 018
穿越撒哈拉沙漠去"宫殿之城"卢克索 ………… 023
苏丹：荡舟世界第一长河尼罗河 ……………… 027
撒哈拉沙漠寻"古"纪行 ………………………… 031
南苏丹：战乱动荡的国度 ……………………… 040
利比亚：电影《战狼2》中国撤侨事发地 …… 046
突尼斯："北非之角"一瞥 …………………… 055
挺进撒哈拉深处领略世界第一大沙漠 ………… 060
阿尔及利亚："白色之城"阿尔及尔 ………… 069
从温泉瀑布到蒂姆加德和贾米拉罗马遗址 …… 073
摩洛哥："北非花园" ………………………… 079

02 东非：大裂谷中的动物世界

埃塞俄比亚："人类之母"露西 ……………… 090
"世界奇迹"拉利贝拉岩石教堂 ………………… 095
莫西女人唇戴泥盘为"美" ……………………… 099
厄立特里亚：从"云中之城"到"红海明珠" … 103
吉布提：沿"月球表面"地形去阿萨尔湖 …… 110
索马里：铤而走险"海盗之国" ……………… 114

肯尼亚："阳光下的绿城"内罗毕 ·········· 122
"地球最大疤痕"世界第一长的东非大裂谷 ········ 126
"大裂谷中的明珠"纳库鲁湖 ············ 128
在马赛马拉看动物世界 ················ 132
作客马赛人部落 ···················· 140
过赤道线夜宿"树顶"旅馆 ············· 144
坦桑尼亚："赤道雪峰"乞力马扎罗山 ······ 148
横穿"裂谷带上的大盆"恩戈罗恩戈罗火山口 ····· 152
闯进"非洲的动物王国"塞伦盖蒂 ·········· 157
"丁香之岛"桑给巴尔 ················ 163
坦赞铁路千里行 ···················· 167
乌干达："非洲明珠"东西大穿越 ········· 171
卢旺达："千丘之国"的大屠杀 ··········· 178
到原始森林探寻山地大猩猩 ············· 183
布隆迪："山国无处不飞花" ············ 187

03 西非：国家最密集纷呈的区域

西撒哈拉：追踪大漠中三毛的足迹 ········· 194
毛里塔尼亚："沙漠之国"中的"沙漠之都" ······ 199
去撒哈拉沙漠腹地看欣盖提古城 ·········· 203
塞内加尔："非洲凸出最西端之国" ········ 208
踏浪戈雷岛探访贩卖黑奴遗址 ············ 212
冈比亚：神秘莫测的石圈阵 ············· 216
马里："鳄鱼之城"巴马科 ············· 220
踏访塞古土城 ······················ 225
奔赴邦贾加拉悬崖山寨 ················ 229
"尼日尔河谷的宝石"杰内古城 ··········· 237
布基纳法索：寻访"非洲影都" ·········· 241
几内亚：登上"西非的水塔" ············ 246
几内亚比绍：走笔"西非热带水乡" ········ 251

惊看佩贝尔部落的男孩割礼⋯⋯⋯⋯⋯⋯⋯⋯⋯⋯⋯⋯⋯254
船行博拉马岛寻找失落的旧都⋯⋯⋯⋯⋯⋯⋯⋯⋯⋯257
塞拉利昂：木棉树下的首都弗里敦⋯⋯⋯⋯⋯⋯⋯⋯261
利比里亚：从奴隶回归岛到中国维和部队⋯⋯⋯⋯⋯266
科特迪瓦："象牙海岸"⋯⋯⋯⋯⋯⋯⋯⋯⋯⋯⋯⋯⋯272
加纳："黄金海岸"⋯⋯⋯⋯⋯⋯⋯⋯⋯⋯⋯⋯⋯⋯⋯277
囚禁贩卖黑人的埃尔米纳奴隶堡⋯⋯⋯⋯⋯⋯⋯⋯⋯281
多哥：崇尚动物尸骨的拜物教⋯⋯⋯⋯⋯⋯⋯⋯⋯⋯285
贝宁："奴隶海岸"⋯⋯⋯⋯⋯⋯⋯⋯⋯⋯⋯⋯⋯⋯⋯290
沉睡的历史遗迹阿波美皇宫⋯⋯⋯⋯⋯⋯⋯⋯⋯⋯⋯294
令人毛骨悚然的蟒蛇庙⋯⋯⋯⋯⋯⋯⋯⋯⋯⋯⋯⋯⋯297
泛舟"非洲威尼斯"水上村庄冈维埃⋯⋯⋯⋯⋯⋯⋯⋯301
尼日尔：撒哈拉大漠中的"中国热"⋯⋯⋯⋯⋯⋯⋯⋯304
穿行原始部落去W保护区看蚂蚁山⋯⋯⋯⋯⋯⋯⋯⋯309
尼日利亚：非洲人口第一大国⋯⋯⋯⋯⋯⋯⋯⋯⋯⋯314
"水上岛城"拉各斯⋯⋯⋯⋯⋯⋯⋯⋯⋯⋯⋯⋯⋯⋯⋯318
一夫多妻的平民乐手非拉⋯⋯⋯⋯⋯⋯⋯⋯⋯⋯⋯⋯322

04 中部非洲：非洲的"心脏"地带

乍得："非洲死亡之心"⋯⋯⋯⋯⋯⋯⋯⋯⋯⋯⋯⋯⋯328
踏行乡路去探访苏丹寝宫⋯⋯⋯⋯⋯⋯⋯⋯⋯⋯⋯⋯332
"撒哈拉沙漠中的明珠"乍得湖⋯⋯⋯⋯⋯⋯⋯⋯⋯⋯336
中非：人吃虫子的嗜好⋯⋯⋯⋯⋯⋯⋯⋯⋯⋯⋯⋯⋯339
拜访"小人国"的"袖珍民族"俾格米人⋯⋯⋯⋯⋯⋯343
喀麦隆：非洲的"小非洲"⋯⋯⋯⋯⋯⋯⋯⋯⋯⋯⋯347
杜阿拉·布埃亚·林贝⋯⋯⋯⋯⋯⋯⋯⋯⋯⋯⋯⋯⋯351
赤道几内亚："黑人之国"⋯⋯⋯⋯⋯⋯⋯⋯⋯⋯⋯355
加蓬：赤道线上的"森林之国"⋯⋯⋯⋯⋯⋯⋯⋯⋯360
跋涉"地球肺叶"非洲热带雨林⋯⋯⋯⋯⋯⋯⋯⋯⋯365

劈波斩浪龟岛行·················369
刚果（布）：" 黑暗的心 "·················372
刚果（金）：" 非洲的心脏 "·················378
攀登 " 可以毁灭世界 " 的尼拉贡戈火山·················385

05 南部非洲：两大洋夹角的多彩陆块

安哥拉：" 非洲的巴西 "·················394
赞比亚：" 铜矿之国 "·················401
从利文斯顿过赞比西河去姆库尼部落·················405
马拉维：荡漾马拉维湖·················408
莫桑比克：" 腰果之乡 "·················414
" 石头之城 " 莫桑比克岛·················419
斯威士兰：旷世奇观芦苇节选妃·················422
津巴布韦：世界三大瀑布之一的维多利亚大瀑布···428
博茨瓦纳：夜宿乔贝公园·················433
纳米比亚：悲凉的苏丝斯黎沙漠·················439
到鲸湾赏大西洋·················447
将要消失的原始部落辛巴族 " 红泥人 "·················451
南非：" 钻石王国 "·················456
" 紫荆花之城 " 比勒陀利亚·················460
" 海角之城 " 开普敦·················465
" 非洲最西南端点 " 好望角·················470
" 祖鲁人的故乡 " 德班·················476
从圣卢西亚湿地到德拉肯斯山脉·················480
莱索托：" 国中之国 "·················488

06 非洲岛国：两大洋中的绿翡翠

塞舌尔："印度洋上的明珠"……………………………… 498
普拉兰岛的海椰子…………………………………… 503
拉迪格岛——世界上出镜率最高的海滩……………… 506
科摩罗："月亮岛"上妇女的"花花脸"……………… 509
马达加斯加："牛的王国"……………………………… 515
去昂达西贝看世界稀有狐猴…………………………… 519
走近猴面包树………………………………………… 522
毛里求斯："人间的伊甸园"…………………………… 527
留尼汪（法）：火山与冰斗并存的"千貌之岛"…… 533
圣多美和普林西比：大西洋上的"赤道公园"……… 539
普林西比岛人的"头顶功夫"………………………… 543
佛得角：非洲最西部的海岛国家……………………… 547
圣赫勒拿（英）：流放拿破仑之岛…………………… 552

后记………………………………………………… 560

第一章 北非
撒哈拉沙漠中的历史遗迹

茫茫无际的世界第一大漠撒哈拉沙漠从这里延伸，浩瀚无边的沙海里散落着瑰丽多彩、古香古色的历史遗迹……这就是北非！

北非，即非洲大陆北部地区，包含埃及、苏丹、南苏丹、利比亚、突尼斯、阿尔及利亚、摩洛哥7个国家，70%以上为阿拉伯人，属于"阿拉伯世界"。北非处在世界第一大沙漠撒哈拉沙漠北缘，世界第一长河尼罗河穿越而过，造就众多的历史遗迹：埃及大漠中的金字塔、苏丹沙丘中的神庙群、利比亚荒砾中的塞卜拉泰考古遗址、突尼斯的迦太基古城、阿尔及尔城堡、摩洛哥古都菲斯……

埃及：世界文明古国

白云，蓝天，大海……

飞机穿越地中海，降落在埃及（Egypt）首都开罗（Cairo），顿感走进一个古老的国度……

非洲之行，埃及是第一站。埃及，与中国一样，是世界四大文明古国之一，这里古迹闻名于世，有"文明古国""金字塔之国"之称。

埃及位于非洲东北部，面积100.1万平方公里、人口8800万，撒哈拉沙

⬇ 飞机穿越地中海靠近埃及开罗城

进入"千塔之城"开罗市区云开雾散

漠占到全国总面积的90%以上,居民大多集中在尼罗河三角洲及尼罗河两岸。希腊一位历史学家称"埃及是尼罗河的赠礼",说明埃及的存在源于尼罗河。干旱、燥热、少雨是这个国家的气候特点,夏季温度可超过50度。正是由于干燥,使得这个国家的千年古迹得以保留下来。

全球收藏木乃伊最多的埃及国家博物馆

博物馆镇馆之宝法老坐像

埃及,阿拉伯人称之为"米斯尔",意为"辽阔的国家"。尼罗河是埃及文化

第一章 北非:撒哈拉沙漠中的历史遗迹 | 013

的摇篮，也是世界文化的发祥地之一。

走进开罗城区放眼望去，清真寺、宣礼塔、古城堡、老神殿，众多的历史遗迹星罗棋布，比比皆是。开罗是世界上最古老的城市之一，是非洲及阿拉伯世界最大最古老的城市，城内拥有800多座清真寺、622处历史古迹和著名古建筑。开罗也因此有了"千塔之城"的称谓。在阿拉伯语中，"开罗"意为"胜利"。1979年开罗被联合国教科文组织列入世界文化遗产。

埃及国家博物馆坐落于尼罗河东岸，是一座不太高的二层建筑，外表墙面为暗红色调，看上去并不起眼，但它却在全球首屈一指，收藏展出令人惊叹的木乃伊。博物馆前竖立着狮身人面石雕；花池中的纸莎草茎杆为三角形，象征金字塔，是古代法老最喜爱的植物。进入馆内，真是让人眼花缭乱！这里收藏的尽是上千年的古物，包括皇家家族雕像、石棺、木乃伊、王冠、石碑、寝具、黄金首饰等共计15万件。如果每件只看半分钟，需要一个星期的时间。一件件古物，穿越铺展出古埃及纵横千年的历史痕迹……

公元前3200年美尼斯统一埃及建立第一个奴隶制国家，国王称为法老，先后经历了古王国、中王国、新王国和后王国。公元前525年成为波斯帝国一个省，之后被希腊和罗马占领。公元641年被阿拉伯人统治。1882年英国侵入，直到1922年宣布独立。

萨拉丁城堡是开罗的地标，位于穆盖塔姆山丘之上，是全市制高点，无论在开罗哪个角落都能看到它。城堡始建于12世纪，出自埃及将军萨拉丁之手，起因就是看上了居高临下的地理位置。城堡的城墙高大、宏伟，是防守和进攻的极佳地方。城墙及塔楼能够保存下来是开罗人民的骄傲和自豪，它成为外国游客必去之处，也是市民休闲的最好地方，从这里眺望，整个开罗市容尽收眼底。城堡占地辽阔，包括了穆罕默德·阿里清真寺、纳西尔·穆罕默德清真寺、萨雷曼巴夏清真寺及军事博物馆等五处别具特色的建筑，特别是最具代表性的穆罕默德·阿里清真寺。

穆罕默德·阿里清真寺又称"雪花石膏清真寺"，为世界上珍奇的文物建筑，根据土耳其蓝色清真寺而建，既有土耳其神韵又有奥斯曼风格，采用了雪花石膏装饰。我请教讲解员："清真寺为什么冠名穆罕默德·阿里呢？"回答是："清

⬆ 从清真寺走出来朝气蓬勃的少女们

真寺由穆罕默德·阿里名字所起,是有原因的,穆罕默德·阿里是个传奇式人物,在埃及享有崇高的声誉。那是在曼路克与奥斯曼互相残杀之时,他被受封为总督后借城堡集会之际突然下令杀掉 500 名曼路克将领,为统一埃及奠定了坚实基础。"

开罗除城堡中的三个清真寺外,还有伊木图伦、爱兹哈尔、哈基姆、苏丹哈桑、安奎沙克、阿克玛、古里等清真寺,清真寺之多不亚于伊斯坦布尔,为此,开罗市专门设置伊斯兰区,有"清真寺之城"的称谓。

开罗城悠久古老,在世界文明史中占有很重要的地位,如果从大开罗讲,还要加上开罗周边的吉萨、萨卡拉、孟菲斯和代赫舒尔,这些郊外的古迹也同样令人震撼。

我驱车到开罗市南郊外的梅特拉希纳村,参观孟菲斯遗址。公元前 3200 年的美尼斯统一埃及后在此创建孟菲斯城,成立埃及第一个王朝,孟菲斯便成为埃及最古老的首都。这里展出的新王国拉美西斯二世巨型卧姿石雕像,仅头至膝盖长达 12.88 米,且雕工细腻。户外展出了许多当年留下的石雕,包括人像、石碑、石棺等,其中挖掘出的阿曼和阗二世狮身人面像最有吸引力。1979 年,

第一章 北非:撒哈拉沙漠中的历史遗迹 | 015

◀ 夜幕中的汉·哈利里市场商品琳琅满目

孟菲斯古城被联合国教科文组织列入世界文化遗产。

埃及的历史遗迹丰厚，吸引了世人眼球，其中有中国的科考队、学生夏令营和多家旅行社团。我是跟随中国学生夏令营踏访的。

回到开罗市区已是万家灯火，我来到市中心的汉·哈利里市场，感受这里的繁华，观看纸莎草画店手绘技艺，听香精香水的制造过程。当在市场上看到货架上的彩蛋时有些惊奇，埃及人将鸡蛋视为生命的起源，尤其在"闻风节"，吃彩蛋认为最吉利。

谈到"闻风节"，柜台老板娘说："闻风节相当于中国的春节，是埃及人的传统习俗，已有5000多年的历史，也是世界上最古老的节日。古埃及人认为，每年春分那天是万物复苏的时辰，是春天到来的日子。在这一天，感受春天来临的气息，闻春天的新鲜空气。"老板娘随后介绍，"闻风节"在阿拉伯语中叫"夏姆·纳西姆"，"夏姆"是"吸和闻"之意，"纳西姆"是"微风"之意。犹太教的逾越节和基督教的复活节，都源自闻风节，而且是同一天。

开罗的夜色是美丽的，尤其是尼罗河之夜更加壮美，铺满远处彩色的灯光和平静淌过的水流，仿佛一幅绝美的画卷。我乘上一座豪华游轮，一层可吃饭看肚皮舞，二层喝咖啡听歌欣赏音乐，三层观光。毫不犹豫，我登上三层甲板，开罗的夜景豁然眼前，那变化的霓虹灯，闪烁不同色彩的射灯，转动的探照灯，流动来往的船灯，流线似的汽车灯，清真寺的塔灯，将开罗的夜色装扮得非常漂亮，特别是水中五颜六色的灯光倒影，粼粼波纹，使开罗有了动感……

尼罗河是世界第一长河，全长6600多公里，流经埃及、苏丹、乌干达等多个非洲国家，其中在埃及段水量最为丰富。

夜色中的尼罗河水是多彩的、动人的，时而波光粼粼，时而流光溢彩，时而彩灯折射。随着游船由北向南缓缓行进，广播电视塔、开罗塔、希尔顿大厦、阿拉伯国家联盟总部大楼、中央大厦、国会大厦等一一从身边滑过,不同的线条,不同的彩灯,不同的层次,让人目不暇接。

伴着热闹的音乐,我走下甲板去聆听、观看非洲歌舞,只见歌者面对游人放声高唱,让你了解非洲风情。肚皮舞姑娘袒胸露膀亮肚皮,扭动着轻灵的腰肢吸引游客不时上前与其合影。

夜深,游船开始返航,肚皮舞娘停止跳动,歌唱者收起歌喉,游船一下子静了下来。这时,我面对缓缓流淌的尼罗河,看着两岸如织的灯光,仿佛听到尼罗河在讲述那文明的兴衰……

远古与现代在这时光交错中重叠了……

尼罗河,人类古代文明的摇篮、发祥地……

开罗城,在展示那千年的画卷……

▼ 巍然屹立的开罗塔直插青云

探秘"世界七大奇迹"之金字塔

晨光照射在尼罗河上,朝霞散满金黄色的沙丘……

迎着初升的太阳,伴着干燥的西风,我去撒哈拉大漠边缘,探秘举世闻名的金字塔。

埃及金字塔被列为"世界七大奇迹"之首,在90多处金字塔遗迹中,70座完整无损,剩余的已成废墟。金字塔形状象征太阳光线之照射,是埃及国王法老崇尚太阳的标志。1979年,埃及金字塔群被联合国教科文组织列为世界文

⬇ 蔚为壮观的胡夫金字塔

化遗产。

踩着沙粒,我离开开罗,来到6公里外的吉萨地域金字塔群。一座巨大的金字塔豁然出现,这便是著名的胡夫金字塔,在阳光照耀下闪烁着耀眼的光芒!这样高大雄伟让人窒息的金字塔,实在令人震撼!它不愧为"世界七大奇迹"之一!

穿过乱石,我步步靠近胡夫金字塔,近距离用手去触摸,感受这世界的奇迹。金字塔底站满了人,石阶上也坐满了人,洞穴同样挤满了人,人们都在感触着这一人间奇迹,感知着几千年前留下的古老文明。

胡夫金字塔是埃及90多座金字塔中最大的一座,塔高146.59米,塔四边侧面分别对着东、西、南、北,塔底为四方形,边长230.33米,塔底面积5.3万平方米。胡夫金字塔的建造可以追溯到公元前4500年前,当时动用了3万

⬇ 胡夫金字塔用每块重2.8吨、共250多万块石头砌成,令世人惊叹

多民工，从外地运来 250 多万块石头，每块石头重达 2.8 吨，总重量达 700 万吨。有人曾估算：如果将胡夫金字塔的石块垒成高 2 米厚 30 厘米的石墙，可绕法国边界一圈。

　　站在胡夫金字塔的一侧，还能看到太阳船、遗落的塔尖、皇后金字塔、堤道等遗迹。在通向塔心一面的洞口，人们排着长长的队伍等待参观。据说这里每天只卖一定数量的门票，每次不到十分钟便被一抢而空。

　　胡夫是埃及古王国时期第四王朝的国王，他们的儿子卡夫拉、孙子孟卡拉都在这里建造了金字塔。祖孙三代的三座金字塔成了大漠中一道宏伟亮丽的风景。

　　卡夫拉金字塔比胡夫金字塔略小，但建在一处高地上，所以视觉上比胡夫金字塔更为壮观。此外，这座金字塔的塔顶，仍保留着石灰岩原貌。走到塔底，这里同样围满参观的人群，在通向塔心通道口，依然排满了参观者。卡夫拉金字塔更具特色的是它前方的狮身人面像。穿过人流，我到达狮身人面像前，雄伟的狮身盘踞在塔前，忠实而坚定地守护着金字塔中的主人；人面相貌虽肃穆

▼ 卡夫拉金字塔前的狮身人面像

却慈祥和蔼。据说是根据卡夫拉的面容雕刻而成的。整座雕像依山体而作，石像身长74米、高21米、面部宽5米，仅一只耳朵就长达2米。烈日下的狮身人面像，如金字塔闪耀着神秘般光芒让人刺目。狮身人面像在阿拉伯语中为"恐怖之父"。古埃及人认为狮身人像是智慧和权力的象征，法老常把它竖在墓外作为守护之神。狮身人面像不仅提高了卡夫拉金字塔的观赏价值，还成了古埃及文明的代名词，它同金字塔一样举世闻名，是埃及的象征。

绕过卡夫拉金字塔，来到孟卡拉金字塔南面。这里依然聚满了观光者。孟卡拉的金字塔比父亲卡夫拉的金字塔小，比爷

↑ 当地妇女绕行金字塔群向游人展示纪念品

↓ 金字塔前穿白色长袍的阿拉伯人为游客提供踏沙、骑行等活动

↑ 金字塔前的驼队

第一章　北非：撒哈拉沙漠中的历史遗迹 | 021

爷胡夫的金字塔更小，几乎小到十分之一，但十分精致。站在此地眺望，视觉上三个金字塔大小并没多大差别。这正是孟卡拉国王设计金字塔的绝妙之所在。

祖孙三代金字塔大小排序格外分明，但又各具特色，既保留了辈分距离，又突出特点，给予后人不同的感受。

能够畅游金字塔是极难得的人生幸事。埃及人敏锐地捕捉到了游客的心态，牵来很多骆驼供人骑，摆设出许多纪念品吸引你驻足，背来很多瓶装水让高温下的你慢下脚步。向导一再说："不要骑骆驼，说要4美元，等你下来时就变成10美金，因为有些中国人听四和十发音没多大差别；不要买小商品，全是假冒伪劣的；不要喝瓶装水，那会上当。"但我还是要骑一骑，因为骑着埃及骆驼，踩着撒哈拉大漠观看金字塔，感觉是不一样的。我还是买了一件工艺品，尽管它是假的，但它来自金字塔的故乡。我还是要喝一瓶"上当水"，因为它可以饮水思源……

五千年悠悠岁月，昔人已去，金字塔尚存。它给人类留下多少谜题和思索？金字塔高的平方和每个侧面三角形面积相等；塔高的十亿倍相等于太阳与地球的距离；以金字塔中心为圆心，高度为半径画圆，其圆周长和金字塔底部周长相等；塔底四周边长除以塔高的二倍恰是圆周率……所有这些都值得人们研究、探索、考证……

金字塔，神秘莫测，人间的奇迹！

金字塔，宏伟壮丽，世界的瑰宝！

穿越撒哈拉沙漠去"宫殿之城"卢克索

汽车在撒哈拉大漠中行驶。一边是滔滔尼罗河,一边是滚滚黄沙渍……

我是从埃及首都开罗启程的,去往历史古城卢克索。

卢克索古城于1979年被联合国教科文组织列为世界文化遗产。"卢克索"阿拉伯语是"底比斯",意为"宫殿之城"。

沿途,穿越世界第一大沙漠撒哈拉大漠。撒哈拉沙漠分布着9个国家,其中北非有埃及、苏丹、利比亚、突尼斯和阿尔及利亚5个国家。西非有毛里塔尼亚、马里、尼日尔三个国家和西撒哈拉一个地区。中部非洲只有乍得一个国家。有的国家处在撒哈拉边缘地带。

从开罗沿尼罗河南行700公里到达卢克索。走进市区,一座崭新而又古老的城市展露在面前,绿树鲜花映衬着低矮房屋,

粗大梁柱直上青云

马路一尘不染，非常洁净，环境十分优美。

埃及人喜欢卢克索的心劲儿要比开罗高，这里很多古迹在某些地方并不亚于开罗，到埃及不来卢克索将留下终生遗憾。有人说来埃及不到卢克索不算到埃及，这话是有道理的。

为什么卢克索有这么大的吸引力？原来卢克索的历史比开罗还要悠久，它是古埃及中王朝和新王朝时期的首都，距今已有4000多年。王朝地域除埃及外还包括了现在的苏丹、利比亚、伊拉克等国家。从出土文物和现存遗址看，卢克索是当时世界上最大的都城，因为都城中有恢弘的神殿和众多的大门，称之为"百门之城"。难怪卢克索的阿拉伯文誉之为"宫殿之城"呢，被列为世界文化遗产当之无愧！

卢克索坐落在尼罗河河畔，有意思的是河西有"死城"之说，因为帝王谷中有60多位国王墓室；河东有"活城"之说，众多神殿供奉的法老是充分的证明。

我首先来到河东岸的卡纳克阿蒙神殿，它是距今为止世界上最大的古神殿建筑群，占地达100多公顷，南北长550米、宽480米。神殿从中王国时期萨努塞一世开始兴建，在2000多年的时间跨度里，各朝各代都在原基础上扩建，建筑规模一朝大似一朝，时至今日，保留下如此庞大、不同朝代造型各异的建筑群。

进去第一塔门，两排82个狮身羊面石雕，威风凛凛。羊头下面是国王石像，非常壮观而威严。接着过一个高32米的城门又是一个很大很宽阔的殿院，在第二塔门前立有一尊拉美西斯二世雕像，其双腿前还有一座小的雕像，那

⬇ 卢克索威风凛凛的狮身羊面群雕象征太阳与力量

是国王的女儿。过塔门之后又是一个宫殿，它虽比不过上一处院大，但立有许许多多的大石柱，耸入云天。看上去雄伟、凝重、大气。每个石柱重达10多吨，甚至几十吨，令人叹为观止。我在石柱林中数了一下，共有136根，最高的两排石柱立在中央，计12根。这些巨柱7个人手拉手合抱不住，石柱顶部可同时站立50人。这在全世界独一无二，实为罕见。过石柱林是两个刺破蓝天的方尖碑，做工刻字十分精湛。神殿里还有庆典厅、圣船殿、石雕像、池水塘。而一具屎壳郎石雕颇为吸引人，据说埃及人认为屎壳郎就是圣甲虫，圣甲虫可以帮助人完成生死交替，孕育着生命，又是力量的象征，故而备受尊崇。

与卡纳克阿蒙神殿媲美的还有卢克索神殿，二者相距仅3公里。尽管卢克索神殿规模小，但它的壮观、宏伟并不逊色于卡纳克阿蒙神殿，特别是之中的巨石柱，同样令人赞叹震撼。卢克索神殿前的两排狮身人面雕像多达730座，若不被破坏，可

顶天立地的卢克索方尖碑

石柱廊道

↑ 孤独立柱跋地而起

一直排列到卡纳克阿蒙神殿前,这不能不说又是世界一大奇观。目前,科学家正在对深埋、损坏的石像进行挖掘和修整,不久的将来使之重见天日。

帝王谷是卢克索古迹的经典之作,形似金字塔的山下散落着62座帝王陵,墓室的绘画、雕像展品同样令人叹为观止。

卢克索一程尽兴而归。之后,我到红海探访。

汽车又一次穿越撒哈拉沙漠,来到红海岸边的古尔代盖,随后改乘玻璃船进入红海深处,观赏珊瑚和五颜六色的各种游鱼。红海上至苏伊士运河到地中海,下至亚丁湾到印度洋,是非洲和亚洲的分界线。乘船在亚、非两洲之间航行,激起莫大的兴趣,一面眺望阿拉伯国土,一面视看埃及东海岸,还能远眺西奈半岛,其乐融融,何其幸哉!

红海里的水清透见底,蓝得出奇,特别是海底的珊瑚缤纷多彩,鱼儿千奇百怪,水草摇曳生姿,海岛青翠欲滴,我被这艘航船带进了一个童话世界……

返程中,思绪翻飞,"红海"与"卢克索"不是同一个概念,此时两者却交织在一起,回味无穷……

苏丹:荡舟世界第一长河尼罗河

清晨,霞光万道,铺洒在尼罗河面上……

一叶木舟,披着金色的朝阳,在尼罗河上穿行……

我是凌晨4点多钟乘飞机到达苏丹(Sudan)首都喀土穆(Khartoum)国际机场的。荡舟尼罗河是我苏丹之行的首选项目。

小船儿轻轻地飘荡在水中,伴随着船夫兄弟的划桨声,听取翻译玛那乐·埃拉米女士的介绍——

"尼罗河穿过喀土穆全城。而发源于埃塞俄比亚塔纳湖的青尼罗河和发源于乌干达维多利亚湖的白尼罗河,交汇在此,成为尼罗河中游和上游的分界点。"

埃拉米女士是国家外事局的翻译,淳朴、大方,对历史颇有研究,她的开场白引起我的莫大兴趣——

"苏丹首都为什么叫喀土穆?阿拉伯语意为:大象鼻子!因为青、白尼罗河在此交汇很似大象鼻子,城市故而得名。该城由喀土穆、北喀土穆和恩图曼三

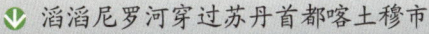

滔滔尼罗河穿过苏丹首都喀土穆市

镇组成，人口600万，是全国人口的五分之一多。苏丹全国有'世界火炉'之喻，气温可达50度，地表温度最高可达70度。而首都喀土穆则有'世界热都'之称。"

埃拉米不讲还好，她这么一提，我猛然感到热浪扑面，这大概是心理作用吧！随着船公的一声口哨，河岸出现了一座米黄色的建筑，神秘地掩映在绿树丛中，原来那是总统府。

"总统府面朝青尼罗河，处在滨河大道，它是1834年土耳其奥斯曼帝国占领苏丹时期始建的行宫，苏丹16世纪并入土耳其帝国，1899年沦为英国殖民地，这座行宫便成为英国的总督府。1885年1月26日，曾血腥镇压中国太平天国革命、时任苏丹总督的戈登，在总督府被苏丹马赫迪·穆罕默德起义军用长矛刺死。1956年成立苏丹共和国时这里改为总统府。1964年周恩来和陈毅访问苏丹时就住在总统府。"

民族英雄马赫迪寝宫

经埃拉米女士这一介绍，原来总统府与中国还有渊源。

船过总统府后，隐隐约约看到一个银白色的尖塔。埃拉米女士解释："那就是上面说的马赫迪·穆罕默德曾经的住所，他是苏丹的民族英雄，起义军的领袖。当年，马赫迪领导人民起义，反压迫、反统治，全歼一万多拥有英式现代化装备的埃及士兵（英国人指挥），并攻克喀土穆击毙总督戈登，名扬于世。1885年，马赫迪去世后就长眠在他的住宅，后人为他修筑了银塔。"

国家博物馆

在马赫迪塔对面，还有一处苏丹哈里瓦国王的住宅别具特色，埃拉米女士也作了介绍。

在滨河大道，在青尼罗河畔，

一座圆柱式样的建筑出现在眼前，楼体蓝白相间，十分壮观。楼的顶部显示出"CORINTHIA"9个英文字母。这时船公指着这一特殊的建筑说："那是科林西亚酒店。"据介绍，这家酒店是苏丹首都的地标，在各个角度都能看到它的球型身姿。这是利比亚前总统卡扎菲儿子建造的，是他的海外资产。酒店建造得十分豪华，顶部设有旋转餐厅和观景台，可俯瞰尼罗河及全市风光。在酒店旁边，是著名的"友谊宫"，目前正由中国中铁四局承建维修。

首都地标科林西亚酒店

中国承建的苏丹友谊厅

小船在尼罗河中继续前进，一座巍峨壮观的清真寺渐出眼前，那直上青云的宣礼塔，那绿色拱顶的礼拜堂，无不显示着它的威严和庄重。据埃拉米女士介绍，苏丹全国3342万人口中，主要为阿拉伯人，大部分居民信奉伊斯兰教，属逊尼派，清真寺为教徒提供了朝拜地。阿拉伯语是苏丹官方语言，这与该国的历史分不开。公元4000年前，这里已有原始部族居住，公元前2800年至公

巍峨壮观的清真寺及锥形塔楼

元前 1000 年为古埃及的一部分,公元前 950 年建立库施王国。13 世纪阿拉伯人征服苏丹,伊斯兰教迅速传播,15 世纪出现芬吉和富尔伊斯兰王国。所以现在苏丹全国以阿拉伯人为主,伊斯兰教广为盛行,清真寺遍布各地。

讲到这里,埃拉米女士说:"苏丹不仅是阿拉伯世界人口大国,而且就全国 188 万平方公里的面积来说是非洲的第三大国,在世界上是第 15 大国。这个被称为'黑人土地'的国家,是值得我们苏丹人骄傲的地方。"

说话间,前面河床上出现了一座大桥,那是连接首都三镇的大桥。据悉,喀土穆三镇以大桥串通,形成一个大都市,这和中国的武汉三镇一样。

"交汇口!""交汇口!""交汇口!"……

这时,埃拉米女士站起来,用略显生硬的汉语指着前方大喊!原来,青、白尼罗河交汇处到了!

刹那,一条青色的河水和一条白色的河水呈现在眼前,那样清晰,那样平缓,那样分明……

啊!泾渭两条色彩,犹如两条玉带缓缓飘向远方……

返航了!尼罗河的青、白两色永远留在记忆中……

返航了!尼罗河畔的特色建筑深印在脑海……

↑ 清、白尼罗河交汇口

↓ 连接首都三镇的大桥

撒哈拉沙漠寻"古"纪行

苏丹,有浩瀚的撒哈拉沙漠,有纵贯南北的尼罗河,有红海岸边的土地,孕育了6000多年的文明史。苏丹,在公元4000年前已有原始部族居住。公元前2800年成为古埃及的一部分。公元前1000年伴随埃及王国的衰败而沉寂。公元前950年苏丹建立的库施王国一直延续到公元350年灭亡。苏丹,这片广阔的土地,有过灿烂辉煌,有过衰败没落,留下了众多的历史遗址,成为世界文化遗产不可分割的一部分……

穿行撒哈拉,跋涉尼罗河,去寻访昔日王朝的踪迹……

⬇ 去往麦罗埃金字塔群的路上

麦罗埃金字塔群

清早,从苏丹首都喀土穆出发北上,开始了大漠寻"古"之行……

汽车在撒哈拉沙漠中穿行。无边的沙漠,无际的旷野,无限的风光……

第一站——麦罗埃金字塔群,已被联合国教科文组织列入世界文化遗产。

陪同踏访的埃拉米女士介绍:"麦罗埃是苏丹古代库施王国的都城遗址。公元前1000年,随着埃及王国的衰败,苏丹王库施于公元前950年征服了埃及,统一了尼罗河流域的各部族,建立了埃及第二十五王朝,即库施王国。在公元前3世纪至公元前2世纪库施王国达到鼎盛时期,麦罗埃都城是在那个时期创造了辉煌。"

汽车在沙漠中飞驶,壮观的大漠部族骆驼群、排长队打水的牧民、驼队中隐隐传来的铃声、大漠中偶尔出现的牛群……无不吸引着你的感观。

沿途,还见到不少沙漠人出售"牙棍"。埃女士说:"非洲许多国家用木棍刷牙,已成习惯和传统,这是纯天然的牙刷,清香干净,没有任何污染。"

行在撒哈拉沙漠,一切都感到新奇!

当汽车里程表显示出200公里的行程时,在那卡一带出现了一座神庙,那是狮子庙,孤单单竖立在沙漠中,显得很是苍凉。而庙宇墙上的浮雕却栩栩如生,活灵活现,非常逼真。

↑ 荒漠深处运水女

↑ 大漠深井掏水人

↑ 寻访驼队的故事

032 | 去非洲

▲ 傍晚到达麦罗埃金字塔群

不远处,又出现了阿蒙庙和佩德马克神庙,在大漠旷野中一枝独秀地矗立着。

汽车继续在大漠中行驶,穿行在第六瀑布和第五瀑布之间。

下午4点多钟,走出240公里路程,终于到达没落之城麦罗埃。金字塔群豁然出现在眼前:天哪!太震撼了!如此多的金字塔,比埃及多得多,而且个个都很陡峭,高达30多米,且一个接一个,众塔相连,看上去,每座塔前都突出一个拱门,门内设有通道。有的塔已经深埋在黄沙中,有的冒出半截塔尖。

从出土文物来看,石雕、陶器和金银首饰居多。守护员说,这里共220多座金字塔。

日落西天,夜幕降临。晚上,在金字塔旁边,就地搭了帐篷过夜。

枕着沙丘,卧于黄沙,倾听沙风,在撒哈拉渐入梦乡……

麦罗埃荒漠中的一夜是难忘的……

▼ 夜宿帐篷

第一章 北非:撒哈拉沙漠中的历史遗迹 | 033

拜尔凯尔山纳帕塔遗址

清晨,第一束曙光洒向撒哈拉沙漠……

我从帐篷里爬了出来,抖掉全身的黄沙,换骑骆驼行进……

下一站——拜尔凯尔山纳帕塔都城遗址是被联合国教科文组织列入的世界文化遗产。都城在公元前800年时曾是库施王国的首都。

骑着骆驼行走在大漠,另有一番感觉……

我问身旁的骆驼主人:"沙漠长途跋涉,骆驼受得了吗?"

"骆驼是沙漠之舟,不吃不喝走一个礼拜都没问题。"听了这句话,我心里踏实多了。

纳帕塔遗址处在尼罗河第五瀑布和第四瀑布之间的尼罗河畔,沿尼罗河距麦罗埃有500公里的路途。

顶着40多度的高温,几经跋涉,几经穿越,埃拉米女士带我来到库赖迈,终于看见拜尔凯尔山。这分明是大漠中的一座孤山,就在山下坐落着纳

⬆ 次日清晨骑骆驼前往纳帕塔遗址

⬇ 拜尔凯尔山纳帕塔遗址屹立在大漠中

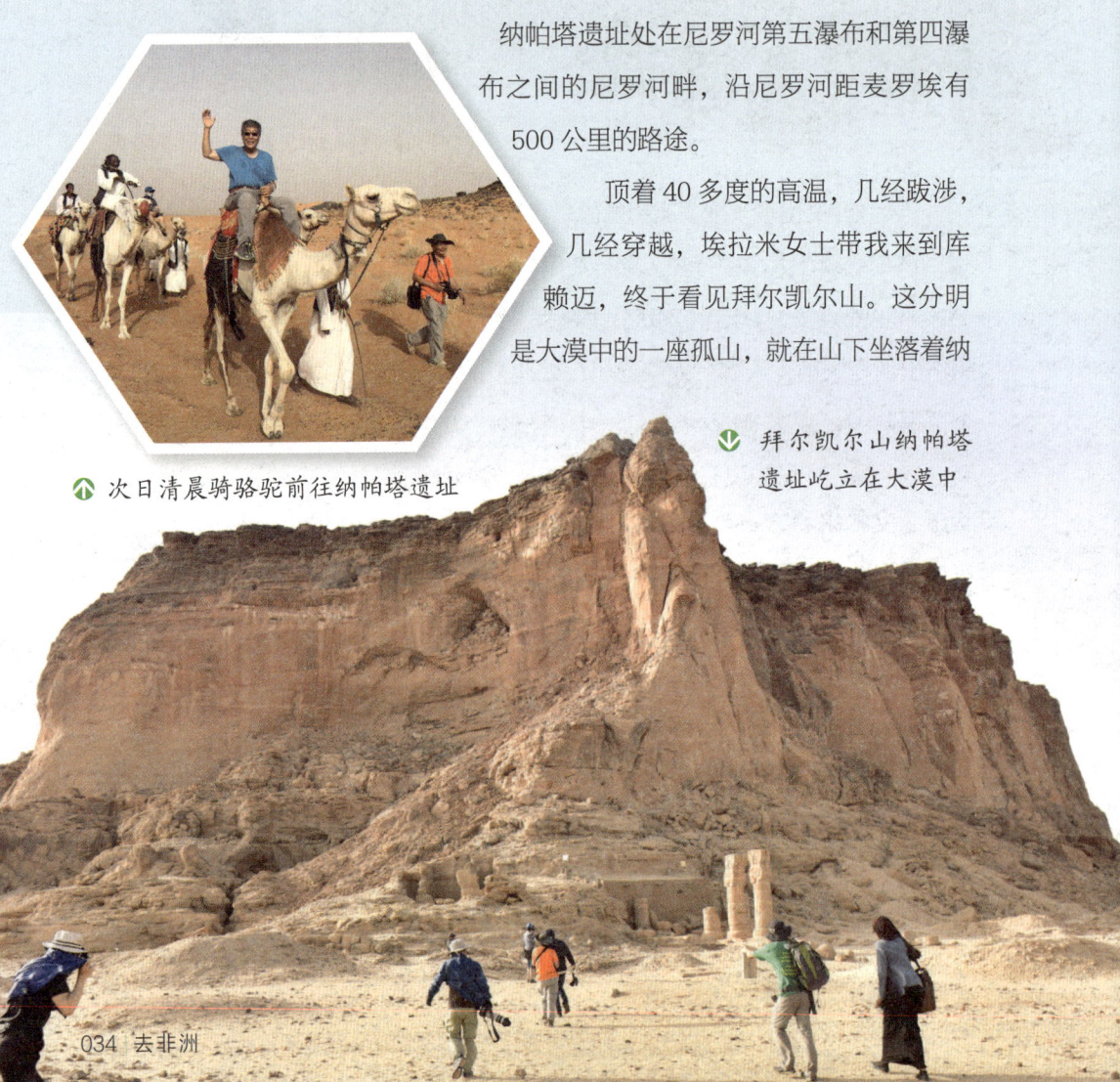

帕塔遗址。这座独特、像刀劈开一样的孤山独峰，太神奇了！

纳帕塔遗址包含了拜尔凯尔山下的一个山洞、神殿和山旁边的金字塔群，是库施王国时期的产物。

走向山洞，洞口有世界文化遗产标识牌，洞内阴森深远，壁画满墙，还有石雕、石柱、石峰，很是神秘。最为神奇的是壁画，保存3000多年还没有掉色，且画得非常逼真。此洞穴已改为博物馆，收藏了从神殿、金字塔中出土的一些文物。

从洞口外走向阿蒙神殿，尽管整个神殿已经成为一片废墟，但从残留的罗马柱、断墙和地基上可以看出，神殿的规模宏大，尤其是门前羊的石雕，威风凛凛排成一行。埃女士说："阿蒙神殿在当地人心目中视为圣地，很多人来朝拜，认为这里是他们所崇拜的最高神灵阿蒙神居住之地。"

金字塔在山的另一侧，处在沙漠之中，规模没有麦罗埃大，但每个塔体都很精致，没有被破坏。可悲的是塔内已被盗空，欧洲一些探险家掳走了里面珍贵的文物。

在距拜尔凯尔山10多公里的库鲁村，至今还保存着埃及第25王朝法老和王后的陵墓群，或者说是库施王国的墓地，建于公元前690年至公元前650年。

▼ 山后金字塔群在大漠中述说着沧桑的历史

↑ 库施国王即埃及第25王朝法老及王后的寝宫冷冷清清

↑ 寝宫壁画活灵活现

墓穴也遭到开挖和破坏，在现存的墓穴中，壁画还保存得完好，色彩也很鲜亮。

纳帕塔曾是库施王国政治和宗教的中心，是最初的首都。之后迁都麦罗埃。

拜尔凯尔纳帕塔遗址所在的库赖迈城，因库施都城的存在而促进了当地旅游业的发展。库赖迈城区不大，拥有一处四星级宾馆，主要接待外来旅客。

凯尔迈神庙群

大漠穿越，继续北上……

沿着尼罗河，踩着黄沙砾，过尼罗河第四瀑布后，峰回路转。当穿越栋古

↓ 凯尔迈泥土神庙

拉快要靠近第三大瀑布时,凯尔迈古城到了。这是出发以来继麦罗埃、纳帕塔后所到的第三座都城,曾经是凯尔迈王国的首都。这个旧都城,还有传承延续下来的习俗,即家家户户门前都摆着水罐。埃女士告诉我说:"苏丹有世界火炉之称,尤其大漠,非常干燥、炎热。凡是过路的人,都可以随意取罐里的水喝。"

信步在凯尔迈古城,早已看不到昔日的踪影,历史的遗迹荡然无存,但在城周围尤其是尼罗河第三瀑布和第二瀑布之间,散落着大批神庙群,依然显示着凯尔迈时期的辉煌。

⬆ 沙漠人述说撒哈拉的生存状态

陪同踏访的埃拉米女士介绍:"在苏丹远古时期的尼罗河流域大致分为三个阶段:公元前1800年至公元前950年为凯尔迈阶段;公元前950年至公元前590年为纳帕塔阶段;公元前590年至公元350年为麦罗埃阶段。"埃女士说完后又补充了一句:"其实有好几个版本,因为年代已久远,不太准确。"

在凯尔迈,埃女士首先带我参观了凯尔迈国王建造的巨大的泥砖庙宇。这是公元前2000年前的杰作:一座泥土垒起来的宏大的神庙耸入云天,至少有20层楼高,四周土墙有的倒塌、脱落,但并不失它的雄伟和壮观。这是泥土建筑,所用泥砖并没有进行烧制,就像中国的土坯。一座泥土建筑历经4000多年的风雨,依旧巍然屹立,这在全世界是极为少见的。攀登到庙顶俯视周边,一片连一片的历史遗迹尽在眼前,据说这是凯尔迈时代的宫殿和皇家住宅,已成为失落之城。

出凯尔迈古城北上,首先来到萨丁嘎地区的太喙庙,这是一座女王神庙,始建于公元前14世纪,遗址中只留下了一根孤单的罗马柱,却是人们朝拜的热点,当地人崇尚母系氏族。

塞西比地区的阿克博顿神庙始建于公元前14世纪，它与太咪女王神庙遥遥相对，同样成为一片废墟，只有三根罗马柱依然挺立，上面的雕刻非常精美。

苏勒卜地区的阿蒙及阿蒙哈特三世神殿保留得最为完好，遗址的面积及规模很大。埃女士介绍："这座始建于公元前14世纪的神殿本来已被夷为平地，后经德国人重建恢复了原貌，但后来又遭到破坏。"站在建筑群前，只见一根根罗马柱，一个个拱门，一处处房院，成为苏丹尼罗河流域最漂亮、最宏伟的神殿，也是尼罗河西岸保存尚好的为数不多的遗址景点之一。

汽车继续北行。左边是滚滚而下的尼罗河，右边是茫茫而去的大沙漠。路边，间或一些小小的农舍、村寨，还有骑骆驼的老汉悠闲地行进在沙丘。

行至一个叫阿卜里的地方，汽车一头钻进椰树林中，隔过树丛，但见前边隐约露出清澈的泥罗河水，此地已经靠近埃及边界。

这时，埃拉米女士联系了当地的船公，我们一起乘船横渡尼罗河，去往河心的塞岛，踏访古埃及王国遗址。

登上塞岛，岛上住有一户人家，一直在此守护着门前的遗址，岛民说："祖

⬇ 阿蒙哈特三世神殿

⬆ 尼罗河边古埃及王国遗址

辈一直在此居住,守着这片遗址不受损害。"我问:"遗址在岛上,会遭破坏吗?"岛民回答:"不断有不法分子偷渡,从遗址中淘金挖宝,我始终与他们斗争!"

走进遗址,这个建于公元前14世纪的城郭坍塌得几乎看不出它的真实面目,依稀可见的是灶台、土坑、泥砖,还有那迎风而立的半截墙体。让我不解的是,院落中的一块块石头用白布包起,十分扎眼。经询问岛民,原来这是当地人朝拜的一种形式。

站在土堆中凝视:尼罗河在流淌,而河边的遗址已在此静躺了三千多年!尼罗河应该见证了它的兴旺和衰败……

午餐是在椰林中进行的……

面对绿意盎然的树林,面对奔腾而下的尼罗河,面对衰败消亡几近湮灭的古代遗迹,心情是复杂的!

苏丹,在这片广袤的土地上遍布着历史的沧桑起伏……

尼罗河,静静细诉着这个有着6000多年历史古国的兴衰故事……

南苏丹：战乱动荡的国度

"战争、内乱、枪杀……"提起南苏丹，一连串的恐怖之词立刻浮现在脑海……

怀着极度紧张的心情，我迅速走下舷梯，这是南苏丹(South Sudan)首都朱巴(Juba)的国际机场，空气中弥漫出一阵战争的味道……

步入航站厅，只见人头攒动，拥挤不堪，像蒸笼一样不足50平方米的旧房子里，装满旅客，寸步难行。我费了九牛二虎之力总算挤了出去，搭上华人协会会长吴艳华女士的汽车，开始了南苏丹之行。

南苏丹是2011年从原来的苏丹分离出来的，面积62万平方公里，人口800万，是世界上最新成立而又是最贫困的国家之一。

汽车在泥土路上行驶。原始简陋的街道，显示着这个国家的发展确实很落后。刚出机场，路旁出现一片整整齐齐的草房，吴艳华女士马上开口："不许拍照！这是部队的营房。"当我从茅屋夹缝中看到持枪的军人，这才了然。吴女士说："国家太落后，部队只能驻扎在简易的茅草房内，他们在随时执行任务。"

机场紧靠首都，而且机场路是朱巴的一条主街道，横穿整个城区。沿街有商铺、市场、餐馆，是全市最宽、最繁华的商业街。吴女士开办的四川酒店就坐落于这条大街上。吴艳华是沈阳人，十年前就来到此地创业，开办了开心农场、和平医院、东方商场等企业，是当地有名的华人企业家，兼任华人协会会长。

沿途踏访中，吴女士再三提醒不要拍照，她说："对于南苏丹个人来说，认为拍照等于摘取他们的灵魂；对于政府来说，不愿意暴露国家落后一面，所

↑ 南苏丹首都朱巴主街机场路

以你只要拿出相机,不管是警察还是百姓,都会把你围起来不让走,轻者罚款,重者坐牢。"

汽车停在南苏丹加朗广场,这是用开国总统的名字命名的。在广场检阅台一侧,马上围上来7个警察。这个广场是大型集会的场所,不要说拍照,连停车都不允许。吴女士下车与警察队长反复交涉,但无济于事,我们还是被驱赶而走。这里是最敏感地带,一切车辆和行人都不得停留,否则视为违法。在那

↓ 中心广场　　　　　　　↓ 首都大型集会的加朗广场

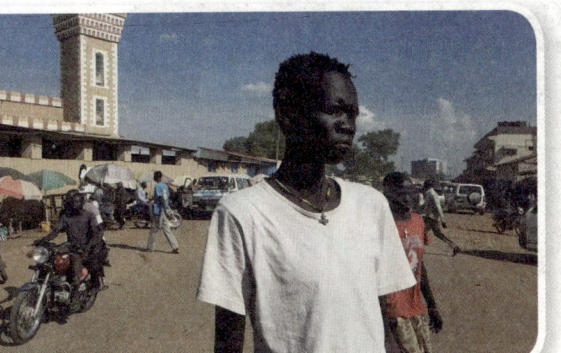

么短短的几分钟时间,我粗粗看了一眼,广场中央竖立着国旗和总统的雕像,检阅台用钢筋和木板搭建而成,非常简陋。我利用吴女士与警察交涉空隙,冒险从车窗隔着玻璃抓拍了两张照片,尽管有些模糊,但很珍贵。

穿过一条坑坑洼洼的街道,来到中国驻南苏丹大使馆。使馆真是太简陋了,只是土路旁边一间铁皮房,一道铁皮墙,两扇铁皮门,对面是中石油驻地,同样是铁皮平房。这里可以随意拍照片,但又没什么可照。大使馆的工作人员说,在南苏丹成立前,只有总统府前是水泥路。这个国家正是初建阶段,有石油,有潜力,投资空间很大,中国一些企业看准商机,在这里参加建设,但因局势不稳,战乱不断,风险较大。

在大使馆一侧的中石油驻地,我还采访了李强。他说:"中国在苏丹和南苏丹有很多石油项目,尤其是苏丹大漠中,已开发石油多年,助推着当地经济。"

在朱巴城区,我去了大教堂、清真寺、朱巴大学后,顺路来到和平医院。这是华人开办的一家医院,虽然简陋,但就诊的人不少。走进医院,设有内科、胸科、儿科、妇科等,门类比较齐全。我见到中国医生刘莉,她来自河北石家庄,她说:"非洲缺医少药,又是痢疾、肝炎、肺病、艾滋病的高发区,中国医生非常受欢迎。在这里不知抢救了多少人的生命,尤其是妇女儿童,还有摔伤的患者,太多太多了!"

在南苏丹,典型的一夫多妻制,而且男女混居更是司空见惯,生下私生子不奇怪。吴艳华是个善良且富

⬅ 华人开办的和平医院
⬇ 朱巴大学

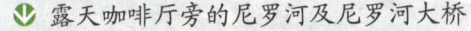
露天咖啡厅旁的尼罗河及尼罗河大桥

同情心的人,她收留了一个私生子,小孩的母亲是一个洗碗工,父亲是个劳工。当我见到这个孩子,看起来真是很可怜又很可爱,年仅3岁。我与他合影并给他糖果,小孩子一下子扑倒在我怀里,并坐在我腿上,非常惹人疼爱。

尼罗河穿过朱巴城,仿佛轻柔的飘带穿城而过。由于限制拍照的地方太多,吴女士带我来到一家欧洲人开办的露天咖啡厅。咖啡厅就建在尼罗河畔,是观看尼罗河的极佳地点。坐到咖啡桌前,吴女士说:"这里可以放开拍照,不受任何限制。"在这个弹丸之地,我疯狂地将尼罗河及尼罗河大桥拍了个够。

南苏丹处在非洲的中部,国民是典型的黑种人。吴女士说:"南苏丹人种的特点是高、细、黑,是非洲肤色最深的人,比乌干达人还黑,但黑得光滑而细腻。"

在我喝咖啡的桌前,坐有两位女士,正优雅地聊天喝咖啡。在尼罗河边,其中一位黑人小姐下坡时差点摔倒,我无意扶了她一把,于是她主动特意与我合影。

走出咖啡厅,在通向郊外的村路上,碰见一位土著人少妇,衣着很有特色。看我很想给她拍照,吴女士便停下车塞给女士几张纸币,征得了少妇的同意。谁知,我举起相机刚拍了一张,突然从后边窜出一个男士,说自己是酋长,强硬拦住我们的车并报了警。

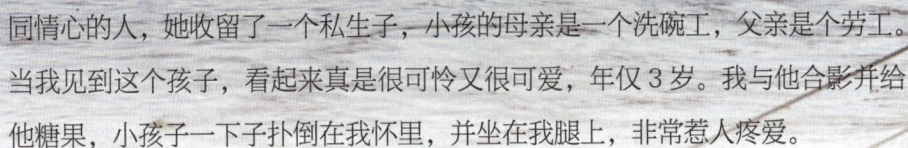
含情脉脉的土著人少妇

他说什么也不让我们走,说侵犯了他的部族人。见此情景,这名妇女扔下钱就跑,当警车开来时,一把没收吴女士的执照,并勒令把车开到警察局。我当即出了一身冷汗。在这紧急关头,吴女士把电话打给总统警卫队,这才解了围。

车放行后,我长吁了一口气,吴女士说:"那位女士回去后要面临着挨打和折磨!因为她收了拍照钱,违反了部族规定!还被拦车的那位酋长看到。"这时,我一阵心痛,一张照片惹了大祸。我要为那位少妇祈祷、祈祷!但愿她平平安安……

踏访南苏丹首都面临很多困难。在吴女士的提议下,我去乡下采风,这样更能收集最原始的素材。

第二天一早,吴女士请她公司的一位当地员工领路下乡,就去他的家乡。

汽车离开朱巴,沿着通往乌干达的公路疾飞。路上,吴女士又介绍了有关南苏丹的一些情况,她说,南苏丹的战乱多是因部族矛盾而引发的。这个国家分两大部族,一是丁卡族,二是努尔族,当然还有其他小型部族。再是政府部门相互夺权,发生了多次内战,局势一直不稳定。战乱,造成了落后现象,尤其是农村,简直太贫困了。

↑ 采访土著人家

↓ 好奇的凝望

一个多小时车程，我来到一个偏远的部落，当地向导与酋长交涉了一番，并付了费用，才答应采访。这是一个有二十多户人家的寨子，全部是茅草房。酋长带着我挨家挨户踏访，见到的都是老人和孩子。酋长说："年轻人都外出打工去了，晚上才回来。"走进茅屋，摆设再简单不过，地上铺一张草席，没有被褥、柜子、桌椅、板凳，只有简单的灶具，真正过着最原始的生活。这里是让拍照的，但你必须自觉付小费，这里的人生活太困难了，这也可以略略缓解他们生活的困顿。

走出部落，又行驶了一个多小时，来到当地向导居住的部落。同样是茅草房，圆顶屋。但让我感兴趣的是茅屋旁边的养牛场，那里足有上百头牛。当地向导说："我们这个部落有养牛的传统，牛的头数代表着家境的情况。"在牛场里，有的人在喂草，有的人在挤奶，有的人在挖粪。

身带小孩的养牛女坦露述说养牛的困境

在牛场，我采访了一位妇女——

问："你家有几头牛？"

女："共有5头。"

问："一天出多少奶？"

女："30多公斤。"

问："卖的钱主要干什么？"

女："供养一家老少15口人。"

问："几个孩子？"

女："9个，5男4女。"

穿行在牛场，缓步在牛群中。此地牛的叫声、人的喊声、孩子们的嬉闹声，汇成了一曲田野上的交响乐……

南苏丹，原野上荡漾着原始部族的气息……

尼罗河，滚滚向前翻卷着不平静的浪潮……

利比亚：电影《战狼2》中国撤侨事发地

一提及电影《战狼2》，一说到中国撤侨，人们马上会想到利比亚。2011年利比亚那场战争，使之闻名于世。战争是残酷的，是灭绝人性的，是世人不愿看到的血腥枪杀、摧残……

去战后的利比亚采访，是我策划已久的。上个月，我本来乘飞机已经落地利比亚，但因为内乱的枪杀事件没让入境，又返航了。这是第二次进入利比亚。然而又不顺利，当我下飞机办入关手续时，入境官拿着我的护照翻来翻去，详细检查签证页，并反复问我到利比亚干什么？后又叫来两名警察审查护照签证，入境官和警察嘀咕了一阵，总算放行了。但当我出关不到10米，突然两名便衣警察拦住我，并收去护照。当时心跳起来，大约又过20分钟，两警察盘问半个小时后，总算又放行了。谁知，刚走出几步，又有两名检查人员截留，把箱子提走，翻了个底朝天。当看到我的大型专业相机时，怀疑我是间谍，扣下了。质问为什么要带这么大的相机？这个国家对外国人旅游还没有开放，更不允许拍摄战争残像。这可把我吓住了,怎么也解释不清。骤然，我灵机一动，拿出一个行程表，说后面的行程还要去南非、圣赫勒拿岛、留尼汪岛，用相机拍风光，这次到利比亚主要是去华为、中兴等中资企业。最后，总算开了绿灯。

进利比亚真是千难万险！

一踏上利比亚（Libya）境地，满眼的战争遗迹：墙上的弹孔，地上的弹坑，炸塌的楼房，依稀可见，历历在目，一片悲凉，可谓千疮百孔，累累伤痕。透过一片片砖瓦、碑石、断壁，仿佛听到投掷炸弹的声响，仿佛看到战争的硝烟，

↑ 利比亚深印战争的创伤

仿佛闻到了战争的气味……

这就是进入利比亚的第一印象！

当我走进利比亚首都的黎波里(Tripoli)，战争的创伤，更是一片狼藉。

我首先来到卡扎菲昔日的驻地——阿齐齐亚兵营，透过用长长的铁皮围起的高墙，可以窥视到卡扎菲的官邸早已被炸成一堆烂石断瓦，上千亩大的兵营已被炮弹夷为平地……

卡扎菲女儿建起的超市大楼，也没有逃脱袭击，被烧焦塌陷，面目全非……

↑ 卡扎菲女儿开办的超市大楼已被袭击烧毁

第一章 北非：撒哈拉沙漠中的历史遗迹 | 047

首都国际机场是开战后第一个被炸毁的,当我到达这里,呈现眼前的是一片废墟,在残风中悲鸣……

这场战争,给无辜的百姓带来灾难,被炸的平民房屋、楼宇、宿舍,不堪入目……

电影《战狼2》中中国撤侨大行动事发地,就在首都的黎波里港口。我专程来到海边的港口,冷冷清清,已失去了往日的繁华,只见一条红色的轮船停靠,翻卷的浪花拍打着静静的船体。向导徐帆女士对我说:"战争爆发后,中国的撤侨轮船就停靠在这个位置,数以万计的中国侨民就是从这里上船回到祖国的。"利比亚战争的中国侨民大撤离,中国驻利比亚使馆立了功,显示了大国风范。在的黎波里港口,我采访了港口的工作人员,了解了中国侨民大撤离的情况。在接待室,一位办公室人员接受了采访,讲述了当时的情况。利比亚和中国关系友好,其中有3万多中国人在利比亚工作,包括石油、电力、建筑、医疗等各个行业。战争爆发后,中国展开了全面的大营救、大撤离行动,从海、陆、空三个方位入手,中国派出飞机每天多达15架次,截至2011年3月2日,中国驻利比亚的35860人全部撤离,整整持续8个日日夜夜。这是中国政府最大规模的有组织撤侨行动。

▼ 独自来到电影《战狼2》中中国撤侨事发地利比亚首都的黎波里港口,战争的残酷令人深思

离开港口的路上,我突然遭到两名当地持枪武装组织人员的拦截并夺走我的相机,原因是我拍了银行排队取钱的镜头。银行里的钱有限,每人每天只能取500元,为此每天都有人排长队。徐女士介绍:"利比亚战后的内乱很突出,没有一个统一的国家政府,目前全国分割成三个地方政府,分别是首都、班加西和米苏拉塔。"连日来,我在首都街道看到到处是地方武装组织人员,还不时被便衣持枪者盯上。

徐女士说,这里不断出现枪击、枪杀、流血事件。当行至一个叫哥伦提亚的酒店旁,徐女士说:"这个是中国领导人曾经下榻的酒店。前些日子,三个美国人住进去,因当地人仇视美国人,几个极端分子半夜闯进这个酒店,枪杀了那三个美国人。"

徐女士说,不久前,阿联酋大使馆被袭击,现机场出现两派组织枪击事件,死伤严重……

其实,利比亚是一个美丽富饶的国家,位于非洲北部,全境175.95万平方公里的面积95%以上为撒哈拉沙漠,资源十分丰富,是世界上的主要石油生产国和出口国。全国600多万人口曾过着丰衣足食的生活,经济收入在非洲居前列。但因为那场战争大伤元气,经济状况一蹶不振。

2011年利比亚的战争已写进历史,

⬆ 走过废墟的人仍担惊受怕,心有余悸

⬆ 孩童从被炸墙壁弹洞中探出头来,露出可怜、祈求的目光

成为这个国家永远的记忆。利比亚有着不平凡的历史。公元前3世纪建立努米底亚王国。公元7世纪带来阿拉伯文化和伊斯兰教。16世纪遭到奥斯曼帝国的侵略。1912年成为意大利殖民地。1951年利比亚宣告独立。

首都的黎波里同样有着不平凡的历史。公元前7世纪,腓尼基人在北非地中海沿岸建立了三座古城,分别为奥萨、布雷撒和莱普蒂斯,统称为"的黎波里"。公元365年发生了一次大地震,三座古城只有奥萨古城幸免于难,其他两座均夷为平地。经过漫长的岁月,奥萨古城发展为现在拥有175万人的的黎波里,被誉为"跳动着古老心脏的都城""地中海的白色新娘"。

不平凡的历史,有着不平凡的建筑。建城2700年来,历经劫难,历遭侵略。先后有阿拉伯人、罗马人、拜占庭人、西班牙人、土耳其人、意大利人、英国人入侵,留下了不同风格的建筑。

步行在的黎波里,满眼都是殖民时期建筑。那白色大理石建造的凯旋门、查梅勒清真寺、萨布拉塔废墟、圣弗朗西斯科教堂等。

最有代表性的建筑是红堡,也是最有特色的标志性古建筑,占地面积1.3万平方米。红堡建于7世纪,是阿拉伯人入侵后建造的,这里一直是历代统治

其实,利比亚是个很美的地方,这是首都最漂亮的、有1000余年历史的著名红堡

者的权力中心,它记述了利比亚的发展,见证了历史,国家博物馆就位于红堡内。

红堡的东南角是绿色广场,那是的黎波里的中心地带,整个城市的街道由此辐射四面八方。这里集中了利比亚高级宾馆饭店、长途汽车站、胜利纪念碑、自由纪念柱、广场城楼、老城门、老城墙等。

绿色广场是各界群众集会的地方。战争前,卡扎菲就是在这个绿色广场的城楼上向集会的民众发表讲话的,特别是战争刚爆发后,卡扎菲在这里发出号召:全国人民团结起来,抗击外来势力……

在绿色广场,我先后采访了几位群众,问及现在的社会状况及生活。一位来自乡下的群众回答:"怀念卡扎菲时代,尽管他独裁,起码社会稳定,生活富足,不愁吃穿。"

在首都最知名的绿色广场,一位群众接受采访时大加赞赏中国对利比亚的支持,身后的城楼是过去卡扎菲讲话的地方

正在放飞风筝的老人说:"政府割据,看不到前景,感到渺茫,无所适从。"一位新婚夫妇说:"我们再不要战争了,再不要国家动荡、分裂了,最后吃苦受累遭殃的还是我们百姓!"广场一位昔日残废军人对那场战争记忆犹新,他说:"2011年2月10日,由平民的示威游行演变为国内不同政见派别的斗争。国内反对派受到外国势力的支持,从班加西发动起义,逐步形成席卷全国范围的示威。到2月17日,利比亚爆发大规模抗议,并陷入战乱的灾难中。3月19日英、法、美等多国军队发动空袭,8月22日反政府武装攻入首都的黎波里使得卡扎菲政权倒台,10月20日卡扎菲死于枪杀。"

旧城区历史悠久的古民宅

卡扎菲1942年出生,曾任利比亚革命警卫队上校、九月革命精神领袖,1969年领导的"自由军官组织"发动政变,推翻伊德里斯王朝,建立阿拉伯利比亚共和国。

出绿色广场,徐女士带我去老城区。当通过古城门,看到这座石头建筑分外壮观,不过已经残缺断裂,其雕刻精美,显示出它的沧桑。这座3000多年的古建筑,记述了利比亚的历史。当穿过城门,可见皆是小巷、窄路、旧房、老墙、古塔、古寺……

穿过老城区,又来到麦地那,这是意大利殖民时期所建的商业街,汇集了数以千计的店铺,琳琅满目,应有尽有。古街还有拱门、钟楼、清真寺。

更为集中的商业中心是清真寺广场,这里地盘不大,周边建筑有国家邮电大楼、全国最大的清真寺、商业大楼等。

利比亚最大的清真寺

新城区在沿海一带，卡扎菲时期所建大楼屹立在海岸线，其中有利比亚旋转酒店、的黎波里双字塔、哥伦提亚大酒店、万豪酒店等。

在的黎波里，我还去了卡扎菲私人酒店、卡扎菲妻子私人海滨浴场、卡扎菲女儿私人住宅……

在利比亚采风，还看到很多中国元素。我去了中国的华为驻地、中国的中兴公司、中国的戴徐中餐馆等。

在有3000年历史的古城门前，一位老者动容地述说着战争的不幸

利比亚有着厚重的历史遗迹，其中5处被联合国教科文组织列入世界文化遗产。距的黎波里最近的一处是塞卜拉泰考古遗址。乘汽车从的黎波里西行半小时车程，便可看到一座极为古老的建筑，即为塞卜拉泰遗址。遗址中最古老的建筑是公元前7世纪所建的码头，作为非洲内陆与罗马帝国转运货物的港口，其他重要的遗迹有罗马帝国以及拜占庭帝国的碉堡、神庙、喷泉、广场和教堂。遗址中最著名的是建于公元一世纪的朱比特神殿，还有一座古罗马典型的圆形剧场。剧场三层阶台，大理石基柱，伴有人物和神话浮雕，栩栩如生，活灵活现。1982年被列为世界文化遗产。

的黎波里东边120公里处的大莱普提斯遗址是1982年列入的世界文化遗产。该遗址是地中海地区面积最大、保存最完好，也是最宏伟的古罗马遗址，面积达2.5平方公里，也是当

在街头几位中国撤侨见证者赞扬中国的强大

时非洲的第三大城。早在公元前1100年就有了这座城，但一直到了公元193年，

刚登基的罗马皇帝塞维鲁才决定大力建设发展自己的家乡,这才开始扩建。遗址中包括议事厅、神庙、竞技场、浴室、街道、商店、剧场、市场,其中最著名的是斗兽场和剧场,气势宏伟,蔚为壮观。为什么建得这样豪华?归根结蒂是塞维鲁大帝出生于此。在这位大帝在位时,花费了大量财力修建,用大理石、花岗岩代替砂石,用斑岩代替玄武岩,在当时再没有比此城更美的建筑了。

利比亚还有一处更引人入胜的世界遗产处在撒哈拉大沙漠腹地,为塔德拉尔特阿卡库斯岩画。这里的岩画遗址隐藏了许多公元前 1.2 万年至公元 100 年之间遗留下来的壁画与雕刻,有长颈鹿、大象、骆驼等动物图案及人们日常生活的景象,充分反映了当地人们的生活习俗和自然环境的变迁。1985 年被联合国教科文组织列为世界文化遗产。

利比亚,有着沧桑的历史遗迹,引以为豪……

利比亚,又留下千疮百孔的战争创伤,难以愈合……

⬇ 世界文化遗产塞卜拉泰考古遗址

突尼斯:"北非之角"一瞥

地中海海面波光粼粼……

突尼斯海峡霞光缕缕……

我是从利比亚首都的黎波里乘飞机穿越地中海前往突尼斯的。

突尼斯(Tunisia)位于非洲北部,地中海沿岸,与欧洲大陆隔海相望,与意大利近在咫尺,仅隔突尼斯海峡。为此,突尼斯既有非洲特色,又有地中海风情,还有欧洲文化,更有阿拉伯气息,有"北非之角""地中海的明珠"之称。1979年突尼斯旧城连同郊外的迦太基遗址同时被联合国教科文组织列入世界文化遗产。

"突尼斯"既是国家的名字,又是首都的称谓,其名字来源于腓尼基人所崇拜的"塔尼斯"女神的名字。塔尼斯是一亮丽的女神,腓尼基人相信她能给人间带来光明、幸福和安康。

突尼斯面积16.2万平方公里、人口1100万,公元9世纪初腓尼基人就来到突尼斯湾沿岸劳作,由于时代久远,"塔尼斯"演变成了"突尼斯"。

从突尼斯城驱车东北行17公里,我来到驰名于世的迦太基古城遗址。当站在废墟之上时,感叹万分!这里实际上是一座古城,现在已夷为平地,只留下瓦砾、墙根和断柱,城的迹象一点都没有了。

公元1000多年前,腓尼基人从黎巴嫩西海岸飘洋过海,来到突尼斯,发现这里地势险要,又是地中海的交通要道,于是在这里建城。当时腓尼基人建城围地300多公顷,城墙长34公里、高13米、宽8米。城内建有宫殿、神

⬆ 迦太基遗址及倒塌的浴池

庙、剧场、住宅等，发展成为赫赫有名的迦太基城，并成立了迦太基王国，而且非常强大。后来，王国遭到罗马帝国入侵，历经上百年的战争，迦太基王国屡屡战败，最后罗马人纵火焚烧了迦太基城，昔日的泱泱强国转瞬成为一片废墟。我站在破废的遗址上沉思，那山坡上的旧根基、残断柱、乱瓦石，伤痕累累，述说着难以忘怀的不堪历史……

据介绍，罗马人烧毁迦太基古城后，又在废墟上重建，然而新建的城又重新毁于战乱，成为一片新的废墟，现在只保留了遗址北部山丘上的一座教堂。

迦太基遗址废墟还包括著名的安东南浴池。当我走到这里看到硕大的面目全非的浴池废墟后，震撼了！在当时那个年代，怎会修建这么宏大的浴池呢？翻译介绍："浴池占地 3.5 公顷，分布着贮水、渡槽、洗浴、健身、游泳、更衣等上千个房间，从残墙上依稀可以分辨出来。按照古浴池的排列，安东南浴池的规模在世界上排名第三。"

迦太基遗址附近的风景非常之美，这里是突尼斯东北郊著名的风景旅游区。其中，蓝白小镇西迪·布·撒以德是地中海沿岸的一颗明珠，被美国《国家地理》杂志评为"世界十大浪漫小镇"。

来到蓝白小镇入口，首先参观了小镇一端爱尔朗热男爵豪宅。男爵是一位

⬆ 蓝白小镇阶梯咖啡馆

➡ 情满小巷

非常聪明能干的人,既精通器乐、绘画、建筑,还是一位成功的金融界人士。我走进大楼,里面有水池、小渠和音乐厅。屋内展示了他所用过的器乐和绘制的油画,艺术水平之高让人赞叹。他英年早逝,留下了大笔遗产。1991年突尼斯总统本·阿里从国家财政拿出400万美元买下这座豪宅,供人们观赏。

　　蓝白小镇坐落在地中海岸边,紧靠爱尔朗热男爵宫。踏着石子小路,穿行在窄小的街巷,两旁住宅均是白墙蓝色窗门,蓝色象征和平、安定。看上去,蓝白相间,十分雅致。街心高处有一"阶梯咖啡馆",生意兴隆。我拾阶而上,看到咖啡馆内皆是炕席式座位,可躺在上面吸阿拉伯水烟。老板娘介绍,时下网上对她们这家咖啡馆炒得很火,甚至把"阶梯咖啡馆"说成了"草席咖啡馆",招来很多人光顾。

　　蓝白小镇被突尼斯人誉为世外桃源,可以称为北非最美的小村落,始建于13世纪,多是西班牙人逃来在这悬崖之上安的家,所以此小镇具有安达路西亚风格,所有的院门、窗户都是蓝色。而院门都有三个门环,左为男用,右为客人用,下环为小孩用。院墙上飘扬着丁香花瓣。我沿巷走向海边,一场细雨突降,雨中游赏,别有情趣。街道的尽头,有几棵大树,枝叶繁茂,一家"海岸露天咖啡馆"坐落在此,顾客不断。我在此小歇,边喝咖啡边欣赏大海,其乐无穷。据介绍,中国国家领导人到访突尼斯时也曾在此小坐,于是这家咖啡馆火上加油,更火爆了。"海岸露天咖啡馆"和"阶梯咖啡馆"都是知名咖啡馆,在当地一个

海岸露天咖啡馆

称"拉阿因咖啡厅",一个叫"沙巴汉咖啡厅"。

突尼斯市由新城区和旧城区组成,有100万人口,为阿拉伯国家联盟所在地。

汽车开到新城区最繁华的布尔杰巴大道,仿佛进入巴黎的爱丽舍田园大街,挤身在人流中,并没有感觉这是非洲。因为在大街上很少看到长袍男,很少见到披纱女,更难寻到黑人的面孔。后经询问得知,突尼斯因地理位置的特殊性,受到阿拉伯国家和欧洲文化等方面的侵袭、影响、渗透。就人口结构而言,这

著名的布尔杰巴大道尽头为突尼斯城的地标

国家大剧院

里90%为阿拉伯人，其余是柏柏尔人。阿拉伯语为官方语言，通用法语，信奉伊斯兰教，这些都说明突尼斯早已"欧阿化"。布尔杰巴大道两旁是密集的商店、饭馆、咖啡厅，还有国家大剧院和法国大使馆。人来人往非常热闹，尤其遇到节日、假期和突发事件，这里成了集会的场所。我在布尔杰巴大道和钟塔旁及内政部大楼外，看到了很多铁丝网。

突尼斯的独立广场紧靠老城区，处在市的西南部，当我赶到这里，看到同样是军车和铁丝网包围。独立广场和政府办公大厦并不宽敞和雄伟，被挤在一处很狭窄的闹市区。广场上冷冷清清，少有行人，只有大批军警把守。

我穿过一座老城门，进入老城区，这里人山人海，车水马龙，非常繁华。老城区被联合国教科文组织列入世界文化遗产，是值得一看的。当地人称老城区为"麦地纳"，意为"城中之城"。突尼斯市的老城区由阿拉伯人所建，已有1300多年的历史，是一座具有阿拉伯风格的古城。城的中心为宰图纳清真寺，街道以此为点向四周扩展。但街道并不规范，弯弯曲曲，狭窄不平。若不是当地人带领，十有八九会迷路。我只进入一小段窄路就不知去向，没有向导，根本转不出来。

突尼斯，厚重的世界遗产价值连城……

突尼斯，悠久的传统文化瑰丽多彩……

进入旧城的老城门正门

旧城区的窄巷人头攒动

挺进撒哈拉深处领略世界第一大沙漠

汽车向着撒哈拉沙漠挺进……

清晨从突尼斯市出发，南行80公里后，撒哈拉之旅第一站到达哈马迈特。哈马迈特坐落在哈马迈特海湾，城中坐落着一座古堡，它是哈马迈特的象征。爬到古堡顶，既可以瞭望大海，又可俯视古城风貌。古城内胡同窄小，巷道曲折，已有1000多年的历史。

汽车继续南行80公里，来到突尼斯第三大城市苏塞。"苏塞"又译"苏斯"或"苏萨"。苏塞古城同样有一座古城堡，同样由腓尼基人所建。不过，它要比哈马迈特大得多，苏塞旧城于1988年被列入世界文化遗产。我去了苏塞康塔维海港，这里停留着许多私家游艇，是个天然港，非常幽静，遐迩闻名。苏塞是世界著名的旅游城市，有"地中海花园港"之称。

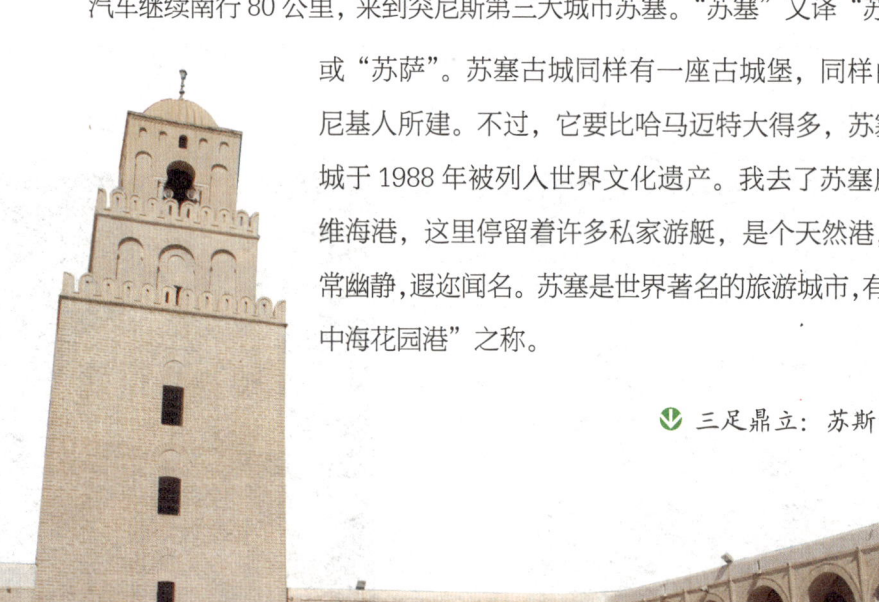

▽ 三足鼎立：苏斯古堡

⬆ 三足鼎立：凯鲁万蓄水池

苏塞的西南方向为凯鲁万，是突尼斯的第四大城市。凯鲁万于1988年被联合国教科文组织列为世界文化遗产。当我驱车来到这里，首先被巨大古老的蓄水池所震惊。这些人工建造的蓄水池每个面积都在三公顷以上，且有上千年历史，这是突尼斯古代水利工程的杰作和代表，恐怕在世界上是独一无二的。凯鲁万又是世界伊斯兰教四大圣地之一，信徒认为，到凯鲁万朝觐7次等于去麦加一次。这里的朝觐圣地为"凯鲁万大清真寺"。这一清真寺集阿拉伯、罗马、拜占庭风格于一体，是世界建筑杰作中最重要的古迹之一。

凯鲁万的东南方向为杰姆。杰姆斗兽场于1979年被联合国教科文组织列入世界文化遗产。杰姆、凯鲁万、苏塞三城市在地理位置上形成一个等边三角形，边长均为60公里。苏塞、凯鲁万、杰姆三个地方都被列入世界文化遗产，集中体现了突尼斯浓厚的历史文化。

当我来到杰姆郊外，一眼就望见了巍然耸立的斗兽场。太恢宏、太雄伟了！它和罗马的斗兽场几乎一样，蔚为壮观，令人惊叹。我登上斗兽场顶部俯身望去：那椭圆形宽阔的斗兽场地，那一层层高起的座台，那一个个相连的拱廊，

↑ 三足鼎立：杰姆斗兽场

那一根根精雕细刻的石柱，不都是罗马帝国鼎盛时辉煌的见证吗？据讲解员介绍，斗兽场长150米、宽124米、高36米，周长457米，可容纳4万多观众，是世界三大著名斗兽场之一。法国著名作家莫泊桑、福楼拜等都曾来此观光，并称赞其为"世界美妙绝伦的斗兽场""罗马帝国在非洲存在的标志和象征"。

进军撒哈拉大漠的下一站是马特马他，在此可以近距离接触真正的柏柏尔人。汽车穿行在突尼斯中部大地，公路边密布着仙人掌，两旁的旷野中到处是大大小小的橄榄树。

夕阳渐落，夜幕降临，山峦和西天出现了一道明显的黑线，跑了一整天的汽车停在山顶上一片黑色旷野里，司机说："住地到了。"

我有些茫然，既不是城市，又不是乡村；没有房屋，不见住宅；一片荒野住在哪里呢？迷茫中转过身去，看见一处大山洞亮着几盏灯，男服务生已走过来搬行李了。跟随的翻译说："这就是今晚的住地，柏柏尔人家的山顶洞穴。"

↑ 攀上夜宿的洞穴

对于即将入住的山洞非常新奇，体验一下柏柏尔人的生活吧，也不虚此行了。怀着好奇的心情走进山洞。呵，真是"山顶洞人"！在山洞中走了好几个来回,终于找到了我所住的洞穴。这是典型的土洞,洞里正面有一个大土炕,人,只能弯着腰才能钻进去。黑乎乎的土洞,迎面袭来一股浓重的泥土气味。太原始了,这就是柏柏尔人住的地方?我说:"这不成了原始人了吗?"翻译回答:"没污染啊!"

次日清晨,我特意到柏柏尔原住民桑桑老人家的洞穴里参观。与我的住地一样,从山前的一个地道口钻进去,黑乎乎七拐八拐,突然一亮,看到了像圆锅一样的蓝天。我仿佛走进一个圆形的大坑,直径足有20多米,高15米,四周山体依次排列着两层山洞。这时,桑桑老人端着茶水迎接我,她说:"这些洞穴都是靠人工凿出来的,下洞住人,上洞放置粮食。"我发现到上洞既没有台阶,又没有梯子,"怎么上去呢?"桑桑老人说:"靠一根粗绳攀爬!"这时我才发现每个上洞都有一根绳子垂下来,我依然有些好奇,能爬上去吗?

柏柏尔人家家户户都从山脊中凿出来山洞家园,圆圆的坑,黑黑的洞,如果从飞机上向下看,呈现出的是一个个圆圈,很壮观,这里是"星球大战Ⅰ"影片中外星人场面的拍摄地之一,欧洲许多富豪、明星专程到这里来入住洞穴,体验原始。

柏柏尔山顶洞穴人家所处的地理位置为马特马他,这里已是撒哈拉大漠的

⬆ 走进干渴、凄凉的大漠村寨

边缘。我从马特马他驱车南行,两边无边无际的戈壁,荒芜、悲凉、空旷,也夹杂着沙岗、沙梁。茫茫戈壁上,点缀着一撮儿绿色植物,还显示着一点生命力,剩下的全是沙石、沙滩、沙砾。目光所及,没有房屋,没有人迹,没有树木,大地显得非常空旷而苍凉……

一小时、两小时、三小时,一色的黄沙,一色的碎石,一色的土路,一色的天空。汽车,慢慢进入撒哈拉腹地……

车上,逐渐没了笑语,没了声。寂寞的大自然,让人也寂寞了……

突然,前面黄色的沙丘中出现一片绿洲,翠绿映目,大树破天,芳草如茵。我因"绿"而醒,因"绿"而惊,因"绿"而活跃起来。司机说:"目的地到了,这是一处沙漠绿洲,名叫吉兰堡,不远处有古罗马的一处城堡遗址。"

绿色是生命的象征。随着汽车的飞驰,绿洲越来越近,眼帘中出现了人迹、牛羊和马群,还有一处处草棚、篱笆和散落的民宅。

茫茫黄沙围起来的绿洲,"黄""绿"分明,色彩跳跃而醒目,线条粗犷而美妙。汽车直接开进沙漠绿洲之中。啊!即使不是诗人也要惊叹一声!真是别有洞天:高高的椰枣树,密不透风的林带,绚烂盛开的野花,潺潺的流水,飞鸣的小鸟,真是世外桃源!我踏着厚厚的树叶,穿行于林间小路,闻着清新的空气,舒展着一路僵硬的筋骨,欣赏着大自然恩赐的美景……

走到绿洲之中的温泉边,看到有人在池中游泳,有人在水中泡浴,还有人在泉眼边喝上一口清美甘甜的水。

这片绿洲有60多公顷,哺育着柏柏尔人。他们世世代代经营着这片绿林,过着神仙般的生活。午餐,我就在林子里,吃着柏柏尔人亲手做的饭菜,听着柏柏尔人的故事。

酒足饭饱,我骑上骆驼走出绿洲,向沙漠深处进军。驼

向骆驼队人寻问探听沙漠中的历史遗迹

⬆ 行走在撒哈拉沙漠腹地　　⬆ 大漠深处隐隐约约依稀可现罗马人留下的遗迹

队在行进，绿洲在后退，黄沙在掩吞。一小时、两小时，我的驼队被淹没在莽莽沙海中。沙丘、沙山、沙谷、沙梁、沙峰、沙地、沙沟、沙岗、沙坡……这是黄沙的世界，黄沙的天地，黄沙的旷野，黄沙的海洋，除了黄沙就是黄沙。这，就是向往已久的撒哈拉；这，就是世界第一大沙漠。撒哈拉！拥抱它吧！我从骆驼上下来，在沙堆上打滚，在沙丘上爬坡，在沙子上大喊，双手捧起沙粒，我无限崇拜，万分激动！

人，面对无边的沙漠，显得这样渺小；人，面对空旷，就是这样无助；人，面对这特殊的大自然，就是这般纯粹。

好好面对生活吧：要和平，不要战争；要忍让，不要争抢；要团结，不要怄气。和平世界，人类才能幸福！这是向导站在撒哈拉发出的感叹！

沙崖上，有人在照相、合影；沙沿上，有人在谈论、述说；沙尖上，有人在唱歌、跳舞；沙坑里，有人在亲吻、拥抱。来自世界各地的人们，都在尽情地表达情感：把郁闷、不快释放出来，把欢快、幸福挥散出来……

人们的情绪逐渐推向高潮，这时，牵骆驼的柏柏尔人向我讲述了撒哈拉纪念日,他说:"每年12月,都要举行一次撒哈拉狂欢节,男士身披盔甲,女士衣着异服,骑着骆驼在沙漠中行走,表演民族舞蹈,传唱民族歌曲。晚上,在沙漠中点燃篝火,大家围着篝火边品尝烤羊肉,边跳舞尽欢,赞叹柏柏人像撒哈拉一样有广阔的胸怀和博大的情感。"

在撒哈拉大漠,我深入腹地,参观了一处罗马古堡遗址,柏柏尔人指着旧遗址说:"这足以证明昔日罗马人的足迹已经到达柏柏尔人的心脏地带。"

天已近晚,大漠沉寂。只听到驼铃声在撒哈拉上空飞响、回荡……

伴着夜色,西行托泽尔,那里是在撒哈拉活动的最后一站。从这里到托泽尔要穿越盐湖,有100公里路程。路上,很少有车辆行驶,司机放满挡飞驰前进。这个盐湖叫绍特·杰瑞特盐湖,面积很大,它的长度几乎横穿整个突尼斯东、西大陆,曾有专家提出过将盐湖的东边与地中海打通,让海水流进盐湖,但很快被否定了,怕会破坏环境。

深夜,我到达托泽尔市。入住的宾馆是当地最豪华的五星级酒店。当年,卡扎菲曾在此居住过。这里紧靠利比亚边界,边民来去很自由,设有无障碍通道。

早晨,我搭乘沙地越野车继续向撒哈拉挺进。在大漠戈壁中前行,骑骆驼

◆ 大峡谷《英国病人》取景地

和乘越野车在速度上确实是不一样。我在大漠中跑出 30 多公里，途经一处山顶绿洲，到达大峡谷米黛斯《英国病人》取景拍摄地。

米黛斯距离利比亚边界更近，只有 20 多米。我下到大峡谷，穿行在悬崖峭壁之间。那种潮湿、阴森和静谧，充斥着诡异和神秘。在撒哈拉干裂的山地上，竟然还有大峡谷，还能有取景地！《英国病人》的导演组，如何寻到这样一个偏远封闭的地方？我向四周望去，寻找《英国病人》之中的画面，对接其中的镜头，恍若穿越到那个年代！

其实，真正场面宏大的外景拍摄地，大多还是选在撒哈拉大漠之中。我从大峡谷出来，拟到另一处《星球大战》外景拍摄地参观。顺着突尼斯和利比亚的边界南下，沿着世界著名的"达卡尔拉力赛赛道"前行，真正体验刺激的沙漠冲浪。

越野车在撒哈拉大漠中滑行，前边本没有路，只能无序地在黄沙中飞跑，一会儿冲上沙丘，一会儿栽下沟地，一会平行推进，后面扬起冲天的沙尘和飞土，让人一直在"动"中产生联想：要开足马力，要加大油门；要第一个到达目的地，要第一个冲刺终点。这和骑骆驼的滋味截然不同，"动"与"静"，"斗"与"和"，"紧张"与"放松"，形成鲜明的对比。试想，拉力赛谁不想争第一呢？尽管这不是比赛，但哪个司机愿意被甩在最后？一上路，越野车像脱缰的野马，开足油门，一路狂奔。

经过一个多小时的沙地"拉力赛"，我到达一处像驼峰样子的孤独山峰，下车拍照。因为这座山峰非常独特，《英国病人》取景地也选择了它。我站到越野车顶棚上拍照，其背景当然是骆驼山了。大漠中有山地、有峡谷、有绿洲，这是撒哈拉的独特。

离开骆驼山，越野车又翻越几座大的沙山，抵达《星球大战》的外景拍摄地。这里，没有一根草，没有一棵树，荒凉无比，像月球一样，没有生命力。在茫茫一片沙丘之中，建造了五花八门、形态各异的房屋。歪的、斜的、圆的、方的、长的、短的。其间，穿插立着几处卫星形状的模型。凡是看过《星球大战》的，一看就明白。坐在沙丘上，回味当年这两部奥斯卡影片中战争和爱情的悲凉与诗意……

⬆ 《星球大战》拍摄地

汽车离开撒哈拉,而我的心还在大沙漠。司机师傅插上光盘播放"撒哈拉"歌曲,优美高昂的音调与我的思绪一起在茫茫沙漠中飞扬飘荡……

撒哈拉,神秘莫测的世界第一大漠……

撒哈拉,刻印在非洲大地上的特殊地貌……

⬆ 登高骆驼峰

阿尔及利亚:"白色之城"阿尔及尔

邮轮在地中海航行,溅起的浪花在晨光照耀下五彩缤纷……

我是从突尼斯乘邮轮前往阿尔及利亚首都阿尔及尔的。

阿尔及利亚(Algeria)是非洲的一个大国,从脚下宽敞的公路可以看出这个国家的实力,再看两边的建筑,第一感觉是大气、现代、卓然!首都阿尔及尔(Algiers)古城1992年被联合国教科文组织列入世界文化遗产。

阿尔及利亚的确是非洲的一个大国,被誉为"非洲国家之冠",其国土面积238万平方公里,居非洲各国、地中海各国和阿拉伯国家之冠,排全球第10位。人口3540万。它不仅在面积和人口上占优势,而且经济实力在整个非洲也位居前列。其经济支柱主要是石油,因为国土面积85%是撒哈拉沙漠,蕴藏着大量天然气和石油,助推了全国经济的发展。

阿尔及利亚的旅游资源也非常丰富,境内共有9处景点被联合国教科文组织列为世界自然或文化遗产,除阿尔及尔古城外还有蒂姆和德罗马古城、贾米拉罗马古城、提帕萨古罗马遗址等。这么多罗马遗迹,说明该国曾受制于罗马帝国。

阿尔及利亚历史悠久,公元前3世纪曾建立过两个柏柏尔王国,至今该国还有很多柏柏尔人,人数仅次于阿拉伯人。公元前25年开始,先后被罗马、拜占庭、阿拉伯人、西班牙、土耳其侵略。1905年沦为法国殖民地,直到1962年宣告独立。

阿尔及尔市是一个现代化大都市,是地中海南岸最大的海港城市之一,人口 300 万，市区长度达 75 公里，仅沿阿尔及尔湾西岸延伸达 16 公里，整个城市坐落于高低不平的山丘之上，造成了错落有致、层层叠叠的建筑群，因为城市的大部分建筑外墙为白色，因而有"白色之城"美誉。

我首先来到全市最繁华的蒂杜仕大街中心广场。只见这里街道纵横，车水马龙，人头攒动，俨然一个大都市风范。这里有著名的国家邮电总局大楼、中央大道、步行街、大教堂、纪念碑等，还有众多的餐馆、咖啡厅、商店、影剧

阿尔及利亚首都阿尔及尔蒂杜仕大街中心广场

首都地标无名烈士纪念碑

院等，可谓全市最热闹之地。

哈马山上的无名烈士纪念碑是首都的地标，耸入云天的三片式高塔挺拔向上，蔚为壮观。烈士纪念碑高 92 米，三片由外向内斜立的棕树叶状，十分奇巧，三叶下有一个永不熄灭的火炬。碑下有众多的人物雕像，记述着阿尔及利

亚的英雄篇章。从这里可以俯瞰全城风景,极为壮观。

在阿尔及尔市区,走过国王住宅、山顶教堂、海边城堡、集贸市场后,来到阿尔及尔古城。

被列为世界文化遗产的阿尔及尔古城又名卡斯巴哈城。走进古城,让人惊叹不已!这是建在海边半山坡上的一座古城,狭窄的小巷,古老的房舍,陡峭的石子路,很是险要,特别是两边用木棍支撑的墙体,看起来摇摇欲坠,一边走一边提心吊胆,生怕坍塌下来。

陪同踏访的向导介绍说,古城始建于公元前6世纪,是一座依山傍水、可眺望港口和地中海的麦地那伊斯兰式的古城,它先后受到腓尼基人、罗马人、汪达尔人、拜占庭人、阿拉伯人、土耳其人、法国人的统治,现在看到的堡垒、清真寺、土耳其宫殿和传统民房在内的历史古迹,都充分融合了罗马、拜占庭、土耳其及阿拉伯建筑风格。

我来到古老的清真寺,这是一座极为陈旧的建筑,整体是暗黑色,墙皮脱落。因为正在修缮不能进去,但从外表可以看出它的古老。

卡斯巴哈老城窄巷

古墙画记述了老城的历史

⬇ 维修中的老城区清真寺　　⬇ 屋顶壁画金碧辉煌

这座古城在被评为世界文化遗产时受到评委的高度评价:这是典型的麦地那式和伊斯兰式的古城,是地中海最杰出的海岸景观之一,它保留了古城堡,保护了古寺院和奥斯曼宫

第一章　北非:撒哈拉沙漠中的历史遗迹 | 071

殿，同时保留了传统的封建习俗及根深蒂固的民族观念。

日落西天。晚上，我下榻的驻地恰是中国石油的驻地阳光国际酒店。经理是北京人，名叫张迪，他说："中国石油工人建设者在阿国有上万人之多，大都在撒哈拉大漠中。这个酒店就是为中国石油人开办，也有其他人入住。"谈及华人，他接着说："阿尔及利亚华人有10万多，大多为经商者和劳务人员。这里专门开有华人社区。中国与阿国的关系很好，中国历届国家领导人到访该国，已和阿尔及利亚建立了牢不可破的友谊。"

在阳光酒店，我一连采访6位中国石油工人，了解到撒哈拉石油开发的情况。之中有很多动人、感人的故事，让我久久不能忘怀。阿国是石油大国，石油储量排世界第14位。大漠中有成千上万中国石油工人抛家舍业的努力奋斗，在大漠中留下艰辛的足迹……

阿尔及利亚国土除地中海沿岸外，以南均属撒哈拉大沙漠，沙漠面积约占国土面积的85%。石油开采均在茫茫大漠中……

➡ 穿过殖民时期建筑

⬇ 阿尔及尔最宏大的教堂

从温泉瀑布到蒂姆加德和贾米拉罗马遗址

清晨,汽车沿阿安高速路疾驶……

我是凌晨5点出发,从首都阿尔及尔市启程,一路东行前往安纳巴市的。

汽车在高速前进。左边是碧蓝宽阔的地中海,右边是碧绿逶迤的阿特拉斯山脉。一高一低,一蓝一绿,风景这边独好!

车行3个小时,到达安纳巴市,这是阿尔及利亚东北部的港市,为安纳巴省会。安纳巴是一座历史名城,早在公元前12世纪就被腓尼基人占领,成为基督教传播中心。在安纳巴停留片刻,便一路南行,去往盖勒马市。

▼ 海边要塞

↑ 温泉瀑布

车行 60 公里，又是一座千年古城呈现在眼前。在市中心广场上，三叉纪念碑是整座古城的地标，建筑风格极有特色。盖勒马市最有看点的是 chellalla 温泉瀑布，在市郊 15 公里处。驾车到达这里，突然出现在眼前的是一座挂满瀑布的山头，山顶冒着蒸腾的白烟，温泉顺着山顶的三个断面飞流直下，宛如一个亭亭玉立的少女被雨水淋湿。尤为壮丽的是瀑布流经的山石，天长日久，形成千道万道线沟，垂直而下，真可谓鬼斧神工。

汽车离开温泉瀑布继续南行到达君士坦丁市，它是君士坦丁省的首府，又是一座古城，被誉为"北非名城"。古城的最大亮点是吊桥。吊桥建在两山之间，下边是刀劈的山谷和滚滚的河流。君士坦丁城名取于君士坦丁大帝。这座古城曾于公元 311 年被毁，后被君士坦丁大帝修缮改建。在这座古城，我参观了埃米尔清真寺、自由雕像等。之前，还去了圣奥古斯汀大教堂、海边军事要塞和皇家河古罗马遗址。

⬇ 君士坦丁吊桥

↓ 石柱甬道

↓ 凯旋门

接着又继续南下96公里，来到巴特纳市。

巴特纳是巴特纳省的首府，计12万人口。尽管这个城市不大，但它却拥有一处世界文化遗产，即蒂姆加德罗马古城遗址，于1982年由联合国教科文组织评出。

当来到蒂姆加德，立刻被这座废弃的罗马古城所震惊：那遍地坍塌的残垣断壁，那遍布废墟上林立的石柱半墙，那一堆堆、一座座的残石破瓦……这就是著名的蒂姆加

↓ 世界文化遗产巴特纳蒂姆加德罗马遗址全景

◆ 世界文化遗产塞提夫贾米拉古城遗址

德罗马古城遗址。走在这座最大的遗址群中,最具特点的是剧场、凯旋门和石头甬道。剧场虽然败烂不堪,但基本上保留着原貌,尤其是一圈圈半圆形的石座层层叠叠,非常壮观。凯旋门尽管独立在原野上,孤孤单单,但它基本没有被破坏,尤其是门壁上的雕刻依然清晰。石头甬道最让人难忘的是中间两条被车碾轧的深沟,印证了它曾经的繁华盛景……

站在凯旋门前,听了当地讲解员的介绍。这座蒂姆加德古城是罗马帝国的图拉真大帝为了防止柏柏尔人入侵而建造的,作为军事防御之用。

◆ 宫殿

古城采用了罗马帝国典型的棋盘式结构，其地标为12米高的图拉真大帝凯旋门、可容纳4000人的半圆形剧场、4座澡堂和一座长方形宫殿。蒂姆加德在公元5世纪时遭到外族劫掠，后来又被拜占庭军队攻占，成为一座基督教城郭。7世纪时又被柏柏尔人摧毁殆尽，1881年挖掘出土。

开车继续向西北行100公里，到达塞提夫市。这里有一座比蒂姆加德更为壮观的罗马遗址——贾米拉古城，于1982年被联合国教科文组织列入世界文化遗产。

来到贾米拉遗址，感觉无比震撼！这个遗址要比蒂姆加德大得多、宏伟得多，而且保存得较为完好。现场解说员说："就这个贾米拉遗址而言，它使阿尔及利亚成为拥有世界上最壮观的罗马遗址的国家之一，它是北非保存最为完好无缺的罗马遗址！因而为万众所瞩目。"

贾米拉遗址坐落于山地上，可谓山城。举目相望，错落有致的房屋依山而建，密密麻麻，占满整个山坡，一眼看不到头。走进遗址中，我详细观察着每一块石砾、断墙，想要从中了解它的历史渊源。

遗址最特别的同样是半圆形剧场、凯旋门、石头甬道、浴池等。与之前所看遗址不同的是，这里高高的罗马柱保存得尤为多，且成行成列，还有一座完好无损的宫殿及众多没有坍塌的房屋、拱门、围墙等。在参观时，恰巧身边有一位考古人员，他说："贾米拉是古罗马人在公元1世纪建立在丘陵上的山城。该城在3世纪达到鼎盛，5至6世纪随着罗马帝国的衰亡而没落，后来被阿拉伯人占领。"原来，"贾米拉"在阿拉伯语中意为"优美"之意。

阿尔及利亚，古罗马遗址之多见证了厚重的沧桑历史……

摩洛哥:"北非花园"

↓ 摩洛哥经济首都卡萨布兰卡地标哈桑二世清真寺

经过长时间航行,从阿尔及利亚首都通过地中海来到非洲大陆北部的摩洛哥(Morocco)。

摩洛哥西临大西洋,北依地中海,南部为撒哈拉大漠,总面积45.9万平方公里、人口3334万。境内有高山、沙漠和平原,风光优美,有"北非花园""烈日下的清凉国土"美誉,还有独特的三个首都:政治首都拉巴特(Rabat)、经济首都卡萨布兰卡和精神首都菲斯。有人戏称这是"三架马车的首都"。其中菲斯于1981年被联合国教科文组织列入世界文化遗产。

摩洛哥的经济首都卡萨布兰卡简称"卡萨",为西班牙语的音译,意为"白色的房子",阿拉伯语称之为"达尔贝达",意为"白房子"。

临近黄昏，我漫步在卡萨布兰卡迈阿密海滨大道，迎着海风，望着一望无际的大西洋，听着滚滚波浪声，悠闲而安静。

卡萨布兰卡作为摩洛哥的经济首都，有几点可以证明。它是摩洛哥第一大城市，拥有 350 万人口；它是非洲最大的港口之一；它集中了摩洛哥三分之二现代工业，所拥有的产值占全国一半还多；它是非洲第二大股票交易市场，交易量仅次于南非的约翰内斯堡；它拥有摩洛哥最大的机场……

走在迈阿密沙滩，身后是耸立在夜空中的哈桑二世清真寺和航海灯塔，右边是潮涨卷起的白浪，左边是车水马龙的海滨大道，动静结合，黑白相间，有一种神秘之感。据介绍，哈桑二世清真寺大厅长 200 米、宽 100 米，宣礼塔高 200 米，规模列居世界第三，仅次于麦加和埃及的清真寺，是当今地球上现代化程度最高的清真寺，可容纳 2 万人。

卡萨布兰卡《北非谍影》取景地

20 世纪 40 年代在这里拍摄了好莱坞大片《卡萨布兰卡》，一定要看看这部爱情电影的取景地点 Rick's Cafe 咖啡馆，是我此行最大的期待。

向导说，在那里吃饭的人很多，必须在三天前提早预订，消费额一人 350 美金。我惊呆，远道慕名而来却无法进门？我正沮丧，向导却莞尔，原来他早已预订了在取景点吃饭的座位，我虚惊一场。

汽车沿着海滨大道前行一段路程，过一处旧的王宫围墙，来到电影取景地。这是一座非常普通简单不起眼的破旧小楼，两棵高大的椰子树掩映下，可见一个很窄的小门，门顶写着一行字，这就是电影《卡萨布兰卡》的取景地。

远处看，一座四层高的楼体，两边是当地居民住家，灯火辉煌的中间地带才是影片中饭店里著名的酒吧。我穿过停靠的许多汽车，在门前拍了几张照片，便双脚踏进门里。

进门，跳进眼帘中的是张贴的一幅黑白男女画像，非常醒目；而灌入双耳的是《卡萨布兰卡》的主题歌《时光流转》："叹息一瞬间，甜吻驻心田。任时光流逝，真情永不变。"熟悉的流水般的钢琴声，触动心弦，一下子把我带入那个战乱纷飞的年代，追寻英格丽·褒曼和亨弗莱·鲍嘉的足迹，重温男女主人公的爱情故事……

影片描述的是反法西斯斗争，那个战火频仍荡气回肠的年代，注定几多生死，几多悲愁。《卡萨布兰卡》又译作《北非谍影》。

和着钢琴声，我在一层参观了屋内的装饰和摆设。当年的挂毯，当年的桌椅，特别是那架钢琴，仍然摆在大厅。一位男士西装革履，信手反复弹奏着《时光流转》，声调充满大厅、楼道、吧台，余音缭绕，落染轻愁……

伴着钢琴声，我走上二层。同一层一样，摆满了就餐的桌椅。据介绍，这里有许多世界名流光顾，如美国前总统卡特、拳王阿里、沙特亲王等。我预订

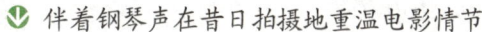
伴着钢琴声在昔日拍摄地重温电影情节

第一章 北非：撒哈拉沙漠中的历史遗迹 | 081

的房间在一个角落，墙体是斜的，窗户是斜的，门是斜的，非常窄小。尽管狭窄，但这是《北非谍影》故事发生地，我坐定端起咖啡慢慢品味……

没有不散的宴席。天已尽晚，我不舍地走出楼外。客人们一个个都有了醉意，恍惚中，钢琴声从门缝里流转出来，在大西洋海边飘荡……

卡萨布兰卡一夜是此行最难忘的一夜……

第二天，我去往摩洛哥的政治首都拉巴特。

从卡萨驱车北行80公里，中午到达摩洛哥首都拉巴特。这里是摩洛哥王国国家机构执政中心，也是国王所在地。拉巴特与菲斯、马拉喀什和梅克内斯并称摩洛哥四大皇城。

来到拉巴特，我首先参观王宫。王宫坐落于一个很大的花园中，周边由古城墙围拢。花园里有很多古树、古藤、古建筑，之中除王府外还有政府机关如最高法院等，还有供官员礼拜的清真寺及皇家学校，占地45公顷。王府即王宫，因摩洛哥实行的是君主立宪制，国王即是国家元首、宗教首领和军队最高统帅。国家的箴言为：真主、祖国、国王。我来到王宫门前，看到卫兵把守，戒备森严。虽可以拍照，但不可以接近。王宫的大门并不高大，但雕刻得非常精美，典型的阿拉伯风格。

而更有阿拉伯风情的是老城区，步行在老城的街道，像是进入阿拉伯人的世界。这里是阿拉伯人的聚居地，典型的民宅，特色的清真寺，弯曲的窄巷，狭小的街道，很像是走进喀什的老城民居，分辨不出东西南北，没有了方向感。

我拐七扭八走进一处阿拉伯人家，这是一个封闭的、类似中国的四合院。但四面房间不是平房，而是三层砖房，内院不大，像天井，用玻璃封顶。我

⬆ 生机盎然的阿拉伯姑娘走在老城街巷

在院中席地而坐,以阿拉伯人的习俗开始用餐。第一道是烤面包,第二道是米菜炖肉,很像是中国新疆的手抓饭,之中的大块牛肉,足可以填饱肚子,第三道是水果。

从旧城出来右行,过一条马路,便是一处要塞,坐落在丘地上,错落有致,看来也很古老。我从侧门走进去,里面残垣断壁,濒临一条内河,更显出它的雄伟与凄寂。我拾阶而上,旁边有陈旧的房屋、房门、墙体,不少艺人在窄街小巷卖艺卖唱。

拉巴特的地标或者说拉巴特的象征,应该是哈桑塔及哈桑大清真寺遗址。当我来到这里时,一下子被震惊了:这么大的遗址啊!哈桑大清真寺原是北非最大的清真寺,长183米、宽139米,要比卡萨布兰卡清真寺大得多。之中可以骑马穿行,容纳人数何止两万?但由于当年君主雅布·曼苏没能实现他的愿望而早逝,清真寺工程停下来,后几经战火和地震,留下44米高的哈桑宣礼塔和354根巨型石柱。我穿行于残断的石柱林里,历史的沧桑感油然而生。

与哈桑遗址对应的是穆罕默德五世陵,因其建筑风格被誉为摩洛哥的艺术瑰宝。

⬇ 哈桑塔及哈桑大清真寺遗址

↑ 精神首都菲斯古城门

第三天，我去了摩洛哥的精神首都菲斯。

菲斯被誉为精神首都原因有三：古都、古城和古寺。菲斯古城曾被美国杂志 Traveler 评为"全球最浪漫的十大城市"之一。我从拉巴特乘车东行 190 公里，来到了有四大皇城之称的菲斯。这座有一千多年历史的世界名城，到处都是古老的印记。有人说："在这里每走一步，脚下就埋藏着一个故事，千年古迹举目可见。"这里的古城堡、古城墙、古王宫、古民宅、古街道、古院落等，都与"古"字有缘。

所谓古都，菲斯可谓摩洛哥第一个王朝的开国之都。公元 792 年，阿拉伯半岛发生战争，穆罕默德的后代伊德里斯率伊斯兰远征军从海上来到这里，打败当地的柏柏尔人，开始修城建镇。他带领人们刨坑筑墙时，从地下挖出一把金斧子，认为这象征着吉利，便为此地起名"菲斯"。在阿拉伯文中"菲斯"即为斧子。城墙筑好后，在这里建立了摩洛哥第一个阿拉伯王朝即伊德里斯王朝。之后，共有七个王朝在此定都。古都菲斯是摩洛哥人的骄傲，也是阿拉伯世界的骄傲。在历史的长河中，菲斯成了摩洛哥王权的象征。它曾统治过北非的大部领土，还曾管辖过西班牙的半壁江山。可见，菲斯作为精神首都有它的历史原因。

所谓古城，一千多年过去，古老的建筑依然存在，同时保留了原始的生活习俗，原始的生产方式，原始的自然风貌。走在窄小的巷道，骤然把你带入古老的原始境地：石子路，土木屋，老作坊。窄小的巷子只能侧身而过，而肥胖者只有止步了。这里的运输工具是驴子，走进窄巷，只有从驴背上将货物卸下，肩挑人扛，才能挤进家门。尽管路窄巷小，但居民院落里又大又敞亮。这里的人们大都从事着古老的手工艺，如编织地毯，砸制铜盘，染制皮革，全是传承至今的古老手工艺。如果静下来细听，那敲击声、驴叫声、叫卖声，交织成一曲动听的乐章。如果你停下脚来细看，可见头裹面纱的妇女，身穿长袍的男士，穿行在大街小巷。这一切给这座老城带来神秘的色彩和诱惑的力量。

所谓古寺，指的是这里古老的清真寺。不到 300 公顷的菲斯古城却拥有 785 处古老的清真寺。从另一个角度讲，它是世界著名的宗教圣地，是阿拉伯

↑ 窄巷

↑ 古路

古门

古寺

政治首都拉巴特王宫

宗教文化在摩洛哥的发祥地,是一座典型的著名的伊斯兰圣城。从多处古老的清真寺就证明了这一点,所以说它是"精神首都"更为确切。我来到建于公元857年的卡拉维因清真寺门前,被这座堪称阿拉伯建筑艺术杰出代表的清真寺震惊了!清真寺看上去气势恢宏,造型别致,廊柱独特,占地近6000平方米,可容纳信徒两万多人。更让人折服的是,它不仅是一座清真寺,还是一所宗教学院,它是世界上最早的高等学府,有人称它为世界上第一所大学,它比牛津大学还早390年。当年阿拉伯世界很多青年到这里学习数学、历法、哲学、医学、法律、天文等学科。

菲斯,因古都、古城和古老的学府而出名!

菲斯,作为摩洛哥的精神首都承继了古老的文明!

温馨提示

北非国家首都大都濒临地中海。去这些国家的签证较为容易,很多国家如埃及、突尼斯、摩洛哥等都是旅行的常规线路。飞行线路有北京直达或转机到达的航线,机票预订并不紧张。最火爆的线路要数埃及、突尼斯,最冷清的线路为南苏丹和利比亚,是因战争所为,尤其是南苏丹,战乱不断,局势不稳,而且条件也比较差。另外,不要单独行动去阿尔及利亚和利比亚的南部地区,那里有反政府力量的存在。还有,到非洲许多国家都要带上驱蚊剂、肠胃药和防晒霜。行前在国内要注射防黄热病疫苗获取"黄本"通行证和"红本"健康证。一旦发烧,一定要先按疟疾医治,否则可能会性命不保。

第二章 东非
大裂谷中的动物世界

浩浩荡荡的动物大迁徙，暴虐、惨烈的动物大战……"物竞天择""适者生存""弱肉强食"的自然法则在这里充分展现。这就是东非！

东非，包括埃塞俄比亚、厄立特尼亚、吉布提、索马里、肯尼亚、坦桑尼亚、乌干达、卢旺达和布隆迪9个国家，境内有非洲最高的山、最大的湖、最广的高原，还有著名的"地球脸上最大疤痕"——世界最大裂谷带东非大裂谷及悬崖、峭壁、谷地、丘陵、湖泊、沼泽，多样的地貌、鲜见的人烟，令这片广袤的土地孕育了强大的动物世界……

埃塞俄比亚:"人类之母"露西

穿云破雾,劈开气流……

飞机向着东非埃塞俄比亚高原俯冲……

机体缓缓降落在埃塞俄比亚(Ethiopia)国际机场,这是我踏访东非的第一个国家。

披着朝霞,汽车向首都亚的斯亚贝巴(Addis Ababa)市区行驶,满眼花树、花草、花墙、花坛,简直成了花的海洋、花的世界。原来,当地阿姆哈拉语"亚的斯亚贝巴"的意思是"新鲜的花朵",其国花马蹄花,更是其中最为美丽、动人的。

▽ 街心狮雕威武雄壮

埃塞俄比亚面积 110.36 万平方公里、人口 9600 万,处在非洲最高地带,有"非洲屋脊"之称,平均海拔 2700 米,是典型的高原山地。东非大裂谷从东北向西南穿过,纵贯全境。独特的地理位置造就了这里独特的旅游资源,尼罗河上的瀑布、瑟门山上的动物、索夫奥马尔岩洞、拉利贝拉岩石教堂、阿克苏姆尖碑、耶哈的古建筑等,让人流连。

埃塞俄比亚历史悠久,早在公元前 3000 年至公元前 2000 年已有农耕人群,公元前 2 世纪提格雷高地陆续兴起一些城邦,后来阿克苏姆异军突起,统一各部落,组建而成一个强盛的国家。埃塞俄比亚的国名在古希腊语中意为"被太阳晒黑的人民居住的土地"。

转眼,汽车进入市区。亚的斯亚贝巴坐落于中部高原的山谷中,海拔 2400 米,是非洲海拔最高的城市,人口 400 万。这里虽接近赤道,但气候宜人,四季如春,鲜花怒放,是一座富有地方特色的城市,也是整个非洲著名的避暑胜地。

一百年前这里还是一片荒野,孟尼利克二世的妻子泰图在此地一处温泉旁盖起一座房子,为建城之始。城市的名字为泰图王后所起。设市之前,这里只有孟尼利克宫和圣乔治大教堂。海尔·塞拉西后来就是在圣乔治教堂加冕成皇帝的。

▼ 旧皇宫院内树木参天

↑ 六角形的圣乔治教堂

↑ 教堂内栩栩如生的壁画记述沧桑历史

在首都城区，我参观了孟尼利克二世广场、铜狮雕、国会大厦、旧皇宫等。建于1896年带有八角形的圣乔治教堂很有特点，是为纪念民族英雄圣乔治而建，外墙套内墙，墙壁绘着圣乔治一生的经历及天堂、地狱、耶稣升天的画面，旁边立有意大利传教士的雕像。

首都亚的斯亚贝巴乃至整个埃塞俄比亚，最大的看点是"人类之母"露西。我走进国家博物馆，这里展出轰动世界的第一女性露西骸骨是古人类的化石，是最早的人类祖先，可追溯到320万年前。讲解员介绍，露西骸骨化石在埃塞俄比亚与肯尼亚交界处出土，经美国人类学家蒂姆·怀特等研究，证明这里就是整个人类的发源地，露西是当今世界上所有人的唯一母亲，一个真正的"夏娃"。露西的发现揭开了人类诞生之谜，表明人类起源于非洲的证据。为此，人类学家们将露西称为"人类之母"，地球上的所有人类都是从非洲走出来的。10万年前，从非洲迁徙到西亚，然后再从西亚走向亚洲、欧洲，最后到达美洲。

徜徉在亚的斯亚贝巴大街，最大的亮点是这里的国际组织建筑，一处联合国非洲总部，一处非洲联盟即原非洲统一组织总部。为此，亚的斯亚

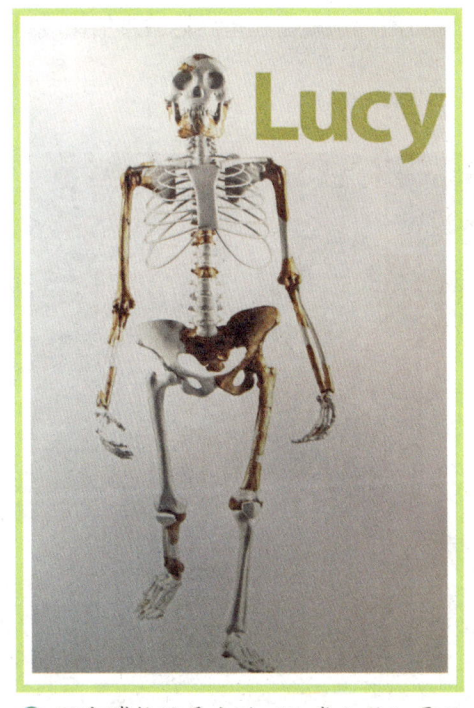
↑ 国家博物馆展出的"人类之母"露西人

贝巴有了"非洲的会议之都""非洲的外交之都"美誉。世界各国众多的外交使团常常聚集在此，商讨非洲大事。

中午，我在一家中华酒店就餐，酒店所有人刘长海是中国河北藁城人，他原先在石家庄第五设计院工作，后离职在此开了一家中餐馆，他介绍："亚的斯亚贝巴共有2万多中国人，开的中餐馆有十多家，都是雇用当地人，劳动力成本比较低，一年下来，差不多能有600万元人民币的收益。"接着他告诉我："埃塞俄比亚闲劳力很多，许多人没有工作。这里早婚现象很普遍。埃塞俄比亚人对驴非常崇拜，奉为神。若未婚男子家里没有驴，那就很难娶妻为伴。姑娘出嫁，嫁妆至少要有一头驴。男女成婚还实行'抢'亲。新郎到新娘家里，背起姑娘就走，路上

↑ 联合国非洲总部大厦气势恢宏

↓ 国会大厦掩映在绿树丛中

新娘脚不能落地,双眼蒙住,不能看任何东西。"

埃塞俄比亚的日历奇特,日出为零点,正午为6点,日落为12点。当地人认为太阳消失了,不应计时,那是人们睡眠和休息的时间。尽管以太阳计时,但每天相差不是太大。因为该国接近赤道,昼夜变化不大,日出和日落都在上午6点和下午6点左右。他们还将一年分成13个月,前12个月每月均为30天,剩下的天数都放在最后一个月。通常第13个月为5天,每隔4年加一天。第13个月不领工资,但也不交税。

埃塞俄比亚不管城市乡村,均无门牌号码。如果邮寄或找人只能看参照物,某个大街建筑物左边、右边,或前边、后边。凡住在小街小巷,那就麻烦,非常不便,这在全世界城市中是独一无二的。

下午,驱车前往郊外的安图图山。站在山顶,整个首都尽在眼底。在连绵不断、峰峦起伏的崇山峻岭中,裹隐着一座古老而现代的国际大都市。

入夜,观赏了当地人的民族表演,木鼓、舞曲、歌唱,渐次散入安图图山……

"世界奇迹"拉利贝拉岩石教堂

汽车飞驰在石子路上,依稀可见旷野里的村寨、茅屋、房舍,一切处于原始状态。在农田,牛耕犁闯,手扬长鞭,仍然是人工的劳作方式……

这是我去拉利贝拉的路上看到的场景。

拉利贝拉岩石教堂在首都以北350公里的山峦中。

埃塞俄比亚的拉利贝拉岩石教堂全世界举世无双,1979年被联合国教科文组织列入世界文化遗产。

到达拉利贝拉小镇,环顾四周,并没有发现什么岩石教堂,呈现在面前的仍是苍茫山岗,仍是一片荒丘,满目清冷荒凉。正当山穷水尽之时,汽车拐进一个窄小的土路,穿过几处破旧房屋,但见一处平滑的山岗。这时,司机师傅

↑ 去往岩石教堂沿途耕牛遍地

↑ 路旁的土著人的家

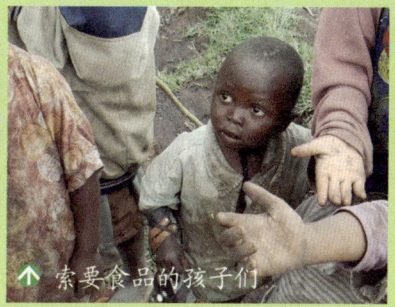
↑ 索要食品的孩子们

把车一停，扬起手一指："岩石教堂到了！"

下车一看，怎么连一点岩石教堂的痕迹和影子都没有？疑惑之际，司机指着近在咫尺的石岗说："向下看，石顶下面即是！"

顺着司机的手指低头寻

⬆ 十字架岩石教堂顶部

觅：我的天，岩石教堂就在脚下！就在岩石缝中！教堂是依山岗山石向下凿出的，岩石教堂与山岗已经融为一体，太宏伟、太壮观了！简直不可思议：这就是拉利贝拉岩石教堂！令人分外惊叹的世界奇迹，就在脚下！

⬆ 岩石教堂全貌

拉利贝拉处于地势比较高的山脉，这座古城以纪念神奇的岩石教堂的倡建者扎格王朝的国王拉利贝拉命名，该王朝于公元1173—1270年统治埃塞俄比亚。

当地的解说员很风趣，他介绍，12世纪埃塞俄比亚第七代国王拉利贝拉呱呱落地的时候，一群蜂围着他的襁褓飞来飞去，驱之不散。拉利贝拉的母亲认准了那是儿子未来王权的象征，便给他起名拉利贝拉，意思是"蜂宣告王权"。当政的哥哥哈拜起了坏心毒杀他，被灌了毒药的拉利贝拉三天长睡不醒。梦中，上帝指引他到耶路撒冷朝圣，并得神谕："在埃塞俄比亚造一座新的耶路撒冷城，并用一整块岩石建造教堂。"于是拉利贝拉按照神谕在埃塞俄比亚北部海拔2600米的岩石高原上，动用2万人工，花费24年的时间凿出了11座岩石教堂，人们将这里称为"拉利贝拉"。从此,拉利贝拉成为埃塞俄比亚人的圣地,至今,每年1月7日埃塞俄比亚的信徒们都将汇集于此,隆重朝拜。

拉利贝拉岩石教堂之所以有"世界奇迹"之称,是因为所有教堂都由岩石凿成,浑然一体,几乎没有一座高出地平面的。一般教堂都是从地面向上兴建,但这里都是从顶部向下开始挖凿,精雕细琢的教堂外观造型惊人,内部装修独特,皆是在整块岩石上开凿的,用雕刻在岩石上的立面向信徒标示其位置。教堂都是由石墙围绕着的有机整体,人们在里面可沿着在石灰岩上开凿的小径和隧道网四处走动。

岩石教堂全都是矗立在7至12米深的井状通道的中央,是在由深沟将高原的其他部分与之分离出来的岩石上直接雕刻出来的。雕刻自顶部的穹顶、天花板、拱门和上层窗户,一直延续到底部的地板、门和基石。各教堂之间的秘道非常神奇,还有地下墓穴、水道,简直是一个地下迷宫。

在众多岩石教堂中,最有特色的是耶稣基督教堂,共拥有5个中殿,其中34根飞檐都是精雕细刻。玛丽亚教堂内部建筑非常精美,主门的浮雕是两个骑手杀死一条龙。圣迈克尔教堂和三位一体教堂组成一个教堂群,其中圣迈克尔教堂是拉利贝拉国王的墓地,摆放着他的遗物,还有凳子、挡板和大十字架等。

在11座教堂中,以救世主大教堂和圣乔治教堂最具代表性,或者说是代表作。圣乔治教堂也叫十字架教堂,外表看起来就像从上到下放置在地下的一个庞大的十字架,壮观而雄伟,若事先不说,真不知道这个山岗下藏有这样一

悬崖下藓苔满壁的岩石教堂窄条石门

走在岩石教堂内的石凿通道

个庞大的石头教堂。十字架教堂建造得非常雄壮、庄重,深受各国摄影爱好者的青睐,许多地理杂志将其照片作为封面,许多影片从这里取景。也因此这里吸引了很多游人和摄影爱好者前来参观和拍摄。

岩石教堂,实现了拉利贝拉国王重现圣城耶路撒冷的决心,它不愧为非洲的奇迹!世界的奇迹!信徒们的圣地!

岩石教堂,埃塞俄比亚非凡的产物,世界文明的象征,基督教的骄傲,人类建筑艺术的典范。

天已近晚,夕阳将落,我来到住地。不曾想,下榻的宾馆和岩石教堂一样,恰好也坐落在一处山岗,依山石而建,极有特色。我站在岩石上,凝望落日下的远山,感慨万千:人类的创造力,真是非凡而令人难以置信!

艳阳下锈迹斑斑的山顶岩石教堂

莫西女人唇戴泥盘为"美"

汽车出亚的斯亚贝巴，顺着东非大裂谷的断裂带，朝着西南方向一路飞奔……

在埃塞俄比亚踏访，听到"女人唇含泥盘"的习俗。

为探实情，我特意前往。

莫西族位于埃塞俄比亚西南部的奥莫河流域，距首都大约400多公里。我是早晨5点钟启程的。

疾飞的车速，过阿森达博、季马、邦加等地，经过6个多小时的长途跋涉，到达奥莫河河谷。只见弯弯曲曲的奥莫河水流滚滚向前，一直流向肯尼亚境内的图尔卡纳湖。奥莫河，典型的东非大裂谷内陆河。

四处眺望：山峦、断壁、裂谷；原始、荒凉、贫瘠。这就是奥莫河河谷。它地处该国最西南部，是埃塞俄比亚与南苏丹和肯尼亚三国交界的地带，偏远而荒芜……

在这个交通不便的偏僻地区，生活着24个原始部落。我顺路恰遇哈马尔部落成人礼仪式即跳牛仪式。仪式上的主角，通过胆战心惊的跳牛，让自己成为真正的男人。

途中经过土著人居民点时恰遇土族人的成人节

🔼 莫西族部落的家园

我步行大段崎岖的土路,来到莫西族的山寨。低矮、窄小的茅草房,散落在黄土地上,牛粪抹的外墙斑驳地脱落。

一阵狗叫声传来,几个抱着孩子的妇女走出茅草房。哇!只见女人们一个个嘴里叼着个硕大的泥盘,盘子足有头那么粗大,外沿由嘴唇裹起,泥盘中还画有图案……太吓人了!看着被撑大的让人心疼的嘴,很感叹,世界上竟然还有这种风俗?让人不可思议!

这时,酋长缓步走来,解答我的疑问——

问:"为什么要戴唇盘?"

酋长:"女人嘴唇含戴泥盘是祖祖辈辈留下来的传统和习俗,一代传一代,无一例外。这个,不足为奇。"

问:"如果不戴呢?"

酋长:"不戴,那就成了嫁不出去的姑娘!会被兄长打死!"

问:"为什么?"

酋长:"这里的女人习惯了以戴唇盘为美,而且戴得越大越美,直到大得不能再大了为止。"

🔽 莫西妇女以戴巨型唇盘为美

我请酋长讲一讲戴唇盘的历史,他介绍,莫西族最早并没有戴唇盘的习俗,这是一个弱势部族,经常遭受外族的侵袭,尤其妇女,常被抢劫、强奸,有的还被抓走当女奴。女人为了把自己变丑,躲避凌辱,于是在嘴里含上一个大泥盘,让自己变成丑八怪;还有的在泥盘上画妖魔鬼怪,一看就吓人。于是,含戴泥盘的女人就不会受辱于外部族群的强暴。而这样的装束,她们并不认为是"自残"。天长日久,她们看惯了,审美观也随之而变,反倒成了一种美的装饰,地位的象征,财富的象征,勇敢的象征。女孩成家时,唇盘越大越美,越容易嫁人。唇盘大到什么程度呢?有的唇盘能翻到头顶,把整个脸部包住。

"为什么成为勇敢的象征呢?"我好奇地问道。

酋长解释道:"不仅仅是勇敢,还有坚强、刚毅!女人一般从10岁开始戴唇盘。10岁时还是孩子,在戴唇盘前,要先把下牙拔掉,然后用手撑开嘴,接着要把下嘴唇用刀子割开一个大口子,再扩大撕裂伤口置入泥盘,在没有任何止疼措施的情况,女孩子要忍受多大的痛苦?这能不说勇敢、坚强和刚毅吗?"

听着酋长的解说,想象着那撕心裂肺的场景,令人不寒而栗。

"那怎么吃饭、喝水?"我又问。

↑ 干活时把唇盘摘下

"吃饭时将盘子摘下来,水足饭饱后再戴上。"酋长回答。

世间真有这样奇特的习俗。我在山寨寻访,看到这里依然保存着原始风俗,不少人裸体,女人只用一块布遮住下身。还有的女人在耳朵上打孔,拉长的耳垂下置进一个大的泥盘,也以此为美。

唇盘、耳盘、裸体……这个偏僻闭塞的奥莫河谷莫西族,刀耕火种、打猎放牧、采果,保持着千百年来独特原始的生活方式,与世隔绝,直到20世纪70年代被发现时,族人并不知道自己国家的名字。据悉,莫西人大约有5000人,没有文字。

回程的路上,我仍心有余悸:"这种唇盘习俗有些不太人道?"听到我的感慨,向导说:"国际人权组织正在努力劝导;埃塞俄比亚政府已发文,禁止父母给女孩戴唇盘。"

汽车在东非大裂谷飞驰……

大自然恩赐了奥莫河谷美丽的风光!

希望莫西族的女人们摆脱唇盘的痛苦,如绝美的风景一般幸福一生……

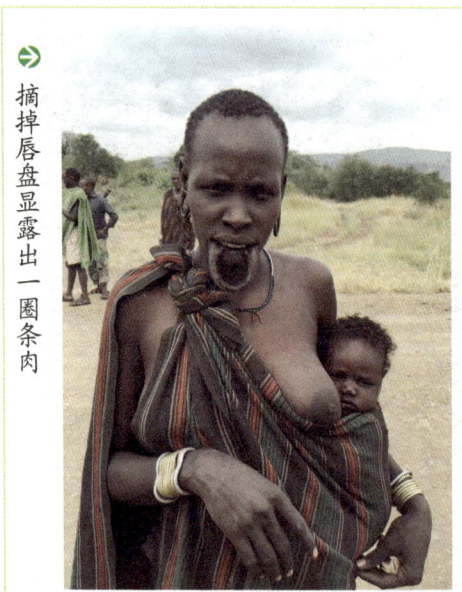
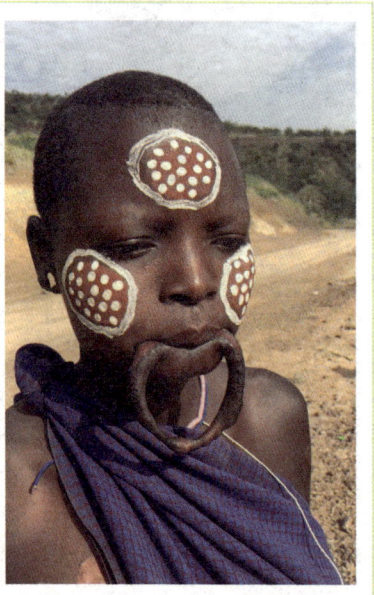

➡ 摘掉唇盘显露出一圈条肉

厄立特里亚：从"云中之城"到"红海明珠"

汽车穿越埃塞俄比亚高原一路北行，过边界进入厄立特里亚境内。

倘若提到"厄立特里亚"(Eritrea)，可能很多人不大了解这个面积仅12.5万平方公里、人口500万、地处"非洲之角"的小国。

而就是这个小国，扼亚、非、欧三大洲的咽喉曼德海峡入口，是进出印度洋的门户；就是这个小国，包含了非洲拥有的多种地貌和气候，其中科巴尔低于海平面75米。该国因其"独特地貌"曾被英国旅游网站评为"世界七个最佳旅游目的地"之一。而它同时又是一个极其封闭、最不被人了解的国度。

厄立特里亚首都阿斯马拉(Asmara)在提格林雅语里是"丰收"之意，坐落于哈马森高原上，海拔2350米，是一个凉爽而漂亮的城市，人口50万。

信步于大街上，细细和风，夹杂着薄云轻雾，拂在脸上，非常惬意。这是

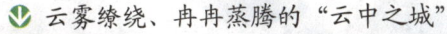
云雾缭绕、冉冉蒸腾的"云中之城"

一座赫赫有名的"云中之城",市区处在高原低谷,东北角是断岩,遮挡住云雾的流动。

↑ 厄立特里亚首都阿斯马拉独立大街

阿斯马拉城不仅凉爽漂亮,又十分宁静、整洁,鲜有喧嚣繁杂,人们彬彬有礼,互相谦让包容,大有绅士之风,为此冠有"君子之城"的美誉。走在马路,欣赏着两边意大利殖民时期的建筑,好像步入欧洲小镇,幽深、古朴而雅致。据悉,很多欧洲人都喜欢这个城镇,将其列为旅游首选目的地之一。

阿斯马拉大街两旁是笔直高大的棕榈树和意大利风格绝美精伦的百年建筑。大街的尽头为独立广场,是人们集会的地方。在这里踏访,恰遇开斋节,广场集满了成千上万的人。著名的大教堂坐落于阿斯马拉大街上,高52米的哥特式钟塔拔地而起,成了全市的地标。

皇宫为殖民时期建筑,曾是意大利的总督府,现为厄国的总统府,入口为盾形纹障,宫前摆有两尊火炮,四面均有不同风格的雕刻,屋顶飘扬着厄国的国旗。

↓ 教堂广场前的人群

除此之外，阿斯马拉还有宏伟的清真寺、东正教堂、邮电局旧楼、飞机造型房等有特色的建筑及当地民族风格的住宅群。

在城区，我还特意去踏访旧市场，大门也是殖民时期的建筑，中间高两头低，极有特点。走进市场，皆是低矮的房屋，加工粮食的、炒花生的、炸鱼的、砸铁皮的，呈现出一派繁忙热闹的景象。

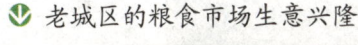
老城区的粮食市场生意兴隆

最后，我来到废旧武器场地，这里摆放着成千上万废弃的坦克、装甲车、大炮、机枪、炮台、战地指挥车等，堆得像山一样高，铁迹斑斑，杂草丛生。守候的一位工作人员非常热情："这是战争的灾难。自1962年和埃塞俄比亚引发战争后，前前后后打了30年仗，到1993年才结束。"

第二天，我去往克伦，这是厄立特里亚的二级城市，在首都阿斯马拉西北100公里的高原山地上。

汽车在山地行驶，窗外呈现的是河谷、岗梁、原野，有黄牛耕地，有骆驼运粮，有毛驴驮水，乡间气息十分浓厚，尤其是茅屋、草房、草垛，展示了厄国的原始村貌。

↑ 去往克伦的乡路上走进土著人部落

↑ 喝一杯热奶茶

↑ 较量

沿途，我连续走访了三个村庄，与老村民坐谈，和村妇交流，看孩童们戏闹。在牛棚，在马圈，在炕头，在田间，了解当地的风俗习惯。在山沟里的一个村庄，我采访一位老大爷。

问："这里为什么这么多茅草房？"

大爷："我们习惯了，茅草房冬暖夏凉。"

问："吃水方便吗？"

大爷："需要到 3 公里以外去背。"

经过两个多小时的车程到达克伦市，这是一个仅有 3 万多人的小镇，沿街皆是意大利殖民时期的建筑。

我首先参观市区边上的战争公墓，里面埋葬着 180 名英国遇难士兵。这个小小的城镇，曾经历了一场意大利人和英国人的交战，死伤惨重。公墓是英国人所建，每个墓碑都写着死去士兵的名字和生卒年代，他们大都在 20 岁上下。

克伦保存了一座老火车站，现在已经废弃，改作长途公共汽车站。从车站大厅外墙装饰和雕

↑ 克伦地标意大利殖民时期总督府

刻看，仍显示出当年的风采。

走进昔日的意大利总督府，已经破败得不成样子，院落长满了杂草，墙体已经脱落，它是当年克伦最好的建筑及地标。昔人已去，徒余空楼，成为令人唏嘘的历史遗迹。

最后，爬上克伦宾馆最高层，俯视全城，一幅古城画卷铺展在面前。这座饱经风霜的小城，是殖民统治的见证，是沧桑历史的印记……

下午返回首都，已是万家灯火。

马萨瓦是厄立特里亚红海之滨的港口，被誉为"红海明珠"，马萨瓦、克伦与阿斯马拉呈三角形，车程115公里。

清晨，太阳刚刚升起，我便出发向下一个目的地……

汽车刚驶出阿斯马拉市就看到一条弯曲的铁路深卧在崇山峻岭之中，与公路并行伸向远方。不过铁路现已荒废。曾几何时，殖民者就是运用这条铁路掠夺了厄国大批资源和宝藏。

汽车在崎岖的山路上行驶，窗外漫山遍野全是仙人掌，沟沟岔岔，坡坡梁梁，草丛青一色染绿了群山。路边，尽是卖仙人掌果的姑娘少妇们，成了一道花花

去往马萨瓦的路边卖仙人掌果的姑娘们

赶集归来

坐享驴车

绿绿的风景线。这时,司机师傅把车停在路边,顺便去买些果子。当我用手去拿鲜果时,司机一把推开我,"果子全是刺,会扎手的"。我狼狈地饱餐了一顿仙人掌果,引出姑娘们一阵阵笑声。

随着汽车的开动,西边的风景越来越秀丽。而路边的山坡上不时有猴子下来,伸手截要行人的食物。

穿越一个个村寨,路过一处处集市,走过一条条河道。经过两个小时的奔波,前边出现了马萨瓦市的建筑群。

这时,司机停在库鲁大桥旁。这是一座老桥,有上百年的历史,是殖民时期留下的建筑。政府将它保护起来,供人们参观。在厄国邮票上就有库鲁桥的照片。

走进马萨瓦市,首先参观了战争纪念碑、博物馆、马瑞姆教堂、老火车站、王宫等。战争纪念碑碑体用坦克做标志,以纪念与埃塞俄比亚的战争。

接着,我来到王宫,这里曾经是埃塞俄比亚末代皇帝海尔·塞拉西一世的红海行宫。这座昔日辉煌不已的建筑如今破烂不堪,被炮弹炸成残垣断壁,惨不忍睹。

马萨瓦主要由两座岛组成,从王宫所在的岛步入滔鲁岛,更是一片惨状,很多建筑弹孔累累,伤痕片片,满目疮痍,尤其是国家银行大楼已面目全非,这些都是意大利、土耳其、埃及侵占时建造的。马萨瓦受到多国的侵略:16世纪奥斯曼帝国统治,19世纪中叶埃及占领,19世纪60年代意大利占领。长期沦陷在外国之手的这座城市,历经沧桑。

马萨瓦是厄国第二大城市,它因处在红海岸边而为人所知。这里是热带沙漠气候,年平均气温在39度以上,我在此地踏访的几天气温高达46度,热得难以忍受,只好到红海降温。马萨瓦的海滨是诱人的,在这里避暑戏水的人非常之多。

▽ 被炸毁的马萨瓦王宫

吉布提：沿"月球表面"地形去阿萨尔湖

吉布提除北面与厄立特里亚接壤外，其中有一半国土延伸到埃塞俄比亚。

吉布提的阿萨尔湖被美国《国家地理》评为"地球十大奇景"之一。我到达吉布提共和国的当天就选择了踏访阿萨尔湖的行程路线，途中还可观赏"地球上的月球表面"地形。

我的住地在吉布提（Djibouti）首都吉布提（Djibouti）市中心的古清真寺旁边，放下行礼后便穿城过街，简单游览了一下后，经埃塞俄比亚大街、议会大厦、旧火车站、独立纪念碑，出市很快并入去往阿萨尔湖的公路，车程大约100公里。

➡ 吉布提首都的埃塞俄比亚大街

➡ 最古老的清真寺

➡ 老火车站

汽车在吉布提境地飞驰，我擦去满头大汗，这里的气温已达 44 度以上。

吉布提处在东非大裂谷末端，其炎热是地质条件造成的。全国 2.32 万平方公里国土面积中 90% 以上为沙漠和火山，其中火山岩物质的高原山地谷深沟长，跌宕起伏，地形复杂，素有地质学"活标本"之美誉。吉布提干旱少雨，属热带沙漠气候，温度有时升到 50 度以上，为此这里有"炽热之国""沸腾之锅"的称谓，其首都被称为"全世界的热都"。"吉布提"在当地语中意为"沸腾的蒸锅"。因为干旱、少雨，这里"树木代表财富"。而吉布提又处在非洲之角，扼守红海，毗邻曼德海峡，与索马里只一步之遥，战略位置十分重要。

车轮飞驰，热流翻滚。太阳晒黑了大地，满山遍野的石块像是被烤焦了一样无精打采地躺卧着、干渴着……看不见树木，看不到草地，偶有单体的小树夹在石缝中挣扎，与大自然抗争……

这就是吉布提，一个生态环境十分恶劣的国度！

这就是吉布提，一个最不适宜人类生存的地方！

眼前，看不到村庄，望不到农舍，人烟罕至。只有旷野中奔跑的骆驼、走动的野羊、爬行的猴子、展翅的老鹰还表明有生命存在。

这时，我很自然地把照相机伸出窗外，拍摄了几张风光照。哪知，突然有两位武装人员出来，将车拦住并扣留，还监督着我将所拍照片删去。原来，这里是军事管制区不许拍照，我并不知情，但无论如何交涉，硬是不放行。在这里我们被扣留了半个多小时。很幸运，陪同采访的翻译阿洪先生认识总统，他拨通总统电话，当得知我是中国客人，总统嘱他们放行。

汽车终于继续行驶，阿洪先生说："吉布提有很多外国军事基地，驻守部队中法国军人居多，其次是美、日等国家。因为这个国家从 1850 年以来便被法国占领，直到 1975 年才独立。"

车程过半，脱离军事管制区后，沿途旷野、沟壑、秃山、荒漠相继出现，又荡漾着红褐色石砾，黑白相间，更加悲壮、荒芜、苍凉……这哪里像地球上的土壤，分明是月球表面，凸凸凹凹，一片狼藉。这时向导阿洪先生说："这里的地质确实特殊，影片《人猿星球》摄制组人员曾在这里取景，称之为'地球上的月球表面'。于是这里成了人们追寻之地。"

伴随着汽车的飞驶,车程已显示80公里,可见目的地快到了。

旷野,更为荒凉;地壳,更为特殊。这时,隐隐约约出现几座农舍,

➡ "月球表面"上的家园

⬇ 篷舍外的呼唤

我用长镜头拉近,这是什么房舍?看上去像是坟状丘形窝棚,很是圆滑矮小,若不是看到敞开的门窗,真不相信那是一处处别有特色的住

⬇ 深情的张望

屋。翻译告诉我:"这是吉布提的一个民族阿法尔人的住宅。吉布提因自然条件恶劣,早期少有人烟。公元8世纪后,阿法尔人、伊萨人、阿拉伯人等分别从埃塞俄比亚、索马里、阿拉伯等地迁来。"

汽车一声鸣叫,打断了我们的谈话,阿萨尔湖到了!

看吧!一池湛蓝湛蓝的湖水镶嵌在大漠之中;一湖泛着粼粼波光的水面荡漾于蓝天白云之下;一圈圈散放着光彩的白色盐层晶体闪烁在滚滚黄沙之中……

这就是世界著名的阿萨尔盐湖!这就是"非洲大陆最壮观的自然景观"!这就是《国家地理》评出的"地球十大奇观"之一!

盐湖边,有一位护湖的阿法尔人说:"阿萨尔湖处在吉布提西北部阿法尔

洼地，方圆10平方公里，湖面低于海平面155米，是非洲大陆的最低点，是仅次于死海的世界第二低湖。"

我站在湖边，弯下腰用手触碰水面，感觉水质黏黏糊糊，好像有一种压力在作怪。再捧起一把水放在嘴边，一股咸味扑鼻，这就是典型的盐湖。据介绍，阿萨尔湖含盐浓度为34.8%，是世界海洋盐浓度的10倍多，比死海的含盐度还高，成为世界上最咸的水体，每升水含盐达330克，其含盐量之丰富，在全世界是极为罕见的！

阿萨尔湖含盐量极高，与全球气候变暖有关系，蝴蝶效应也反映到这里。随着气候升温，蒸发量加大，湖面逐渐减小，有些湖面已经结成厚厚的晶体，形成六方形图案整齐排列，一直延伸到远处。若如此下去，过不了多少年，阿萨尔湖将干涸，这个世界上如此罕见之湖将从地图上永远抹去……

在阿法尔人的带领下，我沿盐湖结晶体一边走，一边担心，唯恐塌陷坠入湖底，阿法尔人说："湖面结晶体很坚实，莫说人走，连汽车碾轧都不会沉下。"这里基本形成了一个天然大盐田，取之不尽，用之不竭，是主要的出口物资之一。阿萨尔湖成了吉布提的"聚宝盆"。"阿萨尔"在阿拉伯语中意为"蜂蜜湖"。但是，整个盐湖也面临着干涸的危险。这位阿法尔人呼吁全人类保护环境，杜绝污染，因为人类只有一个地球！

在湖边，遇到一位手拿一个枝条叫喊"默临嘎"的阿法尔人，原来，他正在出售一种植物。"这种枝条咀嚼后有仙女升天的感觉，是一种健肾药，有壮阳作用，从不远处的埃塞俄比亚走私而来的。"他热情地推销着。

夕阳西下，热浪降温。依依不舍离开阿萨尔湖，走向了返程之路。而此时的思绪，仍留恋着美丽的盐湖。

阿萨尔湖，世界上奇特而壮美之湖！

索马里：铤而走险"海盗之国"

飞机抵近索马里（Somalia）首都摩加迪沙（Mogadishu）上空。俯瞰窗外，一片狼藉。这就是战乱中的索马里，一个让世人恐惧、胆颤、望而生畏的国度！

走进机场大厅办理出关手续时，先拿60美元盖章费，绝没商量。取了行李，随即被两名海关人员扣留，翻箱检查，出口便给你扣一个涉嫌走私、怀疑偷渡的大帽子，硬性罚10美元才放行。太乱了！索马里机场大厅，随时会被罚款、交钱、扣留！前来接机的向导兼翻译阿萨德一再安抚："不要着急，不要怕！我们会很快离开这里的。"阿萨德先生说一口流利的英语，还会多国语言，他是外事部门的专职翻译。

刚刚抵达索马里，就领教了它的乱象！

索马里，这个位于非洲大陆最东部的索马里半岛上的国家，一侧临海亚丁湾，一侧紧靠印度洋，且扼守红海要道，拥有非洲大陆最长的海岸线达3200公里长，占据了得天独厚的地理位置。然而，就是这样一个面积63.7657万平方公里、人口上千万的沿海国家，却成为有名的"海盗之国""战乱之国""恐怖之国"……让人望而却步！

⬆ 到处是残垣断壁、伤痕累累的被炸房舍

走出机场，坐上一辆皮卡车，车后载了4名持枪军警，作为我此行的保镖，这是阿萨德翻译事先安排好的，一切为了安全考虑。

汽车离开机场的一段路都是呈S状曲线，道路两侧伸出锯齿形路障，限制车速，且5米一岗、10米一卡，满街都是持枪军警，详细检查后才允许通行。

走进市区，路边全是掩体墙垛，用袋子装满沙石，垛起五米高、一米厚的防弹墙，阻止子弹穿入和便于机枪扫射。望着两边的掩体，浓郁的战争气息扑面而至。陪同踏访的阿萨德向导介绍："索马里内战是从1991年开始的，全国没有统一的中央政府，多个政权并存，处处军阀割据，各地武装冲突时时发生，尤其是首都摩加迪沙，袭击、爆炸、枪杀不断，20多年来一直处于战乱之中，没有一天安宁之日。"

行车中，司机告诉我不能开车窗，更不能把头探出去，那会挨冷枪的，只能隔着玻璃向外望。据阿萨德说，尽管有军警护卫，但保不住会有冷枪的射击，

索马里首都摩加迪沙硝烟弥漫、枪声不断、杀气腾腾

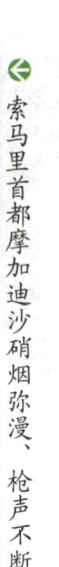

从汽车前玻璃观看土耳其古老的瞭望塔

有些冷枪是专门打向外国人的。

透过车窗，我亲眼目睹、亲身感受到一个真实的索马里：群群持枪人员、处处岗哨岗卡、座座炸毁房屋、道道钢丝铁网，伤痕累累，千疮百孔，满目疮痍……穿行索马里，让人惊恐万分！叫你胆颤心惊！使人步履蹒跚……你需要具备超强的心理素质，去按压住那万分惊恐与胆颤惧怕。

索马里，已不复往日的繁盛！摩加迪沙，已不是昔日的首都。阿萨德介绍：索马里有"非洲之角""骆驼之国""东非明珠"等许多称谓，又有悠久的历史。公元前1700多年，这里建立了以出产香料著称的"邦特"国，但可悲的是由于长年的战乱，索马里已失去往日的光彩，弥漫着战争的硝烟，许多名胜古迹毁于一旦，不少地标建筑受到冲击。

阿萨德边说边不断发出感叹！"先去几处纪念性地标参观，那是首都的象征。"他说。

汽车行驶在摩加迪沙市的主干道玛卡乌克拉姆大街，这是首都最繁华的街道，而两旁的建筑同样被炸弹摧毁得破烂不堪，摇摇欲坠，

▼ 主街道上的清真寺黑塔凄凉悲壮

尚存的几处清真寺还算完好。据阿萨德介绍，全城有150多座清真寺，尽管炮弹没有阻止虔诚的人们朝拜祈祷，但祈祷并没有带来和平和安宁，反而轰炸愈演愈烈，信仰成了泡影，没有改变现实……

说话间，来到主街道的一座英雄纪念碑前。下车时，阿萨德说："只能停5分钟，多一分钟就有一分钟危险！"这时，只见车上的4名军警跳下来，两手端枪护我左右。我急急忙忙照了一张照片，粗略看了一眼这座方形黄色纪念碑，却不知所以然。上车后，阿萨德介绍："这座纪念碑是为赛义德·默哈迈德·阿卜杜勒·哈桑竖立的，他是20世纪初反抗英国殖民统治的民族英雄！"

参观的第二个地标是独立纪念碑，同样是限制5分钟以内。看上去，独立纪念碑保存得还算完好，但它周围的建筑全部被战争摧毁，夷为平地。独立纪念碑是为纪念1960年索马里共和国成立而竖立的。独立前索马里曾

▼ 独立纪念碑

第二章 东非：大裂谷中的动物世界 | 117

↓ 警车急速通过青联盟纪念碑

遭到英、意、法等国入侵，长期沦为殖民地。谁曾想到独立时间不长又陷入长期的内战！

索马里SYL青联盟纪念碑是为纪念13位为国家独立而献身的革命领导者竖立的，旨在教育人们要和平，不要战争。

"十月二十一"广场是索马里最重要的政治中心和群众集会场所，当我来到这里考察，广场已不复存在，观礼台已被战火摧垮，至于过去的大会堂、铜像、雄狮雕塑，早已荡然无存！这里不再留存有昔日的一点点痕迹，变成了停车场和售货摊点。在这里，阿萨德不让我下车，连一分钟的时间都不给，我只能在车上隔着玻璃拍下这废墟之上的乱象！

↑ 民族英雄纪念馆戒备森严

苏古文托利多古堡同样未能幸免，在战乱中悲鸣着！当驱车到达这里，只见堡前全是高高的掩体，无法靠近。这座古堡有千年的历史，是历代阅兵队伍藏身之地，它记述着摩加迪沙的兴旺和衰落，今天却

↓ 持枪军人站在古堡前严禁外人靠近

遭战火袭击而沦为孤堡……

路过2001年美国上映的战争大片《黑鹰坠落》拍摄地，这里更戒备森严，

既不让下车又不让拍照，只能匆匆而过，不过我还是冒着风险偷拍了一张。

在这座 150 万人的首都摩加迪沙，阿萨德还带我暗访了倾斜的土耳其瞭望塔、凯旋门、国立大学、海港、渔市场、丽都沙滩、默罕德法拉艾迪德领袖官邸等，最后来到大集市。

索马里钱币

大集市是首都的农贸市场，也是老百姓交易肉、蛋、奶、粮、水果、蔬菜之地。这里最能体现平民生活，最能了解普通人的日常琐碎。但是，此处也是最不安全之地，经常发生爆炸、枪杀事件。为此，阿萨德向导一再强调，不能下车，只能在车上观看。

来到大集市，最令人好奇的是"钱币"的贬值，太离奇了！买一袋粮食需数很长时间钱，买一头牛要扛好几捆钱币，甚至有的人把整捆钱币装在车上推着去买大件商品。这里，动不动花十几万、上百万、上千万、上亿元钱买日用品，当地货币成为世界上最不值钱的币种之一，其比值为 1 美元相当于 24000 元当地币。这都源于战乱使得经济全面崩溃，物价飞涨，货币成了一堆烂纸。

这就是索马里！一个战乱不断、民不聊生的国家！

索马里，一个治安恶化、战乱四起的国度！

走在大街上，时时刻刻需小心警惕，步步让你心惊肉跳，真可谓举步维艰……

离开大集市路过国家大剧院，阿萨德说："这是中国援建的。其实，索马里与中国有着千丝万缕的关联。古代，索马里向中国输出香料和象牙，换取中国的瓷器。15 世纪，中国航海家郑和率领的船队曾经五次驶到索马里，其中包括木骨都束即现在的摩加迪沙。至今，索马里国家博物馆中仍保存着很多中国文物。"

天黑下来，我住进一家不太显眼的宾馆里。阿萨德说，高级宾馆反而不安全，前些日子"中央酒店"爆炸导致28人丧生，紧接着"半岛皇宫"酒店又遭炸弹袭击造成15人死亡，其中包括一名中国人。

是夜，难以入眠：墙外，警笛不断；上空，枪声四起！

这就是索马里！一个战乱不断、民不聊生的国家……

这就是摩加迪沙！一个治安恶化、令人心惊胆颤的首都……

次日，我要下乡踏访。初升的太阳从印度洋跃出水面，染红了索马里半岛，刺透了摩加迪沙上空……

刚一上车发现，军警由4名增至8名。阿萨德对我说："乡下更不安全，一旦遇上恐怖分子团伙袭击就麻烦了，必须加强警力！"

汽车离开摩加迪沙市区，沿着印度洋海岸线行驶。我看到驾驶座上的持枪军警非常认真地仔细观察着公路两旁的情况，深受感动。这样敬业的态度，我不由为之动容，于是将早晨用10万元当地币买的一盒早餐送给这位军警。

谁能想到，这位军警原来曾是海盗，这让我大吃一惊！阿萨德说："他叫顾德，其实他是个好人，被逼到走投无路的情况下才去当海盗，但他没有杀过人，后来从海盗团伙中逃出来，当了军警。"接着阿萨德讲起索马里海盗的情况，他说："海盗的起因是索马里1991年内战爆发导致的。当索马里陷入无政府状态后，一些外国船只落井下石，将有害工业废料倾倒在索马里海域，于是当地渔民和民兵组织起来驱赶扣押这些从事非法活动的外国船只。随着扣押范围的扩大，逐渐变为劫持来往船只，继而成为海盗团伙，人数迅速增加到上千人，向来往船主勒索赎金，严重威胁到航运安全，在世界上造成很坏的影响。"

车行一个多小时，首先踏访了一个沿海村寨。谁知，这个小小的村落也有驻军。互相打过招呼后，我便与当地农民交谈起来。这个村落共有20户、100口人，养的骆驼达200多头。阿萨德说："你要知道索马里是骆驼之国，是世界上骆驼最多的国家，计上千万头。在这个国家，骆驼是财富的象征，这里盛行骆驼奶、骆驼肉、骆驼皮，人们对骆驼分外钟情。"

汽车又颠簸了一个多小时，来到佳基拉海岸渔村。这里尽管远离市区，但海边的一些建筑也同样遭到轰炸，弹痕斑斑。在岸边，我采访了几个渔民，他们大都以捕鱼为生。另外，这里的沙滩分外漂亮，引不少城里人来此踩浪、戏水、踏沙，别有诗情画意，渔民借此向游客出售一些海产品，以增加收入。

采访结束后，一位渔民用木船将我送到一个小岛，登岛后才发现岛上保存着一座古老的清真寺，成为当地人朝拜的圣地。在清真寺中，我寻访一位老者，他说："老天有眼，寺庙没有受到战乱的袭击，保佑！保佑！"

日落西天，夜幕降临。我顶着星光消失在黑暗中……

索马里，战乱之国！海盗之国！骆驼之国！伴随着车轮的飞转，我的脑海也久久无法平静……

⬆ 著名的海岛寺庙也没有躲过炮弹的轰炸

肯尼亚："阳光下的绿城"内罗毕

蔚蓝的天空，刺眼的光线，白色的云朵……

进入肯尼亚（Kenya），顿觉这里的阳光非常强烈，直射全身，抬头一望，感到蓝天离地面近在咫尺，白云在头顶晃动。原来，这里临近赤道，海拔1700米，所以太阳光线显得耀眼刺目，天空下沉，再加上城区绿树成荫，草坪铺展，所以称内罗毕为"阳光下的绿城"不足为奇。

如果说首都内罗毕（Nairobi）是"阳光下的绿城"，那么肯尼亚就是"赤

繁华的中心大道

道线上的玛瑙"。肯尼亚位于非洲东部,赤道横贯中部,东非大裂谷纵贯南北,在东非地区算是一个较大的国家,面积58.3万平方公里、人口4500万。肯尼亚被誉为"赤道之国""人类的摇篮",是人类发源地之一。

走出机场,满眼非洲特色的建筑,变色的外壁,粗犷而精细的雕刻,宽阔的草地,直上云天的绿树。更惹眼的是路边盛开的鲜花,万紫千红,芬芳扑鼻。这里的气候宜人,很像中国的昆明,花开花落,一年不断。最让人喜爱的是一种叫"蓝花楹"的树,遍布街头巷尾,花开满城,一片蓝色的海洋,美丽得令人心醉。因此,内罗毕还被称作"花的王国"。

内罗毕还有"非洲小巴黎"之称,尽管这座300万人口的城市比不过欧洲的巴黎,但在整个非洲是著名的。联合国四大总部设在这里,比如联合国的环境规划署、联合国人类住区规划署及其他联合国机构,还有不少国际性组织及跨国公司、国际商业跨国酒店和非洲常设机构、非洲国际会议场所等。

内罗毕仅有百年历史,之前这里是一片荒野。1896年,英国投资500万英镑修建一条自蒙巴萨至维多利亚湖的铁路,当铁轨铺到中间一个地方时,出现大片沼泽地,其间荒无人烟,阴凉潮湿,野兽横行,大群狮子跑来吃人,先后有上百名修铁路者被吃掉,工程不得不停下来。铁路工人只好就地搭起帐篷,支起锅灶,买当地吉库尤人远道运来的农产品。于是,这个野外扎营之地成了交易的场所,慢慢发展成一个村镇,起名为内罗毕,马赛语意为"清凉之河"。

⬇ 肯尼亚首都内罗毕有"非洲的小巴黎"之称

内罗毕西郊有个乡村俱乐部非常有名，那是著名丹麦女作家卡伦·布利克森的故居。1917 年，卡伦从丹麦来到这里，买下 6000 英亩土地开办农场咖啡园，后因干旱，咖啡园终于没能经营下去，孤独而绝望的她，再加上爱情的折磨，不得不逃离非洲，后来卡伦将这段难忘的经历写成自传体小说《走出非洲》，舒缓、优雅的文字生动再现了当时非洲的风土人情。此书拍成电影后获奥斯卡奖，从此卡伦故居成为内罗毕一大热门景点。

⬆ 著名的狩猎俱乐部大楼鹤立鸡群

在市区，可见许多印度式建筑群，街道上和门庭出入的大都是印度人模样。据介绍，这一带聚集着很多有钱的印度人。从建筑上的豪华程度，足以表明居于此地的印度人生活富足。整个肯尼亚约有 80 万印度人，印度人开办的公司基本上控制着肯尼亚的经济命脉。当然印度人的豪宅被盗抢也是常有之事，因为肯尼亚持枪合法，且没有死刑，造成打、抢现象横行。因此，印度人的住宅及公司都有持枪保安，他们大都与黑社会有联系，以预防不测。

自由广场是内罗毕最为开阔的休闲场所，有水有树，还有欧式建筑。这里集结了很多人，不同人种，不同肤色，不同语言，其中吉库尤人居多，他们在这里欢快地跳舞、歌唱。

广场上的人群中，为数不少的妇女穿着"肯加"。肯加是肯尼亚、坦桑尼亚、乌干达等东非国家最传统、最流行的妇女长袍。肯加起源于 19 世纪中期的东非地区，其实就是一块又宽又长的布，这块布从脖子一直裹到脚或膝盖，还有一块包头。肯加通常色彩艳丽，式样繁多，有的上面印有文字，如"我爱恋的人""春天有约"等。

内罗毕最有代表性的建筑是肯雅塔国际会议中心，当我来到这里时，被直

◆ 当地贵妇人手上的金银首饰

◆ 黑人贵族聘白人老师带领孩子

冲云天的圆柱形建筑惊呆。肯雅塔国际会议中心是整个非洲国际会议的重要场所，建筑上独具特色，这个标志性建筑共有27层，非常庄严而又有现代感，旁边棚屋形式圆形剧场，却是非洲的传统建筑，极有当地特色。在肯雅塔广场，建有肯尼亚首任总统约莫·肯亚塔塑像，下面配有水池。广场中有露天歌舞场地，白色的帐篷，站在肯雅塔下，鼓声震天，歌声嘹亮，舞步翩翩，人们成群结伙地唱啊，跳啊，扭啊，热闹非凡。

沿着内罗毕的繁华街道前进，高楼鳞次栉比，鲜花满眼皆是。这里有许多可参观之地，如国会大厦、国家博物馆、蛇园、迦米亚清真寺、斯坦饭店、诺福克饭店、内罗毕国家公园等。内罗毕国家公园位于市区东南7公里处，占地113平方公里，是世界上离城市最近的野生动物园。我站在下榻的宾馆，可见吃草的犀牛、疾奔的猎豹和休闲的斑马，还能目睹野狮捕杀瞪羚的惊险场景。

内罗毕，"非洲的小巴黎""购物的天堂""歌舞的故乡"……

"地球最大疤痕"世界第一长的东非大裂谷

出内罗毕西行一个多小时,汽车停在公路边,下车一望,脚下竟是悬崖峭壁,一道巨大的宽宽的深谷横卧在眼前。悬崖边由栏杆拦挡,木牌上用英文字样写着"东非大裂谷"——这就是闻名于世的东非大裂谷!被称作"世界上最长的裂谷带"。肯尼亚政府特意在这里设置一个"大裂谷观景台",让旅行者参观。

东非大裂谷南起莫桑比克赞比西河河口,穿过坦桑尼亚中部的埃亚西湖、纳特龙湖,经肯尼亚的纳库鲁湖、图尔卡纳湖北上,越过埃塞俄比亚高原中部的阿巴亚湖、兹怀湖,直抵红海和亚喀巴湾,再到西亚的死海及约旦谷地,全长6400多公里。这一段是主裂谷。还有一条副裂谷带经坦桑尼亚西边的坦噶尼喀湖、卢旺达西边的基伍湖、乌干达和刚果(金)交界的爱得华湖及艾尔伯特湖直达苏丹境内的白尼罗河,全长1700多公里。

裂谷宽窄不一,最窄处只有几十米,最宽处达到200公里;谷深也不同,最深处有2000米,有的离地面仅30米;谷壁也不尽一致,有的悬崖断壁、刀削斧劈、两墙相立,有的呈斜坡形状。裂谷中有众多的湖泊、盆地、沼泽、高山、奇峰,生长着茂密的原始森林、花草、灌木,成为动物的良好栖息地。裂谷带两侧火山众多,其中以非洲第一高峰乞力马扎罗山和第二高峰肯尼亚山最为有名。

东非大裂谷被称作"地球脸上最大的疤痕",被誉为"世界地理的奇迹",也同时被称为"人类文明的摇篮",为人类最初的发源地。因为考古工作者在这里发现了350万年前人类的遗骨化石,大裂谷很可能孕育了人类最早的祖先。科学家推断,地球上的人都是从非洲人演化而来的。

⬆ 肯尼亚政府在大裂谷边沿设立的观景台

看完木牌上的东非大裂谷介绍后,我顺路走向裂谷边沿的木棚。这里是当地人开办的商店,外墙上挂着从裂谷中猎杀的动物皮革,屋内满眼皆是黑木雕。原来非洲还有一种特有的木料——黑木。聪明的黑人将黑木雕刻成黑人、黑牛、黑狮、黑鸟等五花八门的手工艺品,供来访者购买。在交易当中,我和非洲人近距离接触,了解大裂谷的一些情况。

看到我来此参观,不多时间涌来许多当地人,有拿烤玉米的,有提水果的,有攥木刻的,供你挑选。

非洲人像非洲大裂谷一样,自然而坦荡,是大自然赐给他们忠厚、温顺、直爽的性格,有时直爽得近乎可爱。买一件角马黑木刻,标价75美元,要两件付150美元不可以,只能第一次付75美元,第二次再付75美元才可。

汽车顺曲折的山路走下裂谷。据介绍,裂谷是地壳运动形成的,而在肯尼亚境地,裂谷最为突出,有的地段非常陡峭。大裂谷在肯尼亚境内布满了火山,装点了群湖。

⬇ 裂谷人家

"大裂谷中的明珠"纳库鲁湖

离开"东非大裂谷"观景台,去纳库鲁湖踏访。

纳库鲁镇紧靠赤道,坐落在内罗毕西北150多公里处,计10万人之多,清一色的黑人挤满大街小巷,摆摊布点销售农产品,马路上几乎看不到一个其他人种的人。

十分钟车程,来到纳库鲁湖畔办手续。刚下车,忽然来了一群猴子,趁着开车门的空档顺势钻到车厢里抢东西吃,提包都被打开翻找,连拉锁书兜也不放过。

我乘坐特制的观光汽车开始游览,车顶部可以打开,人可从座位站起,从篷顶外露出小半个身子四处观看,与电视纪录片《动物世界》中看到的野外拍摄动物的那种篷顶车一模一样。

▼ 火烈鸟像一条红带漂在水面

大群的猴子突然围上来，大胆地伸手索要东西吃，还有野鹿、鬣狗、小苇羚等，从大森林里跑出来翘望。这是一片看不到边的高大树林，林中野草丛生，自然生长，密不透风。纳库鲁湖区总面积200平方公里，包含了纳库鲁湖、草地和森林。

走出大森林，眼前出现一片开阔地，前面是波光粼粼的纳库鲁湖。水面在初升太阳的照射下泛着红光，一大群飞鸟在湖边戏闹，令人心驰神往……

突然，右边视线中模模糊糊出现一片粉红色，这时司机默克用不太熟练的汉语大声喊："火烈鸟！火烈鸟！"

默克猛然右打方向盘，向粉红色地带冲去。模糊的线条慢慢清晰起来，成千上万只火烈鸟呈现在面前，我激动不已地打开照相机，把火烈鸟一一装进镜头。

之后，我改乘船，与火烈鸟的距离一步步拉近，直至近在咫尺。

谁持彩练当空舞？像跳动的火焰，像流动的云彩，像飘起的长虹，像射出的朝霞，染红了一池湖水，映红了天边白云，就连远山也被泼描出红色的印痕，好一群绝色的火烈鸟！似一条艳红的绸带，铺展在水面，悬挂于山腰，飘荡在天空。火烈鸟在湖边舞动，在水上跳跃，在云中清鸣，在天空飞翔。我恍若置身于世外仙境，遐想联翩……

纳库鲁湖，火烈鸟的天堂！那一处绝美的风景，言语无法形容！

纳库鲁为碱水湖，被誉为"东非大裂谷中的明珠"，放射出灿烂的光芒。纳库鲁湖处在裂谷最底部，雨水冲刷的火山熔岩灰流入湖中，造成盐碱质沉淀，

↑ 斑马与火烈鸟色彩各异相得益彰

↑ 湖边懒洋洋的犀牛在沉睡之中

在赤道强烈阳光作用下，生长出一种海藻和硅藻，含有丰富的蛋白质和特有的叶红素，火烈鸟非常爱吃，食后在叶红素作用下变成火红色，这是生物学家作出的结论。

充足的美食，让大量火烈鸟涌入并驻足于此，湖中常年有数十万只，在繁殖期的六七月间，可达到210万只，占全世界火烈鸟的90%以上。

汽车沿湖边慢慢行进，窗外出现的火烈鸟越来越多，视线中的粉红色不断扩展、蔓延。而右窗外出现的画面时而是斑马，时而是犀牛，时而是狒狒，时而是长颈鹿。区内还有很多狮子、猎豹、羚羊、狐狸、水獭、河马、疣猪和400多种鸟类，都栖息在这里。

纳库鲁湖，被列入"世界最美的100个地方"之一，是当地人的骄傲和荣耀！肯尼亚政府不断组织年轻人或儿童到这里参观，教育下一代爱护大自然，保护大自然。在纳库鲁湖岸，我遇到许多当地学生、儿童在参观，他们融入大自然中去，享受着阳光、空气、绿色和天然！

离开纳库鲁湖不远处还有一片湖水，叫奈瓦夏湖。站在湖边望去，一池清水，波光粼粼。湖面170平方公里，海拔1890米。让人不解的是它与纳库鲁截然不同，是一个淡水湖。同在一个大裂谷，出现不同的水质有些稀奇。为什么这个湖是淡水呢？科学家为此作了许多研究，说法不一。但奈瓦夏湖里的水确实是淡水，既适于饮用，又适于灌溉。

大裂谷中共有两个淡水湖，另一个淡水湖叫巴林戈湖，处在纳库鲁湖北部，比奈瓦夏湖大两倍，同样没有河口。

我乘船畅游奈瓦夏湖。船在湖中飘动，一群一群铺天盖地的水鸟飞起，仿佛为你开路。

东非大裂谷中的湖海，恬静的动物乐园……

⬇ 群鸟飞舞

在马赛马拉看动物世界

看过电视节目《动物世界》的人不少，然而知道《动物世界》拍摄场地的人或许有限。来到肯尼亚才清楚《动物世界》的很多镜头是在这个国家的马赛马拉动物保护区拍摄的。

从奈瓦夏湖驱车到马赛马拉先经过纳罗克镇，这是马赛人的政府所在地，全镇 10 多万人都是马赛人，一眼望去，身披红布衣单的人即属这个民族。

过纳罗克镇后，柏油路变成了土道，尘土一路飞扬，依稀可见荒野中身披红衣衫、手拿木棍的"放牛官"，那是马赛人，潇洒浪漫，很有绅士风度。远处的棚屋草房便是这些近乎于原始状态的马赛人的住宅。

随着汽车的一路行驶，可以放眼窗外的自然风光，旷野中多是零零星星的灌木丛和枯矮的黄草，偶尔一棵低矮的树孤独地立在空阔的土地上，显得冷冷清清。

大约走了四个多小时，夜幕降临时来到了马赛马拉动物保护区门前，透过最后一抹晚霞，依稀可见保护区内的几匹斑马正在悠闲吃草。顶着夜幕，汽车直接开进保护区，穿过一片片树林，爬上一个个山坡，树丛中出现了一排低矮的木房，这便是我下榻的马拉索

↑ 著名的马赛马拉国家公园大门

巴旅馆。三四个服务人员一齐迎来，帮助我提拿箱包，走进具有马赛人风格的房间。

晚餐中，老板介绍了马赛马拉动物保护区的基本情况。保护区南部与坦桑尼亚的塞伦盖蒂国家动物保护区相连，东部分界线是罗伊塔山，西部以埃索伊特奥洛罗断崖为界，北部与通山相接，总面积为1800平方公里，"马赛马拉"的意思是色彩斑斓的树木零星点缀在旷野，大意是"稀树草原"，比喻风光非常美丽。

我提出担心住在保护区内会遭野兽袭击，询问谁来保证安全？店主答复确保平安，因为住所周围种植着很多带刺的仙人掌植物，动物不会越过。

夜里十点，看完马赛人歌舞表演后，我随服务人员摸黑登上一个木板塔，偷看"喂食表演"。等夜深人静后，一位马赛人悄悄拿着一个木筐下到三十多米深的山坡下，然后将里边的骨肉倒在地上，接着用木棒在石头上敲了三下，立即转身而去。刹那，森林中一群野生动物如猎狗等突然窜出，纷纷来到骨肉前争食，那嗥嗥大叫的阵式，真是互不相让，直到争抢着把骨肉吃光。这一过程真叫人胆战心惊。不过还好，旁边有人持枪保护，否则真令人魂飞魄散。

在保护区住了一夜，不断听到动物的嚎叫和厮打声。清晨起来，却是一片宁静，此时是乘坐热气球的最好时间，因为气流非常稳定。坐在热气球上飞越草原、片林、灌木丛，观看动物是最好的选择，它能多角度、多侧面、多方位观察，尤其是一年一度的角马大迁徙，乘坐热气球比在陆地观赏更有情趣。这一万马奔腾、激动人心的壮观场景，只有身临其境才可深切体味。

⬇ 乘大篷车寻看动物世界

披着初升太阳的光芒出发,观光汽车穿过一片浓密的山林后,来到一片半林半草的坡地,我被晨曦中的湿嫩气息和林草风光所迷恋。

"羚羊!羚羊!"司机默克突然叫起来。羚羊欢快地奔跑着,动作机敏灵活。它们一群一群从山林中涌出来,足有三十多只,一个个瞪着眼,昂头走走停停,似乎已经习惯了人类对它们的观看,从容淡定,不慌不忙。刹那,又从林中跑出一群瞪羚和长有黑色斑纹的黑斑羚。它们起跳自然优美,动作活泼可爱。据说瞪羚有很强的繁殖力,家族发展很快,而过度的繁殖会破坏草原,因为它们是食草动物。幸亏瞪羚是狮子和猎豹等食肉动物的美餐,食物链造成马赛马拉大草原的生态平衡,草地永远不会枯竭,"物竞天择,适者生存",无疑是大自然的法则。

"角马!角马!"默克又叫起来。前边出现星星点点黑色的马群,头上的双角和长长的胡须,清晰可见。角马的繁殖力不亚于羚羊,是马赛马拉大草原上的第一大家族,有上百万匹。被角马吃过的草地留下一片狼藉。但它的伤亡率也很高,在迁徙过程中,它们是送入鳄鱼口中的美味佳肴,尤其小角马,成为食肉动物攻击的对象,每年有二十多万匹角马死于狮、豹和鳄鱼之口。

奔跑的角马群中,有不少斑马,三五一群,结伴而行。斑马的数量远不如角马,它的性格温顺,但遇敌时,则英勇反抗,狂暴不羁,主动出击,它用腿脚蹬、挑、踢,与食肉动物作殊死顽强的斗争。

羚羊、角马和斑马总是在一起,它们同是食草动物,性情温顺,都是食肉动物袭击的对象。它们在一起还有一个原因,羚羊和角马吃草叶,而斑马却吃羚羊和角马吃剩下的草梗。迁徙时,羚羊、角马和斑马是同盟军。每到七至九月,它们从坦桑尼亚的塞伦盖蒂草原,组成强大的队伍向肯尼亚马赛马拉草原进发。这批队伍里有200万匹角马、55万只瞪羚、20万匹斑马、7万只黑斑羚和一些数量不等的食草动物,它们所向披靡,形成万马奔腾、锐不可当的壮观场面。穿越马拉河时更为震撼,百万动物前仆后继过大江,这种浩瀚的大迁徙,经历了上万载,年年如此,从未间断⋯⋯

动物大迁徙,本是大自然的规律,但也有令人费解的情况。在观赏动物行踪时,跟随的保护区工作人员讲起了非洲一个限制动物大迁徙的事件。那是

❶ 大象
❷ 角马
❸ 大羚羊
❹ 长颈鹿
❺ 野狗
❻ 长角鹿
❼ 白角牛

2002年，博茨瓦纳境内的上百万角马、斑马、羚羊、大象等食草动物迁徙至纳米比亚地界。当完成迁徙后，谁也没想到，纳米比亚在边界拉起铁丝网，留住了迁徙的动物。这一做法立刻引起了博茨瓦纳的不满，于是派国防军把边界上的铁丝网拆除了。哪知纳米比亚重新把铁丝网拉起来。为此，两个国家的军队在边界对峙起来！对抗一直持续了一个多月。这一现象引起整个非洲乃至世界的关注，在非洲，各个国家动物保护区内的国界是开放的，不封闭，若把边界用铁丝网拉起来，阻止动物迁徙，那就破坏了大自然中动物的生存方式。后经南非出面协调，才将两国边界铁丝网拆除。

汽车继续行驶，向纵深开去，眼前呈现的是开阔的草原，齐腰之高的草，给动物栖身创造了良好的天然条件。草原上有稀稀疏疏的灌木，潺潺的流水，平缓的山丘，塌陷的沟壑，偶有一棵树木，孤孤单单立在草地上，满眼原始的自然。

视野中，山、水、土、岗、丘，树、草、花、藤，河、洼、沟、湖，和电视《动物世界》中的画面一样。

汽车翻过一个山头，窗外闪现出一棵类似香蕉一样的大树，轻悠悠飘荡，很让人觉得奇特。我问过司机才知，这叫香肠树，是草原上的一种树木，随着干旱和动物的破坏，树木渐少。

还有一种树让人惊奇，那就是合欢树。这是非洲独有的树种，在草原上随处可见，或孤树一棵，或众树成林。看上去，树上长满了长刺，附金色的绒毛，很像牙签。树顶扁平，如伞似篷，很有观赏价值。合欢树的叶子动物很爱吃，成为大象、羚羊、长颈鹿争相抢用的美味。

"大象！大象"！默克又在叫喊，他只会重复动物的两个汉字，其他话语一概不会。顺司机手指的方向看去，一群大象出现在远处的灌木丛旁，汽车直向象群开去，越靠越近。大象也比较温和，且感情丰富，你不去招惹它，一般造不成威胁，若惹怒它，它一抬脚就能把汽车踢翻。我数了一下，大象足有50头，其中还跟随着不少小象。据介绍，大象很多地方与人的特征相仿，比如家庭观念、扶老携幼、寿命、情感等。大象与汽车擦身而过，任你观看拍照，它自岿然不动。

汽车继续奔驰在草地上，我还拍摄到犀牛、水牛、野狗、猴子、豺狼、野猪、长颈鹿、鸵鸟、蛇鸟、鹭鸶、野鸡等,但寻找不到狮子和豹子,这是非洲五大名兽中的两种,其他三种为大象、水牛和犀牛,这些都见到了。

若见不到狮、豹便打道回府,显然会留下终生遗憾。在我再三恳求下,司机师傅终于同意再向草原纵深开去。白云在蓝天下浮动,和风吹拂着草原,大片大片干黄干黄的茅草随风摆动,这是动物的掩体,因为狮子的皮毛和黄草的颜色接近,很难被发现,必须认真细致静下来搜寻。

半个小时过去了,没有发现踪迹;一个小时过去了,依然没有寻到;又走了二十分钟,还是没有结果……

突然,默克刹住车,用极低沉的声音说:"狮子!狮子!狮子!"这一次他重复了三次,而且声音很低很小。翻译、领队介绍说,狮子这种动物容易被惊动,不能大声说话,车上所有音响设备关掉,甚至连发动机也关闭了。

狮子的性情爱静,耐寂寞,不愿受外界打扰,若惹它烦躁或受到惊动,它会立刻恼怒,随之而来的是向你作出猛然的袭击,个别游客因把狮子惹怒而受到袭击,还出现过被猛狮撕食的情况。所以,我憋住呼吸,拍摄时,也不敢打

❇ 看到斑马受惊的面孔

⬆ 顺着斑马的目光突然看到虎视眈眈眼盯斑马的狮子

⬆ 狮子们从不同方向出动

⬆ 不动声色跨过沟壑

⬆ 悄悄加快速度

开闪光灯，生怕影响狮子情绪。

忽然，狮子站起来，瞪着双眼看了看前方，四只腿动了动，耸了耸身子，摇了摇脑袋和尾巴，这一下可把我吓坏了。庆幸的是它又卧下了，躺在另一头狮子身旁。汽车又向前移动了一段，熄火。这时，又发现草丛中卧着三头狮子，其中两头还起来走动，大概是发现了我们，开始警觉起来。

据悉，狮子也是家族群居式的，一般狮子领地在20公里范围，母狮外出扑猎，公狮守护领地，一旦其他族的狮子过来侵占领地，公狮马上出战，一场你死我活的斗争随即开始，狮子拼打起来便没有后退、投降之说，一定要决一死战。

穿越草地，越过丛林。突然，一阵沙沙声传来。原来，几只狮子正追赶一匹斑马。追赶中，骤然以迅雷不及掩耳之势，狮子把斑马逐倒，并迅速咬住斑马喉咙，直至其流血窒息而死。猎杀斑马后，雄狮子独占战利品，狠命掠食，而其他雌狮却退居一旁，并不近前。据说，猎品雄狮先吃，接下来小狮子吃，最后才轮到雌狮。

这时，深切感受到自然法则：胜者为王，适者生存。

汽车很快离开狮子的这块领地。

草原一片宁静。虽然没有寻找到野豹的踪迹，但看到了狮子捕食的全过程。

返程了！天已近晚。这时，默克开车分外谨慎，他说："豹子经常傍晚出没，需要格外小心。豹子会上树，如果它从树上跳下来，无论从哪个角度都可以跳上汽车，豹的野性有时比狮子还猛，还有耐力，还很机灵、敏捷，奔跑速度惊人。非洲猎豹是世界上奔跑速度最快的动物，可谓所向披靡，锐不可当。"

马赛马拉大草原宁静的表象之下，或许正孕育着一场野兽大战……

⬆ 猎杀斑马后狮王独霸战利品饱餐

⬆ 边食边观察周围动静

⬆ 其他狮子及其他动物在周围等候最后收尾吃残渣剩肉

第二章　东非：大裂谷中的动物世界 | 139

作客马赛人部落

中午,灼热的太阳悬挂在赤道上空,刺眼的光线直射头顶,薄棉絮似的白云在山头掠过,我出马赛马拉动物保护区不远,来到一个马赛人的部落走访。

↓ 骠悍的马赛人在院落口迎接客人

眼前的马赛人部落十分原始,占地约十亩地,四周的篱笆用干树枝和防野兽入侵的荆棘围起,中间有五处低矮的木窝棚,后院是一个圆形牛圈。部落门口有几名马赛人把守,他们身穿红色布袍,修长的腿露出来,手里拿着一米多长的木棍,看上去十分强悍。篱笆外围聚着七八个孩子在玩耍戏闹,双眼胆怯看着我,伸手想要糖和面包。

走进部落,一股牛粪味道和酸臭气扑鼻而来,院里散落的粪屎、牛尿随处可见。身佩蓝色布单的妇女怀抱孩子坐在地上兜售她们自己做的木项链、木手镯、

← 身靠泥土房根的马赛妇女在张望

木碗、木勺，成群的苍蝇蚊虫争相落在她们的眼边、嘴角和脸上。

部落酋长会说简单的英语，他带我一边参观一边述说马赛人的情况："我们是一个马赛家族部落，老少三辈计50多人，世世代代在荒原上逐水草而居，繁衍生息，与牛羊为伴，与狮豹为邻，用钻木取火，茹毛饮血，吃半生羊肉，喝牛奶汁，尽享大自然的恩赐。"

马赛人集中生活在肯尼亚南部和坦桑尼亚北部，大约有50万人左右。男人有的习惯梳一头小辫，女人反倒喜欢剃光头。为此当地厕所标示有辫子的为男，光头的为女。妇女们的耳垂很有特点，每个耳垂有拳头大的孔，她们还是孩子时就把耳垂打出一个孔，然后用从细到粗的木棍插入，让耳洞渐渐扩大，她们以耳孔大为美。马赛人还以拔门牙为美，每个孩子长到5岁时，必须拔掉门牙。男女服装都是以一块布裹成长袍。为什么要披红色布衣呢？主要是这种颜色比较醒目，有着自我保护的作用，动物看了会以为是火，退避三舍，另外红色是力量的象征。手不离长棍也是防护作用，若受到野兽特别是狮子侵袭，马赛人会持棍与之搏斗、拼打，直到将其赶跑或猎杀为止。

↑ 把礼物送给孩子们

在马赛马拉草原上，只有马赛人才敢对狮子出手，显示了这个部落的胆量和气魄。以往马赛人用木棍为武器，战胜狮豹的例子举不胜举，陪同我的部落酋长就曾用木棍打死过一头猛狮。

听了酋长的介绍，我对于马赛人的勇敢很是敬佩，于是采访了酋长——

问："狮子与人的力量悬殊太大了，你搏斗时不怕吗？"

酋长："怕，就不是马赛人！我见到狮子后，先是在狮子后面周旋，不能面对它。见到狮子后，在任何情况下，都要绕到狮子后面。然后寻找时机。当狮子没有防备时，突然转到它的面前，用手中木棍戳穿狮子的一只眼，再与之搏斗。"

问："那也够吓人的！"

酋长："是呀，既要巧斗又要勇斗，用木棍狠砸狮子的脑部。"

讲完后，酋长带我一起跳马赛舞。没有伴奏，没有锣鼓，只听到齐喇喇的尖叫声，跳动声，舞棍声，原始而气势如虹。马赛人在扭动时，头顶用狮子皮毛做的高帽，手持象牙棒，嘴吹野牛角，表现战胜大自然、挑战大自然的气度。

望着一个个剽悍的马赛人身影，感慨他们真不愧为马赛草原上的武士，酋长说："要想成为一个真正的武士，要远离自己的部落，在漫漫荒野中宿营、生活、度日。其间，须亲手捕杀一头野狮才能回来，然后接受割礼。被称为武士的马赛人是当之无愧的！"

⬆ 教跳马赛舞

⬇ 钻木取火

⬇ 展示自制手工艺品

正午时分,我见证了马赛人的钻木取火。他们蹲下身子,把木棍放在木板上,快速狠劲地擦磨、钻眼,五六名壮士轮流搓转木棍,大约三分钟后,木棍和木板生烟,再移至甘草中,口吹火起、燃烧,再移至炉灶引火烧水。

　　马赛人有吃生肉、喝牛血的习惯,这是祖祖辈辈留传而来的。他们用一支箭射向牛颈的静脉处,箭头的深度由一个圆盘定位。当血喷射出来后用葫芦盛收,最后用牛粪和草灰把牛的伤口封住。

　　酋长拥有五个妻子,说起此事,酋长感到幸运和骄傲。这时,酋长带我参观他住的窝棚。门很窄,只有半米之宽,一个人只能侧着身子进,刚钻进去,眼前一片黑暗,需低着头弯着腰才能走动。棚屋不大,却隔着好几个小间,有孩子们的草垫,妻妾的铺位,酋长的土炕,其中酋长住处最舒适,有木火取暖,还开有一个小窗口。墙体用树枝搭插结造,里外用牛粪涂抹,棚顶以牛皮覆盖。当我坐在酋长的草炕上时,酋长顺手向我脖子上戴了一个绳套,下端绑有一个骨头,酋长说:"这个座位是至高无上的,是尊贵客人坐的。"我带着项链走出窝棚,才发现项链下是一颗动物的牙齿,这应该是酋长猎下的骄傲吧!我于是拿出 100 美金,送给酋长,不算交易,也算回赠吧!

　　离开马赛部落感慨万千,那真是一处绝无沾染世俗的原始之地!

▽ 依依不舍深情的目光送行

过赤道线夜宿"树顶"旅馆

汽车离开马赛马拉,穿行在肯尼亚茫茫的中部高原,向位于肯尼亚首都北部 150 公里处中央省的阿伯代尔国家公园行驶,那里有闻名于世的奇特的"树顶"旅馆。

途中,恰好经过赤道线。心目中,原以为,如格林尼治零度经线一样,赤道线应该竖立一个明显的标志物,谁知非然。这里只有一块很简单的木牌,上面画着整个非洲的地图,一条赤道横线贯穿其中,这就是赤道标识了。尽管如此,我还是站在赤道线上,感受"一脚南半球,一脚北半球"的心态,仿佛赤道把人劈成两半。赤道标识虽不明显,但这里的人却很热情。一位当地人拿了一个

⬇ 途经赤道线

漏斗装满水，当水从漏斗下口流出时，漏斗里的水开始旋转。这时放入水面一根火柴，在北半球，火柴顺时针旋转，移至南半球，火柴逆时针旋转，再移至赤道线，火柴则立即停止转动。一个简单的实验，表明了地球的自然规律。

傍晚，阿伯代尔公园到了。公园门口挂有好几个牌子，介绍公园的概况，包括其中的"树顶"旅馆。等办手续的时候，数十只猴子围上来，讨东西吃，还没进公园，就感受到野生动物的贴近。当汽车穿过公园哨卡，一幅幅野生动物的图像立即进入眼帘：大象、野猪、羚羊、野牛，比比皆是，穿行在山间林中。

车行半个小时，汽车放慢了速度。这时，隐隐约约看到前边有一处架在众多树杈上的房屋。呵，这就是"树顶"旅馆！这就是今夜的宿营场所。我一时激动起来，观察这奇特的"树顶"旅馆。

⇧ 远眺树顶旅馆

⇧ 树顶旅馆下部建在树身上

从外表上看，"树顶"旅馆整个建筑呈L形，建在数十棵粗大的树桩上，大树杈穿房而过，从屋顶伸出。除下面的树桩外，上面共有三层木楼，旋转木梯自下而上。木楼颜色为树皮色，与周围的树木浑然一体。

办完入住手续后，我沿木梯向"树顶"旅馆爬去，看旁边树干、树枝穿过楼，有的树叶伸到窗外，有的树杈横在楼层间，有的树梢顶着屋檐，仿佛置身大树之中。

走上休息厅，旅馆的服务人员向我介绍了"树顶"旅馆的历史。"树顶"旅馆坐落于阿伯代尔国家公园内的东端。阿伯代尔国家公园处在非洲第二高峰——海拔5199米的基里尼亚加峰山前，靠近赤道和山脚下的尼耶里镇，总面积为767平方公里，被当地吉库尤人誉为"上帝的家园"。

公园实际上是国家动物保护区，山上树木葱葱，草地丛生，地势起伏，在赤道山峰下，有很多动物栖息，如大象、野牛、羚羊、狒狒、豺狗等，还有250多种鸟类。

肯尼亚长期为英国殖民地，这里一直是英国皇家的狩猎场地。1931年11月，英国人舍布鲁克·沃克夫妇为方便观看野兽，在树杈上建起木屋，享受大自然的赐予。

树杈伸进房间

1952年2月5日，英国公主伊丽莎白和新婚丈夫菲利普登上"树顶"旅馆度蜜月。晚上，夫妇饶有兴趣地从窗口向外观看各种野生动物。哪知，就在这天晚上，英王乔治六世驾崩，同时也传来由伊丽莎白继位的诏书。芳龄26岁的公主一夜之间变成了大英帝国的女王。伊丽莎白历史性地在"树顶"旅馆登基，有了"树下公主，树上女王"之传奇。1983年，英国女王伊丽莎白故地重游，下榻在她昔日的房间。

"树顶"旅馆因女王的下榻，成了人们关注的热点。许多外国贵客包括英国皇室的威廉王子经常到这里来度假，在这里"守株待兔"，观赏动物。还有一些人，想沾沾"树下公主，树上女王"的运气，想着能有朝一日"升官、发财"！

听完介绍，我在"树顶"旅馆仔细参观。在咖啡厅旁边，挂有伊丽莎白在这里下榻的照片；在观景台，可以望见外面的丛林和游荡的大象；在餐厅，可以享受美味佳肴。

"树顶"旅馆共有50个房间，100个床位。在三楼，我走进昔日伊丽莎白女王下榻的18号房间，之中有卫生间、阳台、书桌、梳妆台。白色双人床铺上挂有伊丽莎白女王与爱丁堡公爵的黑白照片。

入夜，回到所住的房间，隔着窗户向外看去，一群群大象走过，一头头犀牛走过，一伙伙豺狗走过……有的戏闹，有的厮打，有的高叫……这一切融进大自然中，组成了动物大世界，就在眼前，就在脚下，就在身旁！大自然太美了！

躺在床上久久不能入眠：听蛙声一片，听溪流脉脉，听鸟鸣宛转——

在"树顶"旅馆，做一回"公主"，感受大自然恬静惬意……

在"树顶"旅馆，做一次"女王"，俯视动物群来来往往……

⬆ 体验伊丽莎白女王下榻的房间

坦桑尼亚:"赤道雪峰"乞力马扎罗山

汽车继续在茫茫草原上向南行驶……

经过长途跋涉,来到乞力马扎罗山南边的肯尼亚安博塞利国家动物园,这里因拍摄《无秃鹰飞舞之所》而闻名天下。观赏动物世界后,我继续南下,去往乞力马扎罗山。

乞力马扎罗山坐落在肯尼亚与坦桑尼亚交界的坦桑尼亚(Tanzania)境内。在乞力马扎罗山前,肯尼亚设立安博塞利国家动物园,而坦桑尼亚设立乞力马扎罗国家动物园,两国共享大自然赐予人类的杰作,共赏美丽动人的雪山胜景。1987年乞力马扎罗山被联合国教科文组织列入世界自然遗产。

汽车越过肯尼亚和坦桑尼亚边界即是乞力马扎罗国家动物园,在此仰视乞

偶尔露峥嵘——晨光中的乞力马扎罗山白云拥簇一展风采

力马扎罗雪山更为壮观!

"乞力马扎罗"在非洲斯瓦希里语中意为"光明的、闪闪发亮的雪山"。因为它靠近炽热的赤道,纬度仅为3°4′,又长年覆盖白雪,所以称之为"世界上靠赤道最近的雪山",有"赤道雪峰""非洲之王"之说,还是"世界上海拔最高的孤山"。

乞力马扎罗山是"非洲第一高山",被誉为"非洲的象征"、"非洲的屋脊",是非洲人的"圣山",特别在阿拉伯人心目中是"一座令人陶醉的山"。

在世界七大洲高山排名中,除亚洲的珠穆朗玛峰、南美洲的阿空加瓜峰和北美洲的德纳利峰外,乞力马扎罗名列第四,其海拔为5895米。

乞力马扎罗山是一座火山,峰顶的火山口形似大锅。

能够看到乞力马扎罗山真面目特别是能够看到雪峰,那是一种幸运!真真切切看到的雪山,是那样美丽、纯洁!

站在乞力马扎罗山前,面对这座孤独的像金字塔一样的"赤道雪峰",不禁产生许多遐想。谁能想到近在赤道咫尺,却有这样亮丽耀眼的雪峰?从上向下看,一眼便望得四季变化!最上为冬季,白雪皑皑;向下厚厚的淡黄色草甸,秋意渐浓;再下面是翠绿的针叶阔叶林,盛夏似锦;山脚则满眼鲜花芬芳,春意盎然。若从气候带分,自上而下依次为寒带、温带、亚热带和热带。山顶的温度最低为零下34度,而山下的气温最高可达59度,这不能不说是一个奇观!

⬆ 乞力马扎罗山下的动物世界自由自在

　　行走在乞力马扎罗山下，可见狮子、猎豹、大象、犀牛、斑马、羚羊、野猪、猴子等许多动物，穿行在林间草地，看到许多长颈鹿、豺狼、水牛、角马、野狗等成群结队，悠闲自得地走动着；各种小鸟飞来飞去，脆鸣不断；各式各样的蝴蝶展翅飘舞，吸吮鲜花汁液，大自然就是这么优美动人。

　　然而，作为非洲当地人，似乎没有意识到乞力马扎罗山的壮美，尤其是冰清玉洁的雪山。那是1848年，德国殖民者占领了这片土地，一位名叫雷布曼的传教士到这里探险，发现了这座神奇的雪山。作为第一个发现"赤道雪山"的欧洲人，他把发现的经过刻在山石上，以此为证，标记他的功绩。

　　赤道雪山的发现引起英国皇家关注，他们认为德国人在制造谎言，赤道上怎么可能出现雪山呢？直到英国殖民者来到此地才信以为真，并将此山掠为己有。当德皇威廉举行生日大典时，伊丽莎白女王又慷慨地将乞力马扎罗山作为礼品双手送出。可见，乞力马扎罗山的归属和发现还有一段不平凡的历史，其实很早很早以前，这座雪山就被当地土著人发现，只不过没被重视而已。

　　1936年，美国作家海明威来到这里，创作了小说《乞力马扎罗的雪》，书中描写"它高大雄伟,令人眩目地矗立在阳光下"。乞力马扎罗山从此名扬全球,尤其是在20世纪50年代,好莱坞将此小说拍成电影,格利高里·派克的精湛演绎,让这部影片风靡全球,乞力马扎罗山也从此成为世界名山。

离开乞力马扎罗山时,心中万分不舍,不知有生之年再来此地,是否还能看到乞力马扎罗山巅的雪景。雪线每年都在提升,而且上升的速度非常快。不久的将来,乞力马扎罗山上的雪会全部消融,这绝非耸人听闻!据科学家考察分析,1912年有记录以来,乞力马扎罗山的积雪已减少85%,再有15年,积雪将完全融解消失,到那时"赤道雪峰"将成为历史!究其原因,当地开采矿石、砍伐林木猖獗,全球气候变暖。

有关专家预言,如果不保护生态环境,随着乞力马扎罗山积雪的融化、枯竭,这里变成沙漠也不会久远……

联合国时任秘书长潘基文在飞经乞力马扎罗山时焦虑万分:"气候变化一个鲜明信号是乞力马扎罗山上正在融化减少的冰雪……"

乞力马扎罗山在呼唤:伐木者,请放下手中的砍刀吧!

非洲的脊梁在呐喊:人类啊,保护我们的生态环境吧!

乞力马扎罗山下的土著人部落

横穿"裂谷带上的大盆"恩戈罗恩戈罗火山口

清晨,汽车离开乞力马扎罗山继续在坦桑尼亚境内向南行进。坦桑尼亚是东非的一个大国,面积94.5万平方公里、人口4717万。

穿过丛林,走过草原,跨过河流。经过8个多小时的车程,终于到达坦桑尼亚中北部的恩戈罗恩戈罗自然保护区大门口。在这里,迎接我的是大群大群的狒狒。恩戈罗恩戈罗大门建造得庄重大气,最醒目的是1979年被联合国教科文组织列入世界自然遗产的标识。

办完手续后,汽车开进保护区,骤有一种树高林密山势陡的感觉。显然,汽车正在爬坡中,因为我的目的地是恩戈罗恩戈罗火山口制高点。

⬇ 去往恩戈罗恩戈罗火山口边沿上的部落村寨

迎着斑驳的晚霞,穿过层层雾气,汽车一直沿山路向上攀爬,海拔也在节节升高,我还出现轻微高原反应。

闻名世界的恩戈罗恩戈罗火山口位于东非大裂谷东支,被称为"裂谷带上的大盆"。大裂谷是地壳上的一个断层,千百万年来在地心的巨大压力下,熔岩从断层的薄弱处向地面喷出,形成一连串的火山,成为东非的"火山口高地",或说是一片辽阔的高原火山区。恩戈罗恩戈罗火山就是其一,它是世界上边缘保存最完美的火山口,也是世界上第二大火山口,如同镶嵌在东非大裂谷带上的一只"大盆"。恩戈罗恩戈罗火山口是800万年前火山喷发后留下的,上部直径18公里,下部直径16公里,深度为600米,总面积为260平方公里。"恩戈罗恩戈罗"在当地非洲人心目中为"大洞"之意,火山口又称破火山口,是死火山的遗址。

经过一个小时的盘山路,汽车开至山顶,天空已经变黑,繁星闪闪,整个恩戈罗恩戈罗火山口深藏于漆黑的夜幕中,静悄悄,冷清清,什么也看不见。只有歪歪斜斜的住地大门上的一丝灯光,显示出一些生机,表明这里有人居住。

颠簸了整整一天,我有些疲惫,一早进入梦乡,沉寂在山顶原始森林之中……

⬇ 山口里的动物世界

一觉睡到天亮。透过晨光向窗外望去,大吃一惊:怎么我的凉台挂在刀劈似的万丈峭壁上呢?真是太险要了!原来,我的住屋就在火山口的上檐,像是贴在一只大盆边沿上,这只巨盆就是闻名于世的恩戈罗恩戈罗火山口。惊恐过后,居高临下,细细观望雄浑壮阔、安静沉寂的火山口底:葱绿的树丛,连片的草地,平静的湖水,大片轻纱似的晨雾在升腾……透过雾气,利用相机长焦镜头,可见黑压压的角马、野牛、羚羊在走动,犀牛、斑马、大象在饮水,黑鹰、白鹤、兀鹫在飞翔,好一幅壮美的动物山水画卷啊!色调那样鲜艳、明快,线条那样清晰、鲜明,层次那样叠嶂、丰厚……

回到房间,理好背包,饱餐一顿,我乘车下行,去到火山口底部近距离领略恩戈罗恩戈罗赐给人类的自然风光。

汽车刚从山顶下行,突然,一片蒸腾的白雾飘来,薄薄一层,像白纱,似云朵,秀丽的风光罩上一层轻纱薄雾,"犹抱琵琶半遮面",愈加动人、美妙、神秘!这时一位身着红装的马赛人踏雾而来,悠然地从车旁走过,轻轻赶着牛羊,穿

⬇ 从上向下俯瞰云遮雾罩的恩戈罗恩戈罗火山口

过山岗。羊群、牧人、晨雾，一幅动感的画卷在眼前徐徐展开，又迅速消失……

汽车慢慢向下行驶，一百米、二百米、三百米，山壁上出现不同种类的树木、花草和岩石。当下行至 600 多米的火山口最底部，我像是站在深井里，如蛙抬头观天：一圈圆形山壁把面积 260 平方公里的巨坑围拢封闭起来，使得野生动物跑不出山口，它们也便安然在此生息、繁衍，形成了世界上独有的自然奇观！

火山口底一马平川，有湖泊、沼泽、河流、草地、丛林。汽车将要穿过这一圆形的火山口底，沿 16 公里的直径走到火山口的对面。16 公里路途！可以看到多少野生动物的生活状态？

汽车开得很慢，两旁的斑鬣狗、大象、疣猪，成群结队，瞪羚、豺狗、长颈鹿一个个走过。它们并不惧怕身旁的汽车，更不怕人们的拍照，仿佛已经习以为常。更有意思的是斑马与汽车争抢道路，大象擦着车体前行，长颈鹿把头伸到人的头顶。动物与人，没有距离，没有冲突，和谐相处。

行程过半，汽车在一处湖水旁停下。我走出车门，站在湖边观看河马戏水。湖面不大，河马不少，但见它们张牙舞爪，喷气吸水，笨拙可爱。河马是两栖动物，体型庞大，牙齿锋利，连狮子都惧怕它，更不用说猎豹了。所以，工作人员一再提

➡ 野牛撒野

➡ 鹿马争草

➡ 豺狗寻食

➡ 情中斑马

➡ 撕打争斗

➡ 褐鹿成群

➡ 晨露进食

醒,不要靠近湖边。

离开湖区后汽车继续前行。突然,草丛中冒出十多只狮子,昂头瞪眼,咬牙切齿,直直望着我。这时我喘着细气,惊魂未定,一动不敢动。这是非洲草原之王啊!如果它们一下子蹿上来,后果不堪设想。司机一再小心地开车前行,油门放到最小,声音尽量最低,生怕惹恼狮子,惊动狮群。

↑ 河马戏水

↑ 张牙舞爪

我屏住一口气,总算离开狮子群,把提起的心放了下来。司机说:"不怕单个狮,就怕狮子群。如果狮子发了脾气,它们会群起而攻之,非常可怕。"狮子是非洲最大的食肉动物,百兽之王,昼伏夜出,尤其是在拂晓和黄昏,出来寻觅食物的时候最多。

浮光掠影,一路走来,有惊喜,更有欢乐,也不乏惊恐。不觉,我走完16公里路程,穿过了火山口底部。

当汽车攀山回到火山口

↑ 狮群眺望

顶时,回首远望:这个放大1000倍的古罗马竞技场——恩戈罗恩戈罗火山口,实在太美、太动人了!它不愧为"世界第八大自然奇观"!不愧为"非洲的伊甸园"!

闯进"非洲的动物王国"塞伦盖蒂

汽车离开恩戈罗恩戈罗火山口后,调转车头,向坦桑尼亚最大、也是闻名世界的塞伦盖蒂野生动物自然保护区进发……

窗外,依然是熔岩灰土质,依然是野草丛林,依然是花香扑鼻……

坦桑尼亚四分之一国土为国家公园、动物和森林保护区,其中全国有12个国家公园、10个野生动物保护区、50个野生动物控制区,野生动物资源非常丰富,被誉为"非洲的动物王国",而列居第一的要数塞伦盖蒂野生动物自然保护区了。1981年,塞伦盖蒂被联合国教科文组织列入世界自然遗产。

"塞伦盖蒂"在马赛语中意为"无际的平原",马萨伊语意为"永远流动的土地",比喻动物大迁徙。塞伦盖蒂野生动物自然保护区位于东非大裂谷以西,阿鲁沙西北130公里外,紧靠恩戈罗恩戈罗火山口,接近世界第二大淡水湖维多利亚湖,其中一部分狭长地带已伸入湖区8公里之多,北部还延伸到肯尼亚边境,占地面积1.48万平方公里。塞伦盖蒂之大、之美、之著名,曾被美国《国家地理》杂志评为"人生必去的50大景点"之一。

车行石子土路上,翻过山峦,穿过村寨,经过两个多小时奔波,进入一望无际的旷野中,看不到头,望不到边,我忽然感觉,塞伦盖蒂快到了。

有时候,第六感即意念也是很准的。转眼,前面现闪出一个木架牌坊,走近一看文字,证明确实到了塞伦盖蒂。木牌上,写有世界自然遗产的标识和塞伦盖蒂野生动物的介绍。但是,这里并没有人把守,只竖着一个招牌,显然并不是真正意义上的自然保护区大门。

↑ 坦桑尼亚赛伦盖蒂野生动物保护区第一道门

穿过木架牌坊,眼前的动物逐渐多起来,有斑马、角马、羚羊、秃鹫、鸵鸟等,这里应该是自然保护区的过渡地带。实际上,这里的保护区并不似城市公园那样。它没有围墙,没有铁丝网,没有明显的边界,是开放式的保护区,上万平方公里的地带,都是无人区,都是动物的世界和家园。

走过第一道木门不到半小时,看到一群秃鹫围拢在一起,抢食一匹斑马。很显然,是狮子或猎豹吃剩下的残渣。一般情况,狮子或猎豹捕杀的猎物,先吃完之后,豺狗会来继续吃,最后轮到秃鹫收场。秃鹫,被称为"草原上的清道夫"。

汽车在沙子路上又疾驰半个小时,来到塞伦盖蒂野生动物自然保护区大门前。门卫、停车场、卫生间……这里,终于有了人迹。在等待办手续期间,我爬上大门左侧的一座山丘,居高临下,眺望远处的斑马、大象、角马,山上还特意竖了一个木板,上面介绍了塞伦盖蒂的一些情况。

↑ 一群秃鹫抢食斑马

进入塞伦盖蒂大门,眼前的景象让人惊呆:黑压压的角马,一片连一片,一群连一群,太壮观了!更为惊叹的是:大批角马排成长队奔跑着,一个挨一个,一队连一队,秩序井然,那排山倒海汇聚而成的磅礴气势,让人动容。身后,阵阵尘土扬起。惊奇的是,有很多小角马与母角马一齐跑动,无一掉队。这就是角马大迁徙,我竟有幸亲眼目睹了这一壮观的场面!

汽车上的工作人员介绍,塞伦盖蒂有300多万只大型哺乳动物,其中角马是一大家族,还有牛羚、斑鬣狗、羚羊、狮子、大象等。这里是当今世界上唯一能看到如此庞大的野生动物

⬇ 争前恐后

⬆ 千军万马

⬇ 气势磅礴的角马群大迁徙

↑ 动物万象

种群的地方。其中，食草的动物种群以开阔的草原型植物为生，主要植物是马唐、鼠尾粟等茅草，还有大片的金合欢林地草原为食物地。由于雨季和旱季降雨量不同，产生了草原旺盛期和枯萎期。为了寻找食草，动物出现大迁徙。这些过百万头的草食动物史诗般的大迁徙已延续了数十万年，从来没有停止过。当然，大迁徙过程中，危机四伏，困难重重，如会遭遇被鳄鱼吃掉的风险等，但迁徙场面是壮观的。塞伦盖蒂，因野生动物的数量之多、规模之大、迁徙之酷而闻名遐迩！

汽车在沙石路上前进。途中，我又见到了角马群、斑马群、羚羊群、大象群、野牛群、河马群、豺狗群等。遗憾的是，没有见到豹子，不管是猎豹还是花豹，

都没能遇见。司机在寻找，我也放开眼界，把视野扩大、扩大、再扩大，集中精力，探寻豹子的下落，不放过一片草地，一棵树木，一处湿地和沼泽。

忽然，我听到草地里传来一阵响声。抬头一看，只见几只猎豹闪电般地猛然一跃，向着一只羚羊飞奔扑去，刹那，前爪落在羚羊臀部，又一跃将羚羊压下去，一嘴咬住其喉咙，惊恐万分的羚羊瞬间瘫倒……

↑ 猎豹听到羚羊的脚步声　　↑ 两只猎豹走出树丛观察

↑ 四处张望寻找目标　　　　↑ 跃跃欲试准备出击

"弱肉强食"！又一次诠释了动物界的自然法则。

短短十几秒钟，猎豹捕食得逞，上演了一场令人窒息的充满刺激的捕食场景。我甚至没有来得及拿起相机抢拍，只拍到羚羊被吃的场景。猎豹捕食速度惊人，时速达100多公里，奔跑时的姿态极美。猎豹扑食和狮子狩猎方式一样：潜伏、追捕、出击、咬颈，太惊险了！

又行进了一段路途，还沉浸在刚刚的紧张惊险之中，这时一头大象挡住去路。

第二章　东非：大裂谷中的动物世界 | 161

⬆ 猎杀羚羊　　　　　⬆ 大快朵颐　　　　　　　⬆ 饱餐后休息

突然，司机小声叫我，他指着前边一棵树，低声说："看，树枝在摇晃！"于是，我把目光都投到那棵树上，仔细寻找！这时，树枝又颤了一下。我顺着司机手指看，一只豹子伏在树枝上。太激动了！我终于见到树上的豹子啦！那只豹子懒洋洋地趴在树枝上，眯着眼，闭着嘴，享受这悠闲时光。"咔嚓""咔嚓"，相机快门声连成一片，我变换着各种角度将豹子的身影、姿态，收录在相机镜头中……

树上的豹子显然是花豹。豹子分两种，一种是花豹，能上树；一种是猎豹，不会上树。花豹一般很难被人发现，能够在塞伦盖蒂见到花豹是一种幸运！有很多人，到这里三次、四次、五次，却一次都没有遇到过花豹，留下遗憾！

保护区的工作人员说，花豹与猎豹的区别除上树外，还有体型个头大小之分，跑的速度之分。另外，花豹要比猎豹凶狠得多，猎豹非常害怕花豹，总是敬而远之。在塞伦盖蒂，豹子的数量在日渐减少，它们的生存受到狮子、斑鬣狗的威胁。

奔波了整整一天，迎着晚霞，我住进设在动物自然保护区内的宾馆。住地建在一处孤独低矮的石山上，外有高大的围墙和道道铁丝网，以防动物冲进和袭击。站在山的顶部可以观看周围的角马、斑马。

入夜，睡在塞伦盖蒂大草原，融入在大自然中，身心皆被涤清！

心中，仍在回味着动物的万千世界：安闲自在，又面临着搏斗残杀……

大自然就是这样：美丽又充满杀机，唯有适者才能生存……

"丁香之岛" 桑给巴尔

浩瀚的天宇，开阔的视野……

飞机在空中航行。上面无际的蓝天，下边无际的白云……

我是从坦桑尼亚阿鲁沙机场起飞前往桑给巴尔的。此时，无意欣赏美丽的天幕。思绪，回味到上午涉水过河的惊险一幕——

那是上午8点多钟，我去到马亚拉湖参观。马亚拉湖被称为"鸟类天堂"，有两百多万只火烈鸟栖息于此。美国作家海明威在小说《非洲青山》中将这里的狩猎场地称为"人间天堂"。刚从马亚拉湖国家公园出来前往阿鲁沙机场途中，

⬇ 昔日贩卖奴隶市场就坐落于丁香岛这条海滨路上

遇到百年不遇的大洪水,道路被切断,水流一泻而下。为了赶上飞机,汽车司机决定冒险继续前进。于是,迎着肆虐的水浪,冲过翻卷的泥石流,闯过沟沟壑壑,我们在一路惊险中前行,最终正点赶到机场。现在回想起来,很是后怕!

从阿鲁沙飞行1小时20分,降落于距非洲东海岸34公里的桑给巴尔岛。这是坦桑尼亚最有名气的一个岛屿,2000年被联合国教科文组织列入世界文化遗产。

丁香岛街心的世界文化遗产标牌

走出机场,看到一棵棵丁香树,挺拔的树干,横斜的枝条,椭圆的树叶,很有观赏价值。

汽车穿行在树里行间。"桑给巴尔与丁香树有千丝万缕的关联,没有丁香树就没有今天的桑给巴尔岛,故而桑给巴尔又称丁香岛。"这是当地向导凯丽女士告诉我的。

在一处丁香园旁,凯丽女士给我讲述了丁香的故事。1832年前,桑给巴尔岛上还是一片原始森林,当时岛上的统治者苏丹萨伊德·赛义德从非洲大陆的坦噶尼喀、扎伊尔、马拉维等地贩运来成千上万的黑奴,最多时高达5万人。登岛后黑奴被强迫栽树,栽的就是丁香树。当时这种树种从印度洋上的马斯克林群岛引进,有很高的经济价值。丁香不仅是一种贵重的香料,还可以榨油,尤其是晒干的丁香花是各国的抢手货,供不应求。当年,连续不断的种植,让一个总面积只有2657平方公里的岛屿,却栽种下500多万株的丁香。此后,每到一年两次的花期,丁香花盛开,这里便成了花的世界,清香扑鼻,醇郁甜美,到处是醉人的芬芳……

"丁香之岛""香料之岛"的美名流传起来,赢得了国际声誉。于是桑给巴尔岛成了"宝岛"。而这个"宝岛"之名,是黑奴付出汗水,甚至是生命的代价得来的，丁香树，浸透着黑奴的血泪……

汽车停在桑给巴岛码头，这里古老的教堂和城堡，见证了当年贩卖奴隶的血泪史。凯丽女士指着眼前的一片空地说："这里就是当年贩卖黑奴的市场。当时贩卖者把黑奴集结在此，拴在一排一排树桩上，之后用皮鞭狠狠地抽打。哪个奴隶反抗、挣扎得厉害，证明他身强力壮，卖价则高，否则价钱低。有的奴隶忍受不住皮鞭的抽打，活活被虐死去。被选中的奴隶用钢丝串起，带到岛上荒野，去种植丁香树，直到生命的尽头……"

穿过桑给巴尔岛上的古教堂，向城里走去。迎面是一个硕大的标牌，上面写有世界文化遗产的标识。再向里走，全是窄小的石子街道、石头院墙、石头房屋、石头城堡，这简直是一座石头城！

内城小街

古香古色的门窗雕刻艺术

而所有石头都是珊瑚石。原来这里有取之不尽的珊瑚，珊瑚石是优良的建筑材料。石头城是斯瓦希里人建造的，城中曲径幽深，商店林立，住宅豪华，多是阿拉伯式房屋。住宅的最大特点是木制大门，门上图案精美繁复，雕刻林林总总，有的布满铜钉，典型的阿拉伯风格。房子的建筑还综合了非洲、阿拉伯、印度和欧洲等各种不同文化，这种文化已持续了上千年。

桑给巴尔是坦桑尼亚联合共和国的组成部分，"坦桑尼亚"之中的"桑"即指桑给巴尔。石头城位于桑给巴尔岛西海岸中部的香加尼半岛，与非洲大陆隔海相望，是桑给巴尔的首府。整个老城区依海岸而建，呈三角形，面积为10平方公里，城区人口2万多。中国宋代典籍中称桑给巴尔为"层拔国"。这里有很多中国元素，桑给巴尔博物馆陈列着中国清朝时期送来的瓷器，展有周恩来总理的影集，两家中国餐厅设立在城区中心，1964年第一批中国江苏医疗队就驻守在这里……

▽ 石头城堡

桑给巴尔石头城最古老的建筑是古城堡。走进城堡，这里已是残垣断壁，但高大的石头外墙仍显示出当年的巍峨雄壮。城堡里面有很多商店、小摊、饭馆，堡内大院已改建为露天音乐厅，商业气息浓郁。

离开古城堡时，一阵大雨袭来，满街都是流水。但雨水很干净，没有污泥，没有脏物。

桑给巴尔岛是清新的，洁净的，一点污染都没有。踏着雨水冲刷的石板路，穿过郁郁葱葱的林荫道，闻着扑鼻的花香，从码头上船，走水路向坦桑尼亚首都达累斯萨拉姆进发……

随船入海，再回首，望着离去的桑给巴尔岛，看着岛上的石头城和城中的教堂，思绪万千……

坦赞铁路千里行

从坦桑尼亚首都达累斯萨拉姆（Dar es Salaam）独立广场火炬纪念碑开行，驱车半个小时来到火车站开阔的站前广场，一座宏伟壮丽的建筑呈现在眼前，这就是坦赞铁路的始发火车站。拔地而起的楼体，垂直条状的墙壁，明净闪亮的玻璃，极有中国特色。站前甬道上，人们拎着提包，背着行李走向候车室，步履轻快，话声朗朗，脸上荡起淡淡的微笑。

坦赞铁路是中国政府援建非洲最大的一个项目，引世人瞩目。它像一条纽带连结了中国和非洲人民的心，为非洲的经济发展注入活力。这是团结的基石，情结的象征，友谊的丰碑！

步入候车大厅，宽敞、明亮、洁净，不禁有一种亲切和亲近的感觉，这是中国人民帮助建造的呀。整个布局、设施、装潢充满中国元素，溢满中国色调。踏过千山万水而来，看到我的祖国无私伸出援手，赋予非洲人民的帮助，内心涌动着无限荣耀和自豪！

↑ 车站候车室醒目的标语

大厅最突出、最明显的是墙壁上挂着的许多中国国家领导人来参观的照片，

↑ 火车站大厅贴有周恩来等中国领导人的照片

包括周恩来总理等。这时,火车站工作人员指着墙上的图片说:"坦赞铁路是中非友谊的象征,凡是来访的中国领导人,都要到这里来。"这位车站负责人随后详细介绍了坦赞铁路的建设史。

早在1968年5月,中国就出动工程技术人员到这里开始勘探、设计,1970年10月坦赞铁路全面开工,中国派遣5.6万名建设大军奋战在一线,1975年6月全线建成。通车后,当时的赞比亚总统卡翁达感叹地说:"患难知真友,当我们最困难的时刻,是中国援助了我们。"时任坦桑尼亚总统尼雷尔说:"兄弟加友谊,永远不会忘记中国的情谊。"坦赞两国人民乃至整个非洲,称坦赞铁路为"自由之路""南南合作的典范"!

坦赞铁路共投资 5 亿美元。当时，中国自己还很困难，但老一代领导人义无反顾地进行经济支援，获得了非洲人民的真正友谊。期间，联合国大会投票表决，坦桑尼亚和赞比亚联合大多数非洲国家投了赞成票，中国成功恢复在联合国的合法席位。

登上车站二楼大厅，墙壁上挂有一张彩色《坦赞铁路全线鸟瞰图》，上面标注了起始站到终点站的站名、里程。工作人员介绍："坦赞铁路全长 1860 公里，沿途设有 93 个车站，通过 320 座桥梁，钻过 22 座隧道，最后抵达赞比亚的卡皮里姆波希终点火车站。"

登上车站站台，只见亮铮铮的铁轨像长龙一样伸向远方。轨道上"中华人民共和国制造"的标记非常明显，站台旁的"中国机车"庄重雄健。随机问起身旁的一位乘客，她竖起大拇指说："坦赞铁路已深印在我们非洲人的心里，看到这条铁路，就想起了中国。中国太伟大了。中国万岁！"

走出坦赞铁路始发站，我开始了坦赞铁路千里行。

坦赞铁路，这条中非友谊的纽带，伸向无际的旷野、山峦、草原、森林。沿途采访，可见铁路旁有不少住宅、旅馆、商店，看到一些牧羊人在铁路边穿

↑ 坦赞铁路运行图

↑ 铁轨中间写有"中华人民共和国"字样

↑ 坦赞铁路穿行非洲大地

当地人伸出大拇指盛赞坦赞铁路

行,望到一些孩童在路轨穿过的空旷地带放飞风筝,听到许多中国援建的动人故事。无疑,坦赞铁路是非洲大陆上的一道亮丽的风景线。

在坦赞铁路中部,我走进一个名为姆皮卡的车站,站名取于姆皮卡镇。站在车站广场看,火车站建筑左、右分设两栋四层楼,呈"品"字形排列,算是一个大的车站,与周围当地人的茅草窝棚形成了鲜明的对比。这里是赞比亚铁路分局所在地,中国铁路专家组驻守在此。旁边还有工务、电务和机务段,建有机车车辆维修厂,主要承接机车的维修、保养。工厂附近,建有多栋铁路家属宿舍。姆皮卡站是整个坦赞铁路线上的一颗明珠,也是一处亮点。

经过长途跋涉,我终于到达坦赞铁路的终点卡皮里姆波希,这里与卢萨卡至铜带铁路相连。卡皮里姆波希为赞比亚的中部城镇,南距卡布韦64公里,距首都卢萨卡200公里,是重要的铁路枢纽。赞比亚的铜矿就是从这里启运,通过坦赞铁路到达坦桑尼亚达累斯萨拉姆港,装船出口。

在终点站,遇到一位七十多岁的退休铁路老职工,他亲身经历了坦赞铁路的建设,他说留下最深印象的是中国援建者在这里经受的困难、艰辛和劳苦。他动情地说:"当年,中国5万多大军分布在千里筑路线上,开山劈岭,遇河搭桥,在茫茫丛林、无际草原,顶着烈日,冒着高温,挨着蚊咬,还遭受野兽袭击,苦战在旷野,很多人倒下了,永远长眠在异地他乡……"

据统计,中国共有69位专家、技术人员和筑路工人为坦赞铁路献出了宝贵的生命,年龄最小的仅24岁。他们分别安葬在坦桑尼亚和赞比亚。

坦桑尼亚的中国专家公墓在距离达累斯萨拉姆西南24公里的坦赞铁路旁,中国一位国家领导人访问坦桑尼亚时到公墓祭奠,动容地说:"这里就是为坦赞铁路而献身的中国人远离家园的家。"

乌干达："非洲明珠"东西大穿越

乌干达，这是一个美丽的国度。

乌干达，这是一个令人向往的国家。

当您进入乌干达（Uganda）这个高原之国，您定会迷恋、不舍。那条条纵横的河流，那片片明镜似的湖泊，那丛丛草生的沼泽，那道道无底的沟地，那层层斧砍的裂谷，那茫茫绵延的山峦，构成一幅绚丽多彩的图画。这里有世界第二、非洲最大的淡水湖维多利亚湖，有东非大裂谷的裂痕，有横穿24.15万平方公里国土面积的赤道线，有尼罗河的源头……

乌干达，这个拥有3750万人口的国家被誉为"高原水乡""非洲的明珠"！

"如果您去乌干达，一定要去'明珠的明珠'坎帕拉城、尼罗河源头和伊丽莎白国家公园，那是乌干达的三大亮点。其中坎帕拉城中的布干达王陵2001年被列为世界文化遗产。决不能错过机会呦！"司机兼翻译派推克说。这次踏访，派推克将带我去三个国家。

一进入乌干达首都坎帕拉（Kampala）城区，顿感格外清新：树木成荫，花草芳香，尤其是满街满巷的芭蕉树，伸出巨大的手掌欢迎客人的到

乌干达首都坎帕拉通向王宫的皇家大道拱门古香古色

来。芭蕉树之多,成为坎帕拉市一道别样的风景,难怪她有"芭蕉城"的称号。坎帕拉坐落于玻利维亚湖畔,且四季如春,又被誉为非洲"明珠的明珠"。

坎帕拉城由七座山丘组成,山山相连,谷谷相牵,有层次,有线条,透视感非常强。我在派推克的带领下,驱车翻过几座山岗,穿过鳞次栉比的房屋,通过古老的拱门和皇家大道,首先来到位于卡苏比山丘上的卡苏比的布干达王陵。

王陵的外墙是篱笆条,进口两扇大门上刻有两尊雄狮,旁边的木牌上写有"世界文化遗产"的标识。进到院落之中后,有些令人失望,眼前只有7座茅草棚建筑,哪里像王陵?棚内黑洞洞的,贴有几张照片,摆着几件生活用品,并没有陵墓的迹象。这时解说员说:"说是王陵,其实是王宫,过去的国王就居住在这样的茅草屋棚,不过比老百姓住的要大得多。国王的住宅不在于建筑材料,在于其所体现的文化传统价值和信仰价值,这是它被评为世界文化遗产的内涵所在。"

解说员介绍,坎帕拉城的发源地就是这个地方。"坎帕拉"在当地语中为"小

世界文化遗产卡苏比王宫

羚羊之地"的意思。在很早以前，此地是布干达国王放牧的地方，当时布干达是这一带最强大的王国。这里最大的茅屋高 10 米，曾是布干达王国穆特萨一世的古王宫，远远看去蔚为壮观。穆特萨一世一直住在里面，国王去世后遵照生前的意愿把他葬在宫内，另外，国王的三位继承者也下葬在此，王宫从此改为王陵。

卡苏比的布干达王陵四周的篱笆用非洲大象草倒置斜插，表明主人已不在人世。陵院内其他几座草房是王后和嫔妃住的宫室。2010 年王陵失火，屋顶被烧毁。

在首都，我参观的第二个景点是巴哈伊灵曦堂。这是一个祈祷与沉思的聚会场所，近似于教堂、神庙和清真寺。按照巴哈伊信仰的创始人巴哈拉的构想，提倡各种宗教融合，这种灵曦堂将会成为社区精神支柱，召唤世人进入一种崭新模式的信仰，这也是社会慈善服务的中心。当我走进这座建筑漂亮的灵曦堂内，看到内饰装潢非常豪华，当地人常来此祈祷，寄托所思。据悉，这种信仰式的建筑正在世界一些地方兴起，如印度新德里巴哈伊灵曦堂设计得像荷花花瓣，巴拿马城的灵曦堂像个圆球等。

在坎帕拉市区，我又去了印度庙、独立广场、

→ 漂亮的灵曦堂

↑ 繁华街心竖立的印度庙

独立纪念碑、国会大厦、德国第一处建筑场所遗址和中国援建的体育场，最后来到国家博物馆。馆内展出了历代文物，记述了国家的历史。乌干达公元1000年前建立了布干达王国，1850年随着阿拉伯人、英国人、德国殖民者相继侵入，爆发了基督教、天主教、伊斯兰教信徒间的战争，直到1962年获得独立。

离开首都坎帕拉时，在大街街心公园恰遇群众性戒烟、戒毒、戒不良习俗活动宣传，场地上展出很多宣传画，呼吁人们防治艾滋病、疟疾等传染病。在讲演场地，当地组织者告诉我："我们每年要举行一次禁毒宣传，防治艾滋病。"。

晚间，下榻的是中国人开办的方方宾馆，颇有回家的感觉。

次日，我驱车东行，去往金贾地区寻找尼罗河源头，去看一看世界上最长河流尼罗河的发源地。

汽车在疾驶。左边是山峦丘陵，右边是粼光闪闪的维多利亚湖，一派高原山地，湖光水色。随着汽车的前进，窗外不断变幻着不同的风景，时而片片村落农舍，时而顷顷碧绿农田。经过卢加济镇，通过尼罗河大桥，我顺利到达金贾市，车程表显示已走过100公里。

金贾市坐落于维多利亚湖北岸，是乌干达第二大城市，街道上皆是殖民时期的建筑，保留完好，是一个很精致秀丽的古城。

汽车穿过金贾市区后，来到维多利亚湖边，在这里我去寻找尼罗河的源头。无意中，我发现湖边竖有一尊印度甘地的铜像，不解其意。后来我问当地人，原来这里是甘地骨灰撒落的地方。甘地在世时留有遗嘱,将骨灰撒到尼罗河源头。甘地在非洲工作过,他曾有一个梦想,一定要亲眼看看尼罗河源头,但直到被暗杀,也没有实现这个愿望。

这时,我乘木船荡在湖中,向南漂动,去寻找尼罗河源头。船行维多利亚湖,遥望四周的远山、绿树、小岛、农舍,心旷神怡,尤其是远处的尼罗河大桥,为湖泊增加了别样的色彩。

经过三个湖中小岛,穿过打渔的船只,一个多小时后,来到维多利亚湖和尼罗河的边界处,只见一团湖水向上涌出,像奔涌的泉眼,原来这就是尼罗河源头。源头处有一堆石块托起一个小小牌子,用英文标识着"尼罗河源头"的字样。

1862年英国探险家斯皮克进入乌干达,经过实地考察,发现位于维多利亚湖北岸金贾的出口处为尼罗河的发源地,说的就是这个地方,此地是湖水变成河水的分界线。

踏行伊丽莎白国家公园是乌干达的第三大亮点。然则路途遥远,它处在乌干达、刚果和卢旺达三国交界地带,距金贾市约400公里。

800里路云和月!我又上路了,汽车向着西南方向飞奔而去……

我是清晨5点钟伴着满天繁星和灼灼月光出发的。

汽车在乌干达大地上飞驰……

旅行,乘汽车要比乘飞机好得多。因为能看到乡野风光,能接触当地民众,了解到最原汁原味的各地风情,一路可以感受最立体的线条,最丰富的层次,最饱和的色彩……

行车中,最让人兴奋的是画满墙体的华为广告,沿途不断,满眼皆是。作为一个中国人,在异国他乡看到这么多中国企业的广告,那种心情,糅合着骄傲与思乡。中国人能为非洲经

沿途中国华为广告随处可见

济发展带去助力，这也是团结友谊的象征。

出行2个小时，来到一个叫纳布桑凯的小镇，汽车停下来，司机兼向导派推克说："这是赤道线，是乌干达的又一个景点。"这时我猛然想到，赤道横穿乌干达国土，乌干达是"赤道之国"。我当然要在这里踏访。

◀ 赤道线

赤道线上建有直径两米多的圆圈状纪念碑，旁边摆有一个漏斗供人们实验。漏斗装满水，若放置赤道线南边或北边，水流旋转方向会相反；放置在赤道线，水并不旋转，而是直流而下。

离开赤道线继续南下，窗外皆是大片大片的香蕉林，山上、山下，岗坡、沟梁，果实累累。乌干达是香蕉的主产区，路边道旁可见运香蕉的、拉香蕉的、卖香蕉的，简直成了香蕉的世界。行车中，顺便停下来买了一美元香蕉，哪知给了两大把，数了一下，竟有40多个，太便宜了。若买绿皮香蕉更便宜，5美元就能买一大串，这一串至少50公斤。

◀ 公路边的香蕉摊点

绿皮香蕉不能马上吃，是当地人通过加工作为粮食来食用的。

一路田园农舍，一路风光旖旎。经过马萨卡、姆巴拉拉、恩通加莫、鲁比里济等地，到达伊丽莎白国家公园已是星光满天。

颠簸了整整一天，已是腰酸腿胀。住地是森林中的公园宾馆，躺下后很快入睡，这一夜香甜无比。

次日，凌晨4点起床。派推克翻译说："观看动物的最佳时间是早晨，这个时间段是动物寻食的时候，尤其是狮群。"

汽车在无边无际的大森林中奔驰,夜幕中的树木、山梁、沟坡,模模糊糊,天边出现一道曙光。派推克向导介绍说:"这个伊丽莎白公园太大了,约有2000平方公里,相当于非洲科摩罗一个国家的面积。这里原来叫卡欣卡国家自然保护区,后来改作现在的名字。公园坐落于鲁文佐里山脉下,有600多种动物和鸟类,其中有狮子、大象、羚羊、水牛、河马、野猪等。"

汽车继续在森林中穿行,不断看到大象、羚羊在吃草,也有野猪在狂奔,还有猴子在路边懒洋洋蹲着……

大约行驶了一个多小时,前面出现一片草地。机灵的派推克翻译一边行车一边用望远镜观察,搜索动物的去向。突然,他把车一停,说:"狮子!狮子!"这时,我远远望去,一群狮子正在进食,口中是一只羚羊。可怜的羚羊!葬送在猛狮口里。"强食弱肉",我又一次领略了大自然中的必然法则。

在茫茫的森林、草原中,还观看了鸟类、爬行动物和大自然风光。之后,派推克向导引领我乘坐小船游览卡琴扎河。这条河连接爱德华湖和乔治湖,全长40公里。船儿在水中荡漾,一番水上风光别有洞天,尤其是河边色彩斑斓的飞鸟,各式各样,多姿多彩。

伊丽莎白国家公园,动物的世界令人惊叹不已……

卡欣卡自然保护区,大自然之美令人心旷神怡……

↑ 自然保护区的动物世界白鹤与河马

↑ 群鸟起飞

↓ 乌干达国旗上显示的珍贵国鸟皇冠鹤出现在河畔

↓ 蟒蛇

卢旺达:"千丘之国"的大屠杀

汽车离开乌干达,向着卢旺达(Rwanda)首都基加利(Kigali)行驶……

进入卢旺达境内,目光中的山丘如此之秀丽:光滑、平缓、绚亮。座座山丘"一"字排开,坡梁上层层梯田、道道水渠、片片庄稼,如一幅秀美河山,似一卷壮丽图画!

这就是卢旺达。山峦起伏,丘陵绵延,被誉为"千丘之国"。在全国面积2.63万平方公里国土上有2000多个山丘,大小不一,高低不同,且千姿百态富有诗意。伴随着汽车的行驶,从车窗向外望去,山丘变化无穷,有的圆而平滑似高脚馒头,有的昂首蓝天像骏马奔腾,有的俯冲向下如雄鹰展翅……风光美丽,景致无限!

▼ 汽车进入"千丘之国"卢旺达地界,馒头状山头座座相连

然而，就是这样一个风景如画的国家，曾经发生了一起震惊世界的大屠杀。

走进大屠杀纪念馆一片黑暗

屠杀场面惨不忍睹

派推克翻译憋闷了很长时间，终于开口介绍大屠杀的情况："1994年4月6日，卢旺达总统朱韦纳尔·哈比亚利马纳（胡图族）和布隆迪总统西普里安·恩塔里亚米拉乘坐的飞机在卢旺达首都基加利附近上空被击落，两位总统同时罹难。这一事件立即在卢旺达全国范围内引发了胡图族人针对图西族人的血腥报复。7日，由胡图族士兵组成的总统卫队杀害了卢旺达女总理、图西族人乌维林吉伊姆扎纳和3名部长。在当地媒体和电台的煽动下，此后3个月，先后有一百万人惨死在胡图族士兵、民兵、平民的枪支、弯刀和削尖的木棒之下，绝大部分受害者是图西族人。卢旺达全国八分之一的人口消失，另外还有25万至50万卢旺达妇女和女孩遭到强奸。"

一位黑人默默注视着死难者名单

这就是震撼世界的卢旺达大屠杀。

汽车在慢慢前进……

利用行车的空隙，派推克接着说，大屠杀有历史的原因。卢旺达共有两大民族，胡图族占总人口的85%，图西族占15%。本来，历史上两个民族是和睦的，有共同的语言、共同的信仰、共同的生活理念，而且通婚。自1890年德国人侵入后，殖民者便对少数的图西族人倍加厚爱，原因是图西族人是从北面移民而来，皮肤较白，身材高大，文明程度较高，与欧洲人种接近；而胡图族人则反之。于是德国人来后重用人口较少的图西族人，并选派图西族人与殖民者一起统治人口较多的胡图族人。而到比利时统治卢旺达后，更是推崇和利用图西族人，使两个民族的矛盾更加激化，不断发生冲突。

经过三个多小时的行驶，窗外，隐隐约约出现首都基加利的影子。只见远处的山丘上坐落着一座座高楼大厦，这个仅有20万人口的城市颇有现代化气息。随着汽车的盘转，城区越来越近，楼宇线越来越清晰。当穿过一座巨大的门楼，马路顿然变宽，4行笔直的棕榈树一直延伸到山顶。美哉，基加利山城！壮哉，卢旺达首都！只见城区散落着十几座山丘，坡梁相连，岗丘相接，森木茂盛，花草芳香，层层叠叠，铺展出一幅美丽的画卷。

▼ 信步绿意盎然的首都街道心旷神怡

派推克特意把车停下，让我静静地观赏。卢旺达首都处在国土中部高原，海拔1700米，四季如春，气候清爽，环境幽雅，被称为"非洲的避暑胜地"。

经过议会大厦，首先来到处在山坡上的大屠杀纪念馆，这里掩埋着20多万人的尸骨。纪念馆内分为展室、碑墙、墓地、会馆。展室为三层楼，有照片、实物、音频、资料。讲解员以悲痛的声音讲解着当年大屠杀的悲惨场面，令参观者震惊无比，潸然泪下！尤其看到被杀害时的照片，真是惨不忍睹！讲解员说："每天到这里吊念的国内外人士络绎不绝。"

在基加利，所去的第二站是卢旺达饭店，这是一座星级宾馆。在大屠杀的日子里，饭店经理保罗·路斯沙巴吉纳在这里挽救了1268名图西族难民。大屠杀之后，2004年一部好莱坞电影《卢旺达饭店》公映，随后在全世界引起震动，反响强烈。这部电影就是从这一饭店的场景拉开序幕的，描述了种族之间惨无

→ 目光中绿树掩映的国会大厦明快鲜亮

▽ 大屠杀时期的卢旺达饭店

▽ 维和军人被屠杀纪念地

⬆ 弹孔累累满目疮痍

人道的血腥屠杀。而这个"卢旺达饭店"也从此出了名，成为世人到卢旺达首都必去之地。

第三站是比利时遇难军人纪念馆。在卢旺达大屠杀的日子里，比利时的10名维和军人遭到杀害。事件发生后，比利时政府撤出了全部在卢旺达执勤的部队，并带走了所有武器。为纪念被害军人，在被害之地竖起10个立柱形石碑，旁边是遇害者所住的房屋，墙壁上弹孔斑斑，伤痕累累。

结束了卢旺达首都基加利的踏访，心情是沉重的！离开前去了中国驻卢旺达大使馆。使馆人员说，新上任的总统采取了一系列措施淡化大屠杀，消除民族之间的仇恨，废除身份证中关于"民族"的标识，以后不再提民族，大家是一个民族，都是卢旺达人。为了彻底翻掉耻辱的一页，给全世界以崭新的形象，政府决定在2020年前将首都之外的所有城市和街道改名字。如今卢旺达已走出恐怖，从内战大屠杀中浴火重生。

卢旺达血腥大屠杀，一个永远不能忘却的历史事件……

到原始森林探寻山地大猩猩

次日,我离开卢旺达首都,向西北行 107 公里,来到距离边境不远处的乌散滋恩市,去往卢旺达火山国家公园探秘山地大猩猩。

远远望去,酋长山像一个屏障屹立在蓝天之下,山前大片大片的白色花朵,煞是好看。

▽ 卢旺达火山国家公园酋长山下采摘药材的孩子们

火山国家公园就坐落于群山中，占地 130 平方公里，海拔 2400 米至 4500 米。这里最大的看点是世界上仅存的 880 只山地大猩猩。大猩猩是地球上现存的最大灵长类动物，主要分布在非洲。大猩猩是动物界的高智商者，与人的遗传基因几乎相同，有思想，有灵感，有活动能力，有似人的生活习性。非洲山地大猩猩主要生活在卢旺达、刚果（金）和乌干达交界的维鲁山脉和布温迪山脉中的原始森林，而这三个国家都把这里的原始森林划为国家森林公园。

 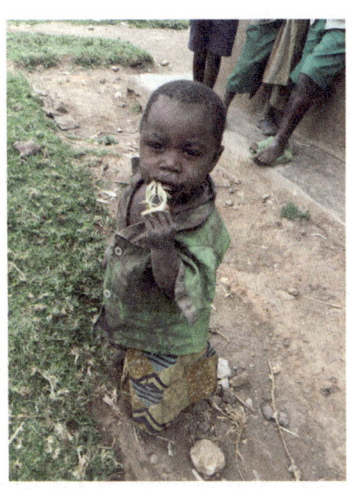 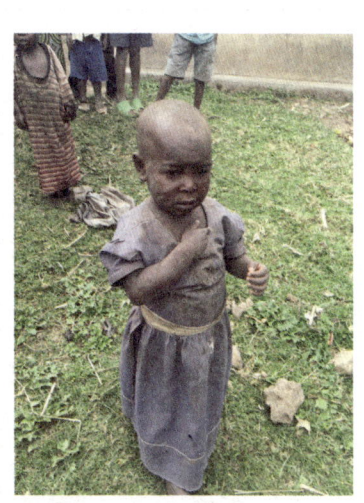

↑ 路经火山下俾格米人村寨，看到天真活泼的孩子们透来好奇的目光

想要一睹山地大猩猩，从卢旺达这一侧前去更为便捷。

从公园驻地要驱车半个多小时，再徒步两个多小时，才能真正到达山地大猩猩的栖居地，而且要承受高海拔的考验。这里是热带雨林，危险性很大，不过有向导带路，由持枪者护卫。

山势越来越陡，森林越来越密。脚下杂草丛生，树枝不断挡住视野，

→ 跟随探险队走进深山丛林，寻找山地大猩猩

根本没有道路。向导拿着砍刀一边走一边砍树，还一再提醒，要小心蛇的袭击。

突然，我闻到一股腥味，可能就是山地大猩猩的居住地了。向导说："一旦看见大猩猩，不要死盯，尤其不能和它们对视。猩猩如果认为会受到伤害，便会给猩猩王发出信号求救。"说完，在树丛中一个深洞中，我发现了3只猩猩，其中有一只小的。这时，向导小声说："如果看到猩猩捶胸发怒千万不能跑，赶紧蹲下来把头埋住。我的目光渐渐停留在猩猩健壮的身体上，看啊，看……它的胳膊比腿长，双臂伸展有2米之长，双脚更像人，身高足有1.8米，体重大概180公斤。"

⬇ 山地大猩猩首先发现了我们

见到山地猩猩的心情是激动的，同时又很刺激，可以和这些原始动物亲密接触，但决不能激怒它们，否则后果不堪设想。大猩猩是群居动物，分若干个家族，每个家族都有自己的领地，不能互相侵占。这里经常发生家族之间的冲突，展开你死我活的争斗，寸步不让，最后争得自己的地盘。

派推克说："每个大猩猩的领地都有自己的首领，这个首领是雄性，即称猩王。猩王是

⬆ 怒目相视

'一夫多妻'，若干个雌猩猩都有自己的孩子，统统由雄猩王保护。当有其他雄猩跟雌猩偷欢，一旦被猩王发现便进行殊斗，总有一方会战死。"

山地大猩猩正在减少，濒临灭绝。大猩猩的减少，主要是人类所为，人类

破坏了它们的家园。为了确保动物安全，公园旁有个伊地瓦处村落，专门向游人们讲解保护山地大猩猩、保护野生动物的重要性。在此，我还看了当地村民们的舞蹈演艺，宣传保护大猩猩的意义。

在火山国家公园附近，由派推克向导带领，还深入卡巴格鲁济村踏访。这是一个很穷的小山村，村民大都是"袖珍民族"俾格米人。不过，他们已经和外族人通婚，个子没那么矮了。据说，这些俾格米人原来就在附近的原始森林中生活，他们曾经与这里的山地大猩猩相伴。

穿过卡巴格鲁济村，我还深入提纳基村，采访了大卫一家。大卫是个医生，曾经专门研究大猩猩，比如进行大猩猩对疟疾、艾滋病等危害人类健康的恶性疾病及遗传基因研究，寻找病根和药方。他还对草药钟爱，并为当地人治病，受到人们的爱戴。

山地大猩猩是一种濒临灭绝的珍稀动物，它和人类十分接近。为此，保护环境，保护动物，刻不容缓！

← 走出火山公园看到当地人表演节目呼吁保护大猩猩

↑ 观看表演的人们融入到节目气氛之中

← 受"袖珍民族"俾格米人之邀参与表演保护大猩猩

布隆迪："山国无处不飞花"

　　汽车在崎岖的山丘上盘旋，向着布隆迪（Burundi）首都布琼布拉（Bujumbra）飞驶……如果说布琼布拉有"山城无处不飞花"之美誉；那么布隆迪就是"山国无处不飞花"……

　　沿途：万紫千红，山花烂漫……

　　窗外：层层梯田，道道山岗，湾湾谷地，绵绵丘陵……

　　布隆迪和卢旺达一样，是个"山丘之国"。

　　我是从卢旺达进入布隆迪境地的。司机兼翻译仍是派推克，这是他带我踏

▼ 进入"山丘之国"布隆迪，层层梯田挂在车窗外

访的最后一个国家。

布隆迪,这个与卢旺达相邻的国家,与卢旺达有着千丝万缕的关联,因为地缘的关系,他们有许许多多相近之处。布隆迪和卢旺达一样,有"山丘之国"称谓,而且土地面积、人口、信仰、气候、历史,乃至人种都相差不多,近乎一样。

伴随着汽车的飞驰,派推克解释说:"布隆迪和卢旺达一样的原因是过去同属一个国家,1959年两国分离,1962年两国分别获独立。布隆迪同样有胡图族人和图西族人,两大民族分别占全国总人口的85%和15%。可见图西族人数为少,但此族在历史上占统治地位,由此造成了两大民族之间的矛盾且不断恶化。1993年,布隆迪有史以来第一位胡图人当选总统,但不久总统便被暗杀,由此引起两族更大的冲突,互相屠杀致死者达20多万人,尤其是原来的图西族人被杀掉6万多人,仅剩5000人幸免于难。"

随着汽车的前进,派推克一边介绍一边感叹:"太恐怖了!布隆迪也有一段不可想象的历史,让人难以忘却。"这时,派推克不由自主地唱起国歌《亲爱的布隆迪》,歌声飘扬在高山丘陵。穿行在窗外美丽的田园风光中,他感伤地说:"美丽的祖国,再不要创伤!亲爱的布隆迪,要民族团结!"原来,派推克是布隆迪人。

车行一个多小时,我踏访一个村寨。这是一个很小的村庄,仅十多户人家。走在山路上,派推克翻译一再对我说:"不许谈论民族问题,不要问历史,更不能提昔日的冲突。"我点点头,示意听懂了。当走进山村,人们得知我是中国客人,一个个拍手欢迎,其中一人大喊:"CHINA!中国!CHINA!中国!"原来,中国赴布医疗队经常到这个村子就医看病,所以他们对中国人非常感谢,家家户户拿出香蕉、美酒相迎,让我深深感受到布隆迪人的热情和好客!

返回公路,继续向着首都布琼布拉前行。

高山、弯道、陡壁,行路难,尤其是骑自行车者更难。布隆迪经济并不发达,人们主要的交通工具是自行车。行车途中,我看到了布隆迪的一大怪事:汽车后面拖挂自行车!好壮观啊!

沿途骑自行车扒汽车者闪闪而过

看吧,沿途每辆载重汽车后面都拖挂一长串自行车,少者五六辆,多者十多辆,互相牵挂着飞奔!但这真的太危险了!一旦脱钩,后果是不可想象的……

又经过一段穿行,汽车进入布琼布拉城区。一眼望去,好一座花城:道旁、街心、房顶、路口,皆是盛开的鲜花,争芳斗艳,香气四溢,宛如一个大花园!真可谓"山城无处不飞花"啊!

布琼布拉这个27万人口的城市,在1890年之前是坦噶尼喀湖边的一个小村庄,名为乌松布拉。后来德国侵略中东非,把乌松布拉作为军事据点,慢慢发展起来。1962年独立时更为现名并作为首都,布琼布拉城区不大,东西长5公里,南北宽3公里,行进在鲜花铺就的街区,可见很多殖民时期建筑被保留下来,成为城市景观。

顺着宽敞的马路,派推克翻译把汽车停在大树掩映的街心公园,公园中央竖立着有联合国标识的白色方尖碑,派推克说:"这是联合国为加强民族团结维护和平而立的。这里也已经成为首都的一处风景,布隆迪近些年倍加重视人权。2015年10月,第70届联合国大会改选联合国人权理事会成员,布隆迪成功获选。"

沿马路继续前行,我来到市中央公园。公园矗立着布隆迪第一届总统的雕像,飘扬着布隆迪国旗。这里被布隆迪人奉为神圣之地,由多名持枪军警把守,不让人们靠近。

透过车窗感触"山城无处不飞花"

首都中心大道

联合国教科文组织所竖纪念碑

国家独立广场

在山城一座高坡上,布隆迪民族英雄鲁瓦加索尔王子及爱国志士长眠在此。竖立的英雄纪念碑由三个尖角拱门组成,高15米,成为当地人们瞻仰之地。

穿行布琼布拉,到处是持枪军警,气氛很紧张。按照行程,计划参观国会大厦和总统府。然而,快要靠近目的地时,街道上出现很多路障,一群军警把守着,示意我们赶快离开。为何当地局势这样紧张?派推克介绍:"2015年4月,因恩库伦齐扎总统寻求连任第三个任期遭反对党反对,从此布隆迪局势开始动荡,骚乱一直没有停止,不断爆发武装袭击……"

烈士陵园

之后,我来到建在绿树丛中的露天国家博物馆。博物馆恰似一个大公园,很特别,馆中有园,园中有馆,分着好几个区域,有野生动物馆、珍禽鸟类馆、

探险纪念石

历史陈列馆、草房民居馆等。在这里参观,反而对鳄鱼、蛇、猩猩、黑熊等产生了兴趣。没有想到,这样一个小小的国家,创新的博物馆成为吸引国内外人士的一大看点。

而布隆迪更有看点的是"探险石"。派推克翻译带我驱车来到布琼布拉郊外的沫改河畔,河边有一块巨大岩石,少说也有10吨重。派推克说:"就是这块岩石,记述了昔日英国两位探险家不期而遇,同时到达这块石头前,同时发现了这块宝地。巨石上,刻有两位探险家斯坦利和利文斯顿的名字,这是后人为了纪念他们刻上的。"现在,布隆迪以"探险纪念石"为景点向外推介。

夜幕降临。我返回市区,下榻的宾馆坐落于坦噶尼喀湖畔。坦噶尼喀湖是非洲中部的一个淡水湖,是世界第二深湖、世界第6大湖。入夜,站在湖边,那失去光影的水色渐渐暗淡,进入梦乡……

布隆迪——这个"山丘之国"的夜晚是那样的静谧安怡……

布琼布拉——坦噶尼喀湖畔的首都灯火阑珊又充满着活力……

温馨提示

东非多半国家临红海及印度洋,有东非大裂谷穿越。东非旅游最热门的是去肯尼亚和坦桑尼亚看动物世界,埃塞俄比亚也是旅游的好去处。而最危险、最不安全的是索马里,没有做好充分的准备,你最好不要贸然前去。签证除索马里外,其他几个国家都不难。埃塞俄比亚首都亚的斯亚贝巴是联合国非洲总部和非洲联盟总部所在地,有飞向非洲各国的航线。北京每天都有飞向这个城市的飞机,然后可从此地转机到其他国家。至于吃住和活动,东非国家有很多华人及华人机构,当地人对华人也很热情。东非最大的看点是每年夏季的动物大迁徙,非常壮观!

第三章 西非
国家最密集纷呈的区域

　　"沙漠之国""花生之国""矿产之国"……一个国家稠密之地;"热带水乡""象牙海岸""鳄鱼之都"……一个国度纷呈区域;这就是西非!

　　西非,包括西撒哈拉、毛里塔尼亚、塞内加尔、冈比亚、马里、布基纳法索、几内亚、几内亚比绍、塞拉利昂、利比里亚、科特迪瓦、加纳、多哥、贝宁、尼日尔、尼日利亚,共15个国家和一个地区,充实着浓郁纷杂的地方特色,其中有璀璨的玫瑰湖,神秘的石圈阵,望而生畏的悬崖山寨,著名的黄金、奴隶、象牙"三大海岸",诡异的巫毒教,毛骨悚然的蟒蛇庙……

西撒哈拉：追踪大漠中三毛的足迹

荒漠、荒丘、荒地，无边无际……

沙风、沙滩、沙海，无沿无尽……

这就是世界第一大沙漠——撒哈拉沙漠！

踏行在世界第一大漠，感受它的苍凉、悲壮……

跋涉于世界第一大漠，体验它的广阔、无垠……

这曾是著名作家三毛流浪之地、

▶ 飞机穿越撒哈拉沙漠上空向西撒哈拉航行

▼ 从飞机上俯视西撒哈拉首府阿尤恩小城

留恋之处……

撒哈拉沙漠,一个令世人敬畏之地!仰慕之地!追寻之地!

我是乘飞机进入西撒哈拉的。这是我踏访西非的第一个落脚点。

乍一听"西撒哈拉",或许有人不大熟悉,它是非洲一个属地,处在撒哈拉沙漠的范围,位于撒哈拉沙漠的西部,与摩洛哥、毛里塔尼亚、阿尔及利亚相邻,总面积约26.6万平方公里、人口27万。

西撒哈拉是一个有争议地区,摩洛哥声明对该地区拥有主权,实际控制四分之三面积。而当地西撒哈拉人民解放阵线要求独立,实际控制该地区以东四分之一的荒芜地区,名为"阿拉伯撒哈拉民主共和国"。

存在争议是历史造成的。西撒哈拉历史上曾为西班牙殖民地。1975年西班牙宣布撤离西撒哈拉并同摩洛哥和毛里塔尼亚分别签署分治协议,而阿尔及利亚则支持西撒哈拉人民解放阵线的独立要求,各方为此曾多次发生武装冲突。联合国曾多次调解,但没有结果。

西撒哈拉本是一片大美的沙漠地带,公元7世纪前柏柏尔人在此居住,后来阿拉伯人进入该地区,他们世世代代居住在这里,过着日出而作、日落而息的生活。当年中国台湾作家三毛曾在西撒哈拉驻足,创作了《哭泣的骆驼》《撒哈拉的故事》《沙漠观浴记》等作品,尤其是她在沙漠中的《白手成家》,把僻远荒凉、简陋破旧的小屋,布置成令人陶醉的温暖之国,深受众多读者欢迎。后来的战乱,使得撒哈拉被分裂得支离破碎。

走进西撒哈拉最大的城市阿尤恩,这是由摩洛哥控制的地区,它曾是西撒哈拉的都城,现在变成首府。目前该市共有13万人,有机场、邮局、学校、法院、西班牙风格的教堂、伊斯兰教皇宫城堡和政府办公机构。

▼ 走在西撒哈拉首府阿尤恩小城,满街穿长袍的女人煞是惹眼

大街上，大都是身穿长袍的阿拉伯人，也有欧洲的人。最醒目的是当地撒哈拉少女的装束，她们用一条很长的纱巾包裹住全身，异常美丽。商店、摊位较为清冷，购货者寥寥无几。城南有一个磷酸盐矿厂，曾是三毛的先生荷西工作的地方。

阿尤恩市有两条主要街道，一条是穆罕默德五世大道，以摩洛哥国王的名字命名，为最繁华的街道；一条是哈桑二世大道，以穆罕默德五世的儿子命名。

顺着穆罕默德五世大道来到阿尤恩市最著名的国家旅馆，其围墙为土黄色，前厅为绿色大理石地面，廊柱、墙面壁画雕刻古旧。这是当时西班牙政府直属的最豪华的四星级酒店，被誉为《一千零一夜》的翻版。据悉，国家旅馆曾是"伊斯兰教皇宫城堡"，为全城最古老的建筑。当年三毛经常光顾这里，做客、请人吃饭等大都在这里进行。

当年三毛经常光顾的国家旅馆曾是皇宫

旅馆大堂经理见我是中国来客，非常热情，给我端来薄荷茶饮。对于撒哈拉地区的人来说，茶和爱情连在一起。大堂经理说："撒哈拉人对客人敬茶分别代表祝福、忠告和提示：祝福爱情如蜜一样甜，忠告生活如薄荷一样苦涩，提示死亡如荒漠一样无情。"经理话头一转，接着说："三毛和荷西每个星期都把打来的鱼送到这里来加工，晚上饱餐一顿。"

三毛的居住地在 NAKIB 大街，原来叫金河大道、卡泰罗尼亚大街。我沿街而行，走至44号，见到一座淡黄色二层楼房，这便是三毛曾经的居所。推开房门，看到走廊、客厅、地毯、柜台。屋内最吸引人的是天花板上的望天窗，三毛在书中写到，原本是屋顶的大方洞被荷西巧手盖上。现在这里住有一家4口人，他们热情地接待了我，并讲述了三毛在这里居住的情况。

其实，三毛还有一处住地。我在一位老者的带领下，终于找到三毛的另一住处，奇怪的是门牌同为44号。三毛的邻居是一位80多岁的老大爷，他见证了三毛当年在这里居住、生活的情况，并讲述给我听。我在门旁看到一个铁牌，上面写有三毛的出生和去世年代。我本想进房看看，但大门紧锁，老大爷说："现房主已搬到西班牙，屋内空无一人。"

在阿尤恩市，我还去了三毛经常去往的邮局，就是这个小小的邮局，成为三毛传递书稿的"信鸽"，她的手稿几乎天天从这里寄出。

三毛故居现住户全家在门口热情迎接客人的到来

在三毛最早居住地听取邻居老人回忆他同三毛交往的情节

在这座旧法院二楼留下了三毛和荷西领取结婚证的足迹

三毛和荷西举行婚礼的教堂依然存在

第三章　西非：国家最密集纷呈的区域 | 197

三毛领取结婚证之地为法院楼，处在市中心哈桑二世花园旁边。三毛和荷西是在二楼进行结婚登记的。昔日的法院已经废除，旧楼依然仁立。

我从旧法院出来，穿过哈桑二世花园即是教堂，三毛和荷西就是在这一教堂举行婚礼的。

三毛原名陈平，1943 年出生，浙江省定海县人，曾留学欧洲，1973 年与荷西结婚定居西撒哈拉，1981 年回台后任教，1991 年去世。

西撒哈拉还有两座城镇，一个是达赫拉，位于中部大西洋海岸，原是一个渔港，约有 2 万多人。另一个处在北部，为斯马拉，约有 8000 人，被称作是"伊斯兰圣城"。

西撒哈拉尽管有争议，但这里是一个神秘美妙的地方。"西撒哈拉"顾名思义，得名一是处于撒哈拉沙漠，二是处在撒哈拉沙漠西部的始端。

走在西撒哈拉境地，亲临撒哈拉大漠！是刺激也是享受，更是心灵得到净化的纯美和安然！那绵绵起伏的沙丘，那道道延伸的沙梁，那弯弯曲曲的沙谷，满眼是沙的世界、沙的海洋、沙的天地……人，骤然显得那么渺小；驼队，显得那么纤弱；飞鸟，显得那么孤单。茫茫沙海，仿佛时间已经凝滞……

撒哈拉大漠是世界第一大沙漠，西从大西洋沿岸开始，东至红海，北到地中海，南到苏丹和尼日尔河河谷，东西长 5600 公里，南北宽 1600 公里，总面积约 906 万平方公里，横贯非洲大陆北部，约占非洲总面积的三分之一。"撒哈拉"是阿拉伯语的音译，意为"大沙漠"。撒哈拉沙漠将非洲大陆分割为两部分，北部非洲和南部非洲。

在撒哈拉沙漠中，分布着毛里塔尼亚、马里、阿尔及尔亚、尼日尔、突尼斯、乍得、埃及、苏丹、利比亚 9 个国家和西撒哈拉一个地区。

撒哈拉，因世界第一大沙漠而显赫全球……

撒哈拉，因三毛的沙漠故事而更加神秘、令人向往……

毛里塔尼亚："沙漠之国"中的"沙漠之都"

茫茫撒哈拉，滚滚沙浪飞……

汽车在大漠中一路向南，我离开西撒哈拉朝着毛里塔尼亚境地行进……

一路沙漠一路歌。旷野中的龙卷风卷起十几米高的蘑菇状沙尘在大漠中急速旋转……

⬇ 进入被沙漠包围的毛里塔尼亚首都努瓦克肖特

⬇ 穿越世界第一大沙漠茫茫撒哈拉沙漠去往毛里塔尼亚

经过长途跋涉，终于走进毛里塔尼亚国土，目光中仍是无边无际的大漠。

去往毛里塔尼亚（Mauritania）首都努瓦克肖特（Nouakchott）的路上，风沙简直要把汽车掀翻，尘土像云雾一样漫天飞舞，弥漫着大地……

这就是"沙漠之国"毛里塔尼亚，面积103万平方公里的国土，其中三分之二被苍茫的撒哈拉大漠所覆盖。

几经狂奔，最后来到努瓦克肖特，然而首都也没有逃脱沙漠的笼罩，四周被大漠紧紧包围，尽管它距离大西洋仅有5公里之近，却被沿海的大沙丘隔开，对于大海只能隔丘相望，而不能享受滨海的旖旎风光。首都坐落于典型的沙漠地带，如果该国被称为"沙漠之国"，那么首都就是"沙漠之都"。

"毛里塔尼亚是典型的阿拉伯世界，官方语言为阿拉伯语，96%的居民信奉伊斯兰教。其实，毛里塔尼亚最早的原住民是巴福尔黑人，自公元7世纪开始阿拉伯人涌入，全国336万人中一部分为白摩尔人即阿拉伯人与柏柏尔人的混血人，一部分为非洲黑人，信伊斯兰教者占主导地位。"这是我的贴身翻译默哈默德的介绍，他曾在中国留过学，其舅舅在该国外交部工作。

汽车进入市区，仍见几座大沙丘坐落在居民区，三三两两穿阿拉伯服装戴着头巾的人士提着水筒从沙丘前走过，满脸沙土，遍身沙尘，成为地地道道从沙漠中走出来的人。

努瓦克肖特原来是沙漠中的一个村落，仅200人，村民以打渔为生，1957年定为首都时国家首届政府还在帐篷内办公。经过发展，目前成为拥有80万人的城市。

进入市区后，我首先参观了中国援建的国家博物馆，馆

黄昏中的中心大道清真寺

内展出了毛里塔尼亚出土的文物，展示着毛国的发展史。公元前2世纪，这里曾是罗马帝国的领地。公元3世纪，柏柏尔人南移征服了这里的黑人部落。1035年伊斯兰教传入并建立了阿尔穆拉比特王朝。15世纪初，葡萄牙、西班牙、荷兰、法国先后入侵。1960年宣布独立。

从博物馆出来后造访了这里著名的鱼市场。鱼市场紧靠海边，占地5平方公里。走进人头攒动的市场，各种各样的海鱼展示在柜台上，大的有一米多长，小的按筐出售，扑鼻的鱼腥味飘出数公里之外。默说："这个鱼市场在西非国家中是最大的，鱼贩从这购买的鱼冷冻后销往很多国家，包括欧洲市场。"

太阳西沉，披着晚霞，我来到最繁华的市中心大道，路边拔地而起的国家银行是中国援建，大道旁边是一个农贸市场，很多人聚集在这里买卖商品，很是热闹。沿着中心大道一直前行，最后来到著名的马德里广场。马德里广场的闻名源自广场中央的雕刻，非常艺术化。翻译默哈默德说："来到毛国首都不看马德里广场，等于没有来过毛里塔尼亚。"

著名的鱼市场

落日下的海边渔港等待渔船归来的人们

努瓦克肖特市区，外交部大楼、议会大厦、总统府、石油大楼建造得都很具气魄，这些都是中国援建的。

是夜，在默哈默德带领下走进帐篷看了一场非常精彩的当地民族表演，默哈默德说："帐篷，在毛里塔尼亚人们心目中有非常重要的地位，这是一个传统

⬆ 帐篷被当地人视为招待客人和观看表演节目的最好场所

的游牧国家,牧民最喜欢居住在散热迅速、凉爽宜人的帐篷内。在这个国家,即使富人也喜欢在院内或郊外搭建帐篷。当地人在帐篷内招待贵客被视为文雅之举,就连国家元首一年一度的国庆宴会也在帐篷内举行,这是国人的习惯。"

　　民族表演一直进行到深夜……

　　歌声,飞出帐篷,在首都上空萦绕飘扬……

　　木鼓,击透毡房,传向撒哈拉大漠深处……

去撒哈拉沙漠腹地看欣盖提古城

　　清晨，当东方出现第一束曙光之时，我便从毛里塔尼亚首都出发，去往东北部 600 多公里之外的欣盖提古城。

　　汽车刚出城就淹没在大漠中，消失在茫茫的撒哈拉地平线上，向着欣盖提飞驶⋯⋯

　　欣盖提古城被称为"伊斯兰教第七大圣城"，1996 年被联合国教科文组织列入世界文化遗产。

↑ 穿越撒哈拉沙漠去往欣盖提的路上

人们常说"不到撒哈拉就不算到过非洲"。欣盖提古城就地处撒哈拉沙漠腹地,是观光撒哈拉大漠的好去处。

伴随着汽车的前进,窗外不断变换着场景,一会儿闯进野骆驼,一会儿跑过野兔子,一会儿奔来野群羊……唯一不变的是那笔直的沙漠公路和盖着大漠的蓝天……

柳暗花明又一村,到达沙漠绿洲

汽车驶出 250 公里,到达一个叫阿克如特的地方后改道右行,进入 Tergit oasis 绿洲,这是毛里塔尼亚最漂亮的沙漠绿洲,沙沟里长满了高大的绿树,坡梁上披满了绿油油的草甸,一条碧波荡漾的潺潺泉水哗啦啦流经丛林,一只只小鸟翩翩飞舞,真是一处世外桃源啊!尤其是在这广阔的大漠中,出现这样一片绿洲,顿感心旷神怡……

驶出绿洲,汽车又继续向东北行进,大地越来越荒凉,沙丘越来越大,荒漠越来越明显。

汽车在驰骋,与骆驼赛跑,和飞云比快……

伴着沙浪,随着沙风,大漠中间或出现星星点点的毡房、帐篷和茅屋,那是牧民的住地,依稀可见穿长袍的妇女走过,又见卖瓜的老翁守在路边,与大

沙漠深处有人家

漠相衬，一切显得太过渺小。

汽车又驶出180公里，到达阿塔尔市，这是阿德拉尔省的首府，处在撒哈拉沙漠的腹地。阿德拉尔地区是毛里塔尼亚的灵魂所在地，被誉为"毛里塔尼亚王冠上的明珠"，因为著名的欣盖提古城就在此地区。

阿塔尔市不是很大，只有上万人，中心广场是最繁华的地带，集满了南来北往的人群，成了沙漠腹地最大的交易市场。我走在一个个摊点前，只见当地淳朴的牧民有的卖奶酪，有的卖沙枣，有的卖皮货，都出产自沙漠。

在翻译默哈默德带领下，我还到阿塔尔郊外参观了一处古代城郭遗址，走进牧民村寨草房帐篷造访。

午餐是在阿塔尔解决的，简单吃过后继续赶路。屈指算来，我已走出430公里，耗费6个多小时，距离目的地已不是很远了。

▽ 途中走进帐篷看羊皮盛水器

汽车又上路了，沿着沙漠公路，穿过座座沙丘，迎着阵阵沙风，卷着片片沙尘……没有树木，没有草滩，没有人烟，广阔的沙漠凝固了，仿佛置身于荒芜的月球之上……

在沙漠腹地，在大漠路边，有时会看到当地人在出售"沙漠石花"，引起我的兴趣。我拿起来欣赏，这种深埋在沙漠深处的石花很像是玫瑰。默哈默德讲："这里原来是海，是盐性水加压形成，石花实际是一种化石，是森林、草原沙化、湖泊干涸所成。"

一个小时过去，经过一个漂亮的峡谷……

又一个小时过去了，途经一个被沙漠淹没的村庄……

当经过"撒哈拉之眼"时，沙漠变化成道道壕沟，"眼"的形状慢慢出来，

▽ 俯瞰"撒哈拉之眼"

终于到达坐落清真寺的欣盖提

大的环沟呈现在面前。"撒哈拉之眼"被称为"理查特结构",位于撒哈拉沙漠西南部毛里塔尼亚境内,直径达48公里。从此地乘小飞机可俯瞰大致形状,而从太空看更为清晰。这个如眼睛一样的坑起初被认为是陨石碰撞所致,而科学家认为可能是地壳升降或侵蚀的原因。众说纷纭,成为谜团。

时针指向下午3点钟,终于到达欣盖提,展现在面前的是被沙漠侵吞的古城。

踩着厚厚的沙尘,踏着散落的石砾,走进欣盖提古城。街巷胡同遍地全是沙漠,早已不见道路的印痕,有的院落露出半截墙体,有的房子坍塌在沙窝中,有的屋顶已完全被沙漠淹没,没有了一点踪影……因为古城坐落在一个斜坡上,还有不少半埋的房屋、街道、院墙,依然保持当年的风貌,展示着古城过去的风采和辉煌。

最著名的清真寺是古城的地标,幸运的是没有遭到黄沙的侵袭,被完整地保存下来。这座上千年前建成的古建筑,正方形尖塔由干石砌成,镶有鸵鸟蛋。这座清真寺虽然不大,却是毛里塔尼亚最古老最著名的建筑,有很多外国人尤其是伊斯兰教徒,为了目睹和膜拜这座古清真寺,不远万里来此祈祷。欣盖提被牧民称为"世界第七大伊斯兰教圣地""毛里塔尼亚的灵魂",原因就在于这座清真寺。

古城已是沙进人退

沙浪吞噬房屋倒塌

在清真寺前,我询问欣盖提的历史渊源。一位年长者说:"欣盖提古城始建于公元11世纪,地处山谷边缘和撒哈拉沙漠的贸易古道上,是当时的沙漠重镇,同样也是伊斯兰教的传播中心。"

离开清真寺,继续在狭窄的街道上踏访。我看到房屋都是用灰泥块砌成,从倒塌的住宅残垣可以看出,建筑原料都是木头、柴草和瓦砾。目前整个古城内并没有多少住户,有的还在搬迁中。

欣盖提的夜是宁静的,只有远处风声啸啸……

撒哈拉月光是明亮的,映照着无垠的大漠……

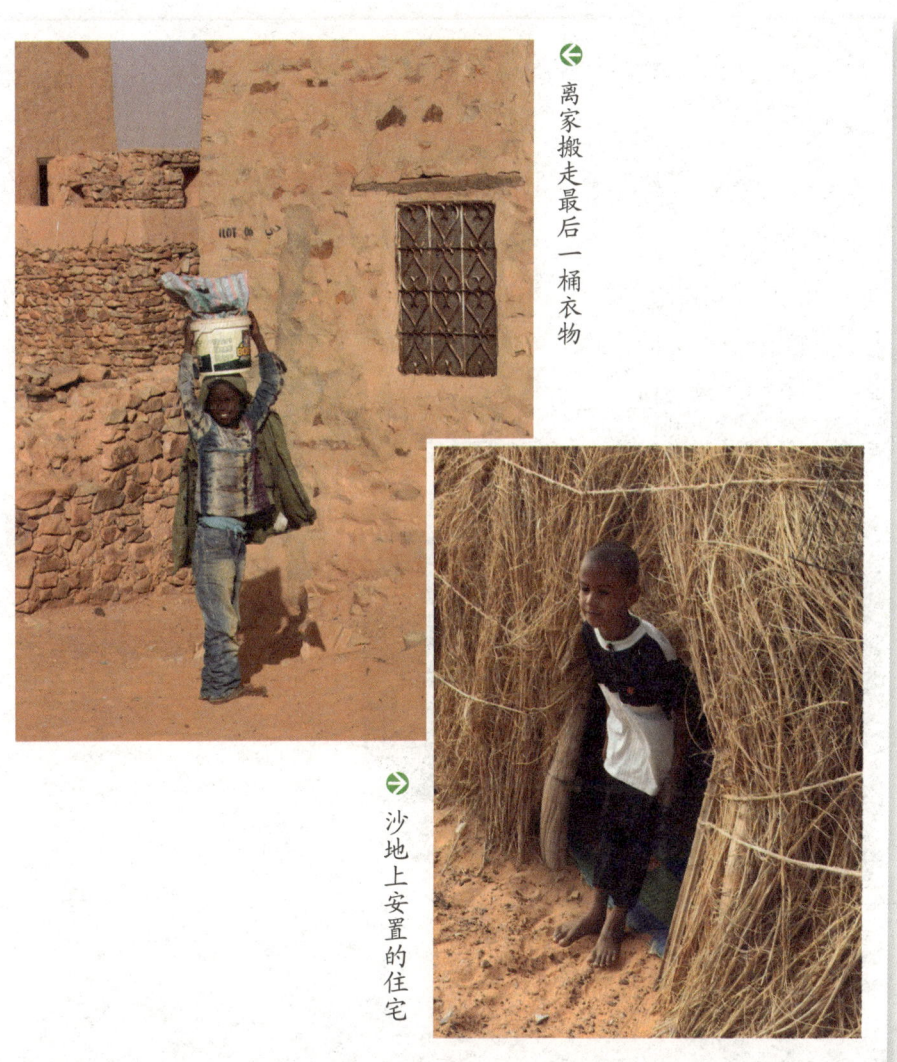

← 离家搬走最后一桶衣物

→ 沙地上安置的住宅

塞内加尔:"非洲凸出最西端之国"

汽车一路甩开月亮,向着晨光飞驶。这是一次艰难的旅行,这是一次长途的跋涉……

清晨4点,我从毛里塔尼亚出发前往塞内加尔(Senegal)首都达喀尔(Dakar)市……

塞内加尔,得名于塞内加尔河,位于塞内加尔河的南部,以河为界与毛里塔尼亚接壤。在非洲地图中,在非洲最西端、被誉为"非洲凸出最西端之国"即为这个国家。塞内加尔还有一个标识是境内有一块飞地冈比亚,被塞内加尔夹击。塞国拥有19.6万平方公里的国土面积、1200多万人口。

⬇ 塞内加尔"凸出端"等待出航的渔船

尽管这是一个不太出名的小国家,但塞内加尔却是一个以生产花生而闻名于世的国家,是世界第一大花生出口国,因此有了"花生之国"的美誉。

塞内加尔同毛里塔尼亚一样,是一个信奉伊斯兰教的国家,有94%的居民为伊斯兰教徒,这与它的历史分不开。公元10世纪,图库列尔人在这里建立泰克鲁王国,11世纪伊斯兰教传入并扩大至全境。

身边的翻译说:"塞内加尔有两大看点,一是玫瑰湖,二是戈雷岛,其中戈雷岛被列为世界文化遗产。"

汽车在广袤的旷野中疾驶……

先是大漠,接着沙滩,后来戈壁……

伴随着汽车的前进,大地由沙漠变成绿野……

一棵棵又粗又圆的面包树,一片片绿油油的庄稼地,一池池清澈明亮的湖水,一群群身着异服的村民,一辆辆拉着木柴的牛车……

一个个场景像电影一样在目光中展开……

汽车继续在大地上驰奔……

窗外,出现一派田园风光……

汽车经过长时间的飞奔,绕行到著名的玫瑰湖,又是一番别具特色的湖光水色。眼前的湖面居然呈粉红色,真是太奇妙了!帆船在水上行舟,荡起粉红色的波浪。为什么湖水呈粉红色呢?湖边一位运盐的当地人告诉我:"湖中生长

▽ 泛舟玫瑰湖

着一种粉红色的嗜极菌生物，湖水才产生了玫瑰般的颜色。"玫瑰湖离首都30公里，因湖水为玫瑰色而得名。

又经过半个多小时的行程，下午3点多钟进入拥有250万人的首都达喀尔市区，映入眼帘的第一建筑是"毛泽东体育馆"。陪同踏访的翻译说："非洲人民对毛泽东很有感情，他对非洲的支持很大，尤其他支持非洲人民的独立解放事业，在非洲人民心中扎下了很深的根。在当地只要提到毛泽东，人们就会伸出大拇指夸赞。而用毛泽东命名体育馆，也是一种纪念方式。"

汽车沿海边绕过一处建有灯塔的山头，停在独立纪念碑前。纪念碑又称"非洲复兴碑"，是整个塞内加尔国家的象征，是首都达喀尔的地标，坐落在一个山顶上，与灯塔山遥相呼应。沿石阶而上，层层叠叠，足足爬了十分钟才到达顶巅。近距离仰视，纪念碑更加雄伟，碑顶的雕像是一位抱小孩子的男士和一名妇女，

独立纪念碑

奴隶解放纪念墙

毛泽东体育馆

象征着独立、解放和自由。雕像中的男士重 100 吨,女士重 60 吨,小孩重 20 吨,全部用铜浇制。

沿着海岸线过瓦达姆清真寺、自由纪念碑、大清真寺、国会大厦、总统府进入市区。中心广场是全城最繁华、最热闹的地带,这里聚集了很多的人,叫卖的、表演的、说唱的,气氛热烈。广场周围分别有市政厅、商务部、外交部等国家办公大楼,旁边还有老火车站。

首都达喀尔,面朝大西洋海岸,是通向欧洲的贸易启运点,有着得天独厚的地理优势。这里是西非商业、金融中心,是西非货币联盟和西非国家银行总部所在地。

傍晚,来到"西非之角",又称"非洲之角"。我站在海边大片乱石的一个端点,向大西洋眺望。远处,波涛汹涌,浪声震天……

塞内加尔!这里就是"非洲凸出最西端之国"……

总统府

生命之源雕塑

老火车站

踏浪戈雷岛探访贩卖黑奴遗址

开船了！迎着大西洋的爽风，劈开大西洋的海面，沐浴大西洋的浪花，向着戈雷岛劈波斩浪……

戈雷岛是塞内加尔最大的看点，处在首都达喀尔西部海域2公里的大西洋海面上。1978年，戈雷岛被联合国教科文组织列入世界文化遗产。

"不去戈雷岛等于没有到塞内加尔"，这是当地人说的。

伴随着汽笛的鸣叫，戈雷岛出现在目光中，那是一个很小的岛屿，南北长900米、东西宽300米，与达喀尔隔海相望，总面积仅为0.182平方公里，岛上只有1000人。

戈雷岛越来越近，岛上最明显的建筑是圆形城堡，呈暗红色。翻译对我

⬇ 眺望关押奴隶的戈雷岛

↑ 圆形奴隶堡

说:"那是岛上的地标,很多宣传画和广告牌都用它做标识,一目了然就知道是戈雷岛。"翻译告诉我:"圆形城堡始建于1780年,是一个法非混血商人建立的奴隶城堡,是贩卖黑奴的一个据点,现在已改作博物馆,展出当年贩卖奴隶的照片和实物,让人不要忘记那段贩卖黑奴的血泪史。"

谈到"法非"混血人,翻译说:"塞内加尔有很多法国人和非洲人通婚者,这是历史造成的。塞内加尔从1864年沦为法国殖民地,经过上百年的法国统治,法非混血人越来越多。"

渡船靠岸了。走上戈雷岛,第一眼看到的是一对男女黑人奴隶挣脱铁锁链的雕像,这是戈雷岛最著名的一座雕像,也是最重要的景点之一。在这里,人们排起了长队,就是为了一张与黑奴解放雕像合影的照片。

奴隶集中营是戈雷岛的核心,它

→ 奴隶解放纪念雕像

第三章 西非:国家最密集纷呈的区域 | 213

⬆ 走出关押奴隶的集中营牢房

⬆ 岛上居民

和圆形城堡一样，也是贩卖黑奴之地，现在也开辟成博物馆。不过，奴隶集中营建得要比圆形城堡早得多，贩卖奴隶的量大得多；但是它比不上圆形城堡的建筑规模和气势，仅仅是一些非常普通的牢房。

奴隶集中营是一处红色二层楼建筑，坐落于海边，面向大西洋。走进一层，这分明是地牢，一排极为黑暗的小屋列于其间，这曾是关押黑人之地。地牢按性别分男奴屋、女奴屋，房间有大有小，非常潮湿。黑奴们就是先集中在这里，被贩卖后整船运向大海转到其他地方。

院落中，有一个宣传栏，上面有文字这样描述：戈雷岛的历史是从这里的黑奴贸易开始的，它因黑奴交易闻名于世。这里是欧洲殖民者最早涉足的非洲据点之一，其时间要推移到1444年，葡萄牙人最早来到此地，之后荷兰人到达，1664年被英国人占领，1677年法国人又一直控制到1960年塞国独立。法国人统治的时期，是戈雷岛贩卖奴隶的鼎盛时期。

在戈雷岛，我还穿街走巷踏访了当地百姓，了解了当年黑奴贩卖的情况，之后又去了炮台广场、圆形城堡、小教堂等地。

戈雷岛，欧洲人在西非最早开拓的殖民点之一。

戈雷岛，记述了一段非洲黑人不堪回首的血泪史……

↑ 岛上人家

冈比亚：神秘莫测的石圈阵

提到冈比亚(Gambia)，或许有些人并不了解，它是非洲最小的国家之一。打开世界地图，在邻近大西洋的西部非洲，有一条像刀砍出的缝隙，横贴在冈比亚河上，又像一条毛毛虫被塞内加尔紧紧包围，那就是冈比亚，一个极为狭长的条状平原镶嵌在塞内加尔境内，成为一块飞地，东西长约350公里、南北宽约75公里，面积一万多平方公里、人口180万。2006年，冈比亚石圈被联合国教科文组织列入世界文化遗产。

我是乘汽车从塞内加尔进入冈比亚境内的。

冈比亚是以冈比亚河命名的。

汽车刚刚进入首都班珠尔(Banjul)，便见一座蓝色玻璃外墙筑起的高楼拔地而起，醒目而雄伟地伫立眼前。这是中国援建的石油大楼，为全市的最高建筑。

进入首都班珠尔街道，尽管城区仅3万多人，但给人的感觉却很繁华，特

进入冈比亚境地

冈比亚首都班珠尔市区突见"中国著名商标"的宣传品

别是经过一处商业区，人山人海，车水马龙。让人奇怪的是，在人群中竟然有许多市民列长队举着写有汉字的"李金斗"牌子做宣传，引不少围观者拥来观看。

通过商业区，我来到国家博物馆，馆内展出了冈比亚的历史进程。公元前5世纪欧洲一位探险家发现冈比亚。公元9世纪阿拉伯商人首次记录了该国的情况。15世纪起西方殖民者葡萄牙、荷兰、英国、法国相断入侵。1783年沦为英国殖民地。1965年宣布独立。

"班珠尔"在当地语中意为"竹子岛"，坐落于班珠尔岛，冈比亚河在此汇入大西洋。

班珠尔的地标建筑是拱门。当我来到这里，仰视这座宏伟的拱门很是感叹！拱门呈浅黄色，高35米，为两层建筑，是为纪念班珠尔发生政变而建造的。1994年7月22日，冈比亚发生军事政变，贾瓦拉政府被推翻，国家领导人换人，后将国家改称为"冈比亚伊斯兰共和国"，这是非洲继毛里塔尼亚后的第二个伊斯兰共和国。

拱门下是独立大街，在这条主街上有阅兵观礼台、国会大厦、总统府。我在首都还踏访了艾伯特集市、蜡染厂和一个渔村等。

冈比亚虽然是一个很小的国家，但它的世界文化遗产——冈比亚石圈很神秘。到冈比亚，不去看石圈遗址会留下终生遗憾。

从班珠尔市出发，经过半个多小时车程，来到冈比亚河边。接着乘渡船过

独立大街

拱门

检阅台

← 国会大厦

河到达彼岸,然后乘汽车沿冈比亚河东行。奔驰在绿色的原野上,沿途各式各样的面包树、别具风采的冈比亚人、绿树丛中的农舍,从窗外一扫而过……

经过三个多小时的车程,离开首都325公里,来到一个叫苏瓦的地方。汽车一头钻进密林中,穿过一人多高的草丛,眼前突然出现一片乱石柱,那就是闻名于世的冈比亚石圈。旁边竖立着一个世界文化遗产牌子,一眼即可辨认。

↑ 世界遗产标牌下的儿童们

站在遍地都是乱石柱的石林旁边,一下子就被这宏伟的场景震撼了!石林中,最高的石柱少说也有5米之长,足有10多吨重。石柱有高、有低,有大、有小,有长、有短,

↓ 石圈

218 | 去非洲

有粗、有细、有立、有躺，铺排在原野草地上。说是乱石堆，其实细看并不乱，每堆石头都排列有序，大致排成一个圆圈，每一圈所立石柱 10 根左右，最多的 24 根。太奇妙了！这些石圈已在此耸立了上千年，日月星辰变幻，风吹日晒磨砺，述说着沧桑的历史……

石圈！简直是人间奇迹！

守护在这里的一位工作人员介绍："像这样的石圈沿冈比亚河 350 公里长、100 公里宽的地带集中着 1000 多座，共有 4 组巨型石圈，这 4 组巨型石圈又涵盖 93 个小石圈，总共 1.5 万块立石。石圈的直径大小不一，从 4 米到 6 米，还有更大直径的。"

据考古专家印证，这些石圈遗址属于公元前三世纪的产物，其造型、规模、雕刻和它的一致性及复杂的几何关系，在全世界都是难得一见的！

在遗址前，看到不少朝拜者。据说，有一年石柱发出光亮，顶天立地！当地人认为这是圣地、风水宝地的象征，于是开始在此祈祷……

在遗址旁边，我踏访了一座小学校，学生们对中国的印象还是极深的，能说出黄河、长城、北京。距离万里之遥，中国依然被人知晓！

晚上，夜宿丁冈比亚边境小村，名叫"尖江不里村"。住地没有水，没有电，条件比较简陋。房前屋后都是猴子，吃饭时猴子毫不客气地从手中抢走面包。

入睡了，屋内蚊虫乱飞，这是艰苦的一夜……

朦胧中，房外动物嚎叫，这是难忘的一宿……

马里："鳄鱼之城"巴马科

走出马里(Mali)首都国际机场，一片荒凉……

去往首都巴马科(Bamako)市区的路上，汽车在疾驶。全程陪同马里之行的向导兼翻译是马里国家旅游部门指派的，名叫伊然密·索里·西西，非常友好、客气和真诚，他对我说："这几天我全程陪同，你就叫我西西即可，这是我的姓。"

十分钟车程后，前面马路上出现一座粉红色的拱门，门上雕刻着的三条鳄鱼使我感到新奇。西西指着鳄鱼介绍："巴马科又称'鳄鱼之城'，鳄鱼是巴马

⬇ 去马里首都巴马科路上通过鳄鱼标识的拱门

科城的象征。在很早以前，巴马科是一片沼泽之地，遍布着很多可爱的鳄鱼，后来有一个叫巴马科的男士来到这里居住，并用他的姓名为此地取名巴马科。当地人认为巴马科的灵魂是鳄鱼。"

尼日尔河大桥

汽车进入巴马科市区，一条宽阔平静的河流横卧在眼前。西西介绍："这是著名的尼日尔河，从马里境内穿过，当地语名叫酒里吧，被称为马里的血液，巴马科就坐落于河的两岸，北倚库鲁巴山，是一个依山傍水的城市。1200米长的巴马科大桥飞架南北，把城市的两部分连成一体。目前全市人口200万，是全国总人口的八分之一。"

尼日尔河畔的西非银行大楼

马里首都是一座美丽的城市。尼日尔河碧波荡漾，芒果树郁郁葱葱。

独立纪念碑坐落在独立大道中心广场。这是一座四面拱门的塔式建筑，顶部极有民族特征，西西说："马里的独立来之不易，称得上是一部血泪史。马里

独立纪念碑

民族文字纪念柱

124万多平方公里的面积、人口1600万，是西非面积第二大国。然而，就是这样一个大国却受到他国的蹂躏，1895年沦为法国殖民地为法属苏丹。1904年并入法属西非。马里人民为了获得解放进行了不懈的努力和斗争。1960年终于独立，成立马里共和国。这个纪念碑就是为马里独立而建造的。"

西西介绍完之后又说："马里地大物博，南部为热带草原，中部为半沙漠区，北部为撒哈拉沙漠，有通布图古城、水城莫普提、杰内古城、多贡遗迹、邦贾加拉陡崖和加奥阿斯基亚王陵等众多历史遗迹和世界文化遗产。"

坐落于清真寺旁边的自由市场是巴马科的一大看点。来到这里，首先看到各式各样的动物骨骼，有鹿头、鳄鱼、鹰头等，这是动物药市场。接下来是皮革市场，鳄鱼皮、蟒蛇皮、牛皮、羊皮等等，现做现卖。通向木雕市场的地摊同样热闹非凡，锤声、锯声四起，叮叮当当响个不停。这里还有布匹、蔬菜、

自由市场中贩卖的动物干尸

街头美容店少女们的纹身展示

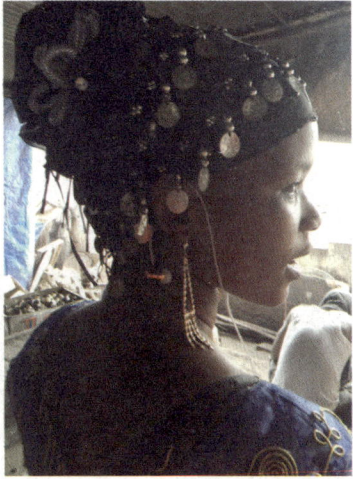

头饰

香料、果品市场，真可谓琳琅满目，物种齐全。欣赏各种商品之余，还能看到穿着各样的当地人。男士穿阿拉伯式长袍，以白色和蓝色为主，戴呢绒帽子。妇女穿花花绿绿的连衣裙，露出双肩，头上包花头巾，或头顶货物穿梭于市场的人流中，或在货架前交易，风情万种。

在巴马科，我去库鲁巴山山巅俯瞰了全城风光，原来这里是法国总督府所在地，现在是总统府、外交部等办公机构。

↑ 国家博物馆

库鲁巴山脚下是国家博物馆。建筑物不大，但绿地面积不小，建了很多缩小了的历史遗址，如杰内古城等。馆内展出了很多出土文物，展示了古马里人的生活状况。

巴马科城区面积达263平方公里，是马里第一大城市。在首都，我还去看了伊斯兰纪念碑、自由纪念碑、古文字纪念碑、西非国家中央银行大楼、伊斯兰街头画和政府办公新区。

西西告诉我："政府办公新区是利比亚原总统卡扎菲在世时援建的。因为卡扎菲的母亲是马里人，他与马里有血缘关系。"西西停了一下继续说："卡扎菲不仅仅援建了政府办公新区，还援建了很多项目，马里和利比亚关系一直很好。"

谈及马里与中国的关系，西西竖起大拇指："中国与马里非常友好，中国在马里援建了尼日尔河大桥、议会大厦、纺织厂、糖厂、皮革厂、制药厂、体育场等。中国向马里派遣了22批医疗队，总计达700多人次，还援建了马里医院等。"走在马里大街上，我看到了很多写有中文的中国公司及饭店。这里的中国元素很多，包括中国在此的维和部队。

最后，我来到了曾被恐怖分子袭击的马里国际连锁酒店，又叫丽笙酒店。其实，这个酒店很一般，为五层斜窗口建筑，外墙颜色粉白相间。酒店前的街道也不是很宽，间或有一些小商铺和摊点。在这座不太显眼的楼宇中曾发生了震惊世界的袭击事件。2015年11月20日午夜，一伙不明身份的武装人员来到这里，劫持了170名人质，最后造成20人遇难。西西介绍："按当地人的分析，这次袭击的目标主要针对的是法国人，因法国统治马里很长时间，有些马里人对法国人是心有不满的。但这次袭击的人质中偏偏没有法国人，而平常这里的法国人很多。"

马里的夜空是深沉的、静谧的……

但巴马科是烦乱的，警笛四起、枪声不断……

⬆ 国际连锁酒店

踏访塞古土城

离开马里首都沿尼日尔河向东北行,汽车消失在旷野中……

车轮滚滚,公路延伸。这是一条通往马里北部地区的重要公路,是伸向撒哈拉沙漠腹地的交通命脉和生命线,与尼日尔河并行向前。整条宽敞笔直的柏油马路是由中国援建的,书写着中国建设者的功绩,凝结着中马两国人民的友谊。

尼日尔河滔滔向前,它是西部非洲的一条大河,流经几内亚、马里、尼日尔、尼日利亚等多个国家,哺育着西非人民,是他们的母亲河。

车行240公里,到达马里重镇塞古,入口是用废旧木板搭建起的圆体造型,

▽ 塞古城街雕

既不是纪念碑，又不是纪念塔，很是古怪，我拿起相机照下这个奇形怪状的街心建筑。

塞古坐落于尼日尔河河畔，岸边竖有法国统治者的雕像，名叫阿西娜。陪同前往的西西告诉我："塞古镇曾是法国统治时期的一个重镇，大街上有很多法国殖民时期的建筑，最明显的标识是法国人设计建造的总督府和教堂。"

接着，在西西的带领下来到昔日法国总督府前观看。这是一栋二层法式建筑，顶部为锯齿形线条，整个墙体呈粉红色，楼前飘扬着马里国旗。据西西介绍，这座法式建筑目前仍在使用，为当地政府办公之地。

在政府办公室，当地工作人员介绍了塞古的概况。塞古是马里的第二大城市，为塞古区的首府，整个城区沿尼日尔河延伸7公里，人口6.5万。这里原是一个渔村，1660年至1861年为班巴拉部族国家的都城，1890年法国入侵后建为殖民点。

⬇ 法国总督府

从法国总督府驱车10分钟，来到塞古古城，这是一座500多年历史的古城，至今仍保留了原貌。

走在泥泞的大街上，四周皆是泥土建筑：土墙、土房、土路，无处不土，无处不泥，清一色的土木房屋，看不出这里曾是一座古城。

沿着坑坑洼洼、高低不平的狭窄小路，来到昔日国王的宫殿，实际是当地部落酋长的住宅，同样是土墙、土门、土厅堂。踏进大门后，一层层、一间间，

⬆ 国王住宅

总共穿过 7 道门，终于到达国王的住地。据在场的当地讲解员介绍："见一次国王并不容易，7 道门岗每个都有人把守，并给来者献酒喝。一岗一碗酒，当喝完最后一碗酒，走完最后一道门，来者皆已大醉，在这种醉意下不得不说真话了。"最后一个院是国王的墓地，墓碑上刻着国王的名字和生死年代。在国王住宅不远处，有一座寺庙，也是泥土建筑，上面插满了木棍。据悉，这是国王为其母亲修建的，目的是纪念他的慈母，显献一片孝心。

绕过古庙亭，我走进了现任部族酋长的家。同样是泥土宅院，不过只穿了三道门就见到了老酋长。酋长时龄 60 岁，穿一身长袍，精神饱满，他旁边的第四任妻子领着一个小孩正在尽情玩耍。酋长在接受采访时很兴奋——

问："您今年高寿？"

酋长第四房妻子及小孩

酋长接受采访

酋长："我虽然到了暮年，但很幸福，有子孙满堂，享天伦之乐。"

问："街巷道路坑坑洼洼，为什么不修呢？"

酋长："不能修，要保持原貌，若一整修就失去了土城的含义了，破坏了土城的本来面貌。"

问："很多房墙都坏了，为什么不另盖呢？"

酋长："房子更不能动，不能拆。若拆，就拆掉了历史，拆掉了传统，拆掉了古文明……"

在塞古古城，我还采访了几个普通人家，走访了正在捣米的村妇，到尼日尔河边访问了浆洗衣服的姑娘……

塞古，的确远古，保存得如此完好！

塞古，不愧为一本历史教科书！

▼ 街头采风

奔赴邦贾加拉悬崖山寨

离开塞古古城,沿尼日尔河继续向东北行,过莫普提去邦贾加拉悬崖山寨,1989年悬崖山崖被联合国教科文组织列入世界文化与自然双重遗产。

世界文化与自然双重遗产很难获得,不仅西非,在整个非洲也是少有的。

汽车在穿行……

窗外呈现的是尼日尔河流域冲击形成的大平原,一片郁郁葱葱。

塞古至莫普提约400公里车程,公路仍是中国援建,一马平川,通畅无阻。

路边,时而森林密布,时而芳草萋萋。树里行间草地深处,间或一座座农舍,间有一片片庄稼,如一幅美丽的田园画卷。

当汽车掠过大片大片的西瓜地时,我感到非常好奇,怎么长出如此大的西瓜?直径足有半米多呢。经询问向导西西先生,原来那是西瓜的一个种类,专门用来做水桶、水瓢和箩筐用的,还可以放粮食面粉,名叫"嘎里巴西"。

路边有许多兜售水果的人们,只要汽车一停下来,马上便围来一群妇女,将各种货品伸进车窗推销。为了照顾当地生活困难的百姓,很多时候我

⬇ 奔悬崖山寨沿途瓜地

都会买下,况且他们见到中国人很热情。

车行5个多小时,进入一片湿地,大片水域长满芦苇,一群群白鹭飞来飞去,很有水乡之感。通过一条长长的水域河堤,前面出现一个锯齿形的拱门和一座高高的纪念碑,莫普提市到了。

⬇ 水城莫普提

⬇ 在莫普提城参加婚礼的贵妇人穿金戴银

莫普提是马里中部的城市,为莫普提大区的首府,坐落于尼日尔河汇合处的3个小岛上,有"马里的威尼斯""水城""渔都""千鱼之城"等称号。这个完全被水包围的城市处在撒哈拉的深处,未免有些神奇,它与荒芜的大漠形成鲜明的对比,不远处就是大漠腹地,又是前往悬崖山寨途中的中转站、跳板,地理位置得天独厚。

在莫普提,我去交易市场、清真寺、旧城区、小学校踏访,参加了一场当地人举行的婚礼，乘渔船畅游了尼日尔河。莫普提，给我留下了美好的记忆……

之后，换乘一辆越野车，我前往多贡地区踏访邦贾加拉悬崖山寨。

汽车驶出水城莫普提，东行不远就是沙丘砺石密布的大漠了。车行半个小时来到多贡古城，街心矗立的高塔显示出此城的古老和沧桑，尤其是城郊半圆式丘状石屋更彰显出它的悠久历史。多贡古城原是马里帝王时代的首都，辉煌

▽ 多贡的园形石房

▽ 穿行农舍

已去，只留下残垣断壁，一片狼藉。

驶离古城，越野车继续在大漠中前行。路，已完全变成土道，我像坐在摇篮里一样晃来晃去，上下颠簸。然而，心中还在回想着"多贡"的字眼：多贡城、多贡族、多贡人、多贡文化……

又经过一个多小时的奔波，终于进入多贡族地区的邦贾加拉山地。在这里，山上、山中、山下，皆是多贡族部落，尤其悬崖上的山寨，令人惊奇、惊讶、惊叹！只见半山腰的悬崖上，出现了一道一道民居，镶嵌在石缝中，建在悬崖上，让人难以想象，那就是多贡部落生活居住的地方。伴随着时光的流逝，几个世纪以来，这个民族仍然保存着固定不变的传统和习俗。

望着多贡原始部落的悬崖山寨，西西向导介绍到：邦贾加拉山脉横贯马里中部，邦贾加拉岩壁是一道长达150公里、由西南向东北延伸的砂质断崖，在悬崖峭壁上布满犹如蜂窝似的多贡原始部落的住宅。何以在悬崖上建房？这要把历史倒退到公元14世纪。当时多贡部落的人为了躲避被抓当奴隶，便在此建房，后又为躲避战乱及敌对伊斯兰教的同化而定居于此。悬崖是防止外人入侵的

▼ 踏访第一山寨——桑贾部落首长住宅

232 | 去非洲

天然屏障。在这里建起房舍、谷仓、祭坛、神殿、集会厅，他们过着与世隔绝的生活。这些建筑无论在地质学、考古学和民族学上均有重要价值，故而才被联合国教科文组织列入世界文化与自然双重遗产。世界遗产委员会的评价是：这些悬崖是大型建筑的保护伞，而这些建筑正是几个世纪以来多贡传统文化的灵魂……

世界双重遗产，不仅在非洲，在全世界也并不多见。这里处在撒哈拉腹地，人烟稀少而罕至，又靠近战乱区，来一趟实属不易。

在邦贾加拉山脉，我首先深入桑贾部落踏访。整个寨子里全部是泥土房舍，从窄小的巷子到外门墙、住屋、灶堂、粮仓、厕所等都是泥土结构，最突出的是方形粮仓，隔离地面一米多高，可能是防止粮食受潮和腐烂。起伏的土石路上，不断看到背木柴的多贡人来来往往。房群中有神庙、集会厅、酋长住地。在当地人的带领下，我一边走一边看，一边聆听。有些石头是不能用脚踩的，因为石下是坟墓，埋葬着他们的祖先，踩下去是一种极不尊重的举动和表现。寨子的中心地带有一个圆形凸起的石柱，那是整个部落的祭祀之地，被称为寨子的肚脐和灵魂，谁都不能接近。每到固定时辰，全部落的人都要来朝圣和祭祀，

▽ 部落中心的圣地肚脐不可靠近

⬆ 门墙系着木棒暗示家中无人　　⬆ 归来　　　　　　　⬆ 凝望

祈祷平安。在寨子的上部地带，坐落着酋长的住宅。房前有一圈圆石头，每换一个酋长增加一块圆石。酋长一直在屋内不出来，靠一条蛇舔身沐浴，蛇死也意味着酋长临终。酋长是在跨越两个世纪的人中选出的，多贡人历法10个月为一年，60年为一个世纪。

出桑贾部落前行不足2公里，我去往第二个踏访点，即邦贾部落山寨。中间经过一个用土石堆成的"八卦阵"，这是多贡部落的历法，据此决定春种秋收。

⬇ 通过山洞走进第二山寨——邦贾部落受到热烈欢迎

邦贾部落最醒目的地方是一个穿山洞，洞口前有上百名小学生在这里，高唱欢迎之歌。这些孩子都是多贡人的后代，穿着破烂，很是让人心疼。我心中不忍，拿出随身几支铅笔送给他们，也只是聊表寸心，并不能真正帮助他们什么。绕过邦贾部落的一侧山头，我

⬆ 悬崖下的人家

⬆ 悬崖人家局部特写

来到悬崖顶上，向下俯瞰，整个邦贾部落悬浮于峭壁上，那房顶、墙面、道路依稀可见，悬崖下是滔滔而去的河水。太震撼了！这就是镶嵌在悬崖峭壁上的邦贾部落。为从远处眺望邦贾部落的全貌，好心的司机将车绕道，开到对面的山头。正面观看邦贾部落，一幅绝妙的悬崖山寨呈现在面前，那刀砍斧劈的峭壁，那直下万米的悬崖，那镶入凿嵌的屋舍，多像一幅画卷垂挂在山壁，让人叹为观止！难怪，它被评为世界文化自然双重遗产！真是世界独一无二、全球无与伦比……

我踏访的第三个点为伊乐利部落。这次我从邦贾加拉山山脚下，仰望处在悬崖峭壁上的伊乐利房舍。目光从山脚一直移到半山腰，一道道横切的石缝中盖满了房屋，让人难以置信，那就是多贡人的生存之地。如果说参观邦贾部落山寨

⬇ 走进第三个山寨——伊乐利部落

↑ 正在忙碌的伊乐利部落人家

就是在山顶和正面看,那么看伊乐利部落山寨是从山脚向上仰望的。可以这样说,从上、中、下我都领略了多贡部落悬崖山寨的风采。在山脚下,我采访了一位从峭壁上搬下来的伊乐利部落妇女,她正精神矍铄地舂米,她说:"我家从爷爷的爷爷开始就住在悬崖,他们都逃避了奴隶买卖,生存下来。现在自由了,有个别户主从山壁上搬下来,但大部分人过惯了山壁洞人的生活不愿下来。"

日落西山,峰回路转。返途中,邦贾加拉悬崖、邦贾加拉房舍、邦贾加拉山寨,久久交织在脑海中,难忘的一幕幕奇绝画面将永远留在我的记忆深处……

邦贾加拉悬崖,文化与自然融合的瑰宝……

古老山寨部落,绽放着古文明璀璨之花……

↓ 羊棚外墙木刻意味深长　　↓ 门雕动物栩栩如生

"尼日尔河谷的宝石"杰内古城

汽车继续在马里旷野行驶……

向着杰内古城……

杰内古城虽抵不上世界双重遗产邦贾加拉的奇绝,但也别有风采,同样是一个不可多得的历史景观,被誉为"尼日尔河谷的宝石"。1988年被联合国教科文组织列入世界文化遗产,称作"非洲大地最具艺术感的建筑"!

行车路边白衣服割礼的少年索要食品

杰内古城处在邦贾加拉南部80公里之外的尼日尔河支流巴尼河南岸,是尼日尔河内陆三角洲上的一座土城。

在去往杰内古城的路上,窗外,湾湾湖水,片片绿地,萋萋芳草,群群飞燕,成为撒哈拉大漠地带一块别具风格的绿洲。

车轮在疾飞……

大约走出一个多小时,在汽车加油之际,我与路边的一群当地孩童聊起来。其中有一个穿白色翻毛皮衣、戴白色翻毛皮帽的男孩,提着一摞木板上下舞动,哗哗作响。

第三章 西非:国家最密集纷呈的区域 | 237

这时,西西翻译走过来对我说:"这个男孩子是刚做过割礼手术的,你看他的穿戴就知道了。割礼后,最怕受风,一旦受风,是会要命的,所以他穿得厚,捂得严。"

割礼,是当地一种风俗,每一个男孩子长到一定年龄,进入成年期就要接受割礼。割礼在当地是欢乐之事,大家要策马打鼓,载歌载舞庆贺一番!

不过进行割礼时,既不给打麻药也不给止痛,还不许孩子哭,要高兴。据西西说,有些地区女性也有割礼的习俗。

又经过一个小时的跋涉,汽车停在巴尼河岸边,等渡船靠岸后,连人带车一起开到船上过河进城。渡船上都是当地百姓,他们好奇地望着像我这样穿着的外国人,还主动拿出当地土特产让我品尝。

上岸后即是杰内古城。太荒凉了!一座泥土老城。刚刚涉过一道清水粼粼、

换乘小船欣赏美丽的尼日尔河,去往杰内古城

风光秀丽的巴尼河,转眼就是荒芜破旧、泥巴涂抹的杰内古城。一个清秀靓丽,一个老旧土气,形成明显的反差和对比。其实,这只是表面现象,杰内古城悠久的历史在整个马里都很出名,何况它还是著名的世界文化遗产,其价值是不可估量的。

走在杰内古城内,它不像一个城,倒是像一个村落。看吧,满街毛驴车、山羊、鸡群、小猪……街道坑坑洼洼,高低不平,污水遍地,尘土飞扬……

杰内古城何以成为世界遗产?

远远望去,那宛如一块块切削整齐的大泥块建筑,尽管土门土屋,尽管墙皮脱落,尽管黄泥涂抹,但这却是几百

杰内古城城门

年前的土建筑，都一一完整地保存了下来，是杰内古城的见证者，承继着杰内古城的历史和传统。

据西西翻译介绍，杰内自公元前250年开始有人居住，正式建成于公元765年，后来慢慢发展成撒哈拉黄金交易中心。杰内古城毗邻撒哈拉和多雨的苏丹地区，占地20公顷，建有2000多座古建筑。这些建筑以苏丹建筑风格著称于世，是苏丹建筑艺术的代表，因独特的苏丹建筑和灿烂的伊斯兰文化而驰名世界，难怪被誉为"尼日尔河谷的宝石"。

我有幸走进一处居民院落，置身泥巴的世界：泥巴墙、泥巴屋、泥巴院……

古城街景

擦洗

沿街从房门透出道道新奇的目光

仿佛是切割整齐的大泥块。宅主说:"这房屋已有300多年的历史,从来没有拆除过,不过,每隔两年要涂抹一次,换一下新装。"

沿街,我去了邮政所、小学校、旧旅店、老胡同,最后来到清真寺。

清真寺是杰内古城的地标和灵魂,闻名世界。1280年,这个地方是国王的一个宫殿,因国王认为阿拉伯人聪明,便将宫殿改为清真寺,传播伊斯兰教,让信仰伊斯兰教的人们都来此朝拜,于是信教者越来越多。1827年清真寺倒塌,后重修。1905年又重建,这是一座典型的苏丹建筑风格及摩尔式建筑,还融入了伊斯兰文化。"苏丹"在当地语意为"黑非洲"。整个建筑高11米、周长56米、占地6400平方米。始建中没用一砖一石,而是用黏土和椰树木枝为骨架建造,用100根粗大的方形泥柱支撑祈祷大厅,屋顶密密麻麻排列着104个直径10厘米的气孔。这座壮观的沙堡,结构之不对称,曲线之不协调,外观之独特,是非洲建筑史上的一大杰作,是西非伊斯兰教的象征,也是"非洲大地最具艺术感"的建筑。

杰内古城,一座富有珍贵历史文化价值的古城!

清真寺庙,多种建筑艺术风格的结晶!

▼ 清真寺全景

布基纳法索:寻访"非洲影都"

从马里切入布基纳法索(Burkina Faso)地界,并没有感觉已经进入了另一个国家,因为两国边界地形相似,人们的穿戴和习俗也相差无几。

来到布基纳法索第二大城市博博迪乌拉索,这个乌埃省的首府,另有一番新奇感。该城名称解释作"说迪尤拉语的博博族人之家",是一座建于15世纪的古城,博博族人是当地最大的部族,歌唱舞蹈是他们最大的喜乐。

穿过农舍村寨去往布基纳法索

↓ 边境小城博博迪乌拉索的清真寺

博市的地标是清真寺，通体呈浅黄色，始建于1893年，它比杰内清真寺还大，外墙有凸出的木料伸出来，还有一排突出的大墙垛，最独特的是两座流线型的尖顶主塔，显得威严庄重，是萨赫勒风格的泥砖建筑代表作。

火车站是博市一座宏伟的建筑，因为布基纳法索整个国家只有一条横向东西的铁路，博市又是始发站，为此车站建造得特别辉煌。布国是一个非常贫穷的国家，铁路运转成了他们的交通命脉。

博市距首都瓦加杜古（Ouagadougou）400公里，需要五个多小时的车程。

800里路，追云逐月而往……

东西大穿越，开始了这趟不平凡的旅行！

↓ 去往布基纳法索首都途中踏访当地传统部落住宅

↓ 等待远方的人到家作客

一边行车，一边欣赏布基纳法索这个位于非洲西部沃尔特河上游的内陆国。布国全境大部分地区为内陆高原，地势平坦，自北向南徐缓倾斜，平均海拔 300 米。北部接近撒哈拉沙漠，西北部地势较高。全国面积 27 万平方公里、人口 1800 万。因为资源匮乏，是周边非洲国家主要的劳务输出国。

布国虽贫穷，但历史悠久。公元 9 世纪，即建立以莫西族为主体的王国。1895 年被法国占领成为"法属西非洲"的一部分。1960 年获得独立。

汽车在飞奔。沿途风光旖旎……

下午三点多钟到达首都瓦加杜古。该城始建于 15 世纪，曾长期为莫西族布基纳法索最大部落王国的都城。我首先参观了莫西王摩尔霍·纳巴的王宫。这里把守严密不许照相，但我还是偷偷地拍摄了珍贵的一张。王宫占地面积不大，但建造得富丽堂皇，这座瑰丽的宫殿能够保留下来，实属不易，现已成为全国一大景观。

▽ 首都地标民族艺术雕刻

△ 都城纳巴的王宫

▽ 宏伟的革命纪念碑

⬆ 议会大厦

⬆ 拍摄电影现场

第二看点是处在独立广场的革命纪念碑。碑顶端是一具燃烧的火把，烈焰飞扬，气势不凡，下端的碑文记述着争取自由独立解放的历史。

国会大厦不仅可以拍照，还可以随意进出，自行参观。当我走进国会大厅，看到这里正在拍摄电影，导演让角色人物一遍一遍地重演。我这才知道瓦加杜古是"非洲影都",泛非电影发行公司、泛非电影制作中心、非洲影片制作机构、非洲影片发行公司、泛非电影工作者联盟等机构的总部均设在此地。该市还有电影学院、电影培训基地,电影研究所也坐落在这里。从1969年起,每两年举行一次"瓦加杜古泛非电影节",因此享有"非洲影都"的美誉。

除电影机构外,瓦加杜古古城的亮点还闪现在伟岸壮丽的西非经济共同体总部大厦、地球仪形状的联合国广场、耸入云天的西非银行大厦等建筑。

踏访结束,我问当地政府部门的一位官员:"为什么首都戒备如此之严,到处是持枪警察?"他回答说:"此前发生了一起人质事件。首都一家酒店遭遇恐怖袭击,所住人员全部被劫持。部队赶来后,击毙四名恐怖分子,126名人质获救,23人死亡。这次恐怖袭击引起全世界的公愤,为避免类似事件发生,我们加强了安保工作。"

布基纳法索,有山水风光,有人文景观……

瓦加杜古城,有瑰丽华美,有恐怖贫困……

▽ 首都的联合国广场

几内亚：登上"西非的水塔"

飞机在几内亚(Guinea)上空飞翔……

从机窗向外俯瞰，依稀可见一座座高山，一条条河流，一处处平坝高台……这就是几内亚高原。高原上有数条河流发源于此，其中包括著名的尼日尔河、塞内加尔河和冈比亚河。为此，几内亚有"西非水塔"的美誉。

飞机降落在几内亚首都科纳克里(Conakry)国际机场。

去往"水塔之国"几内亚首都科纳克里沿途取水的少女

走下舷梯时观察到一个现象：乘机的当地黑人都是富豪，穿戴高档，金枝玉叶。

在通向首都的路上遇到滂沱大雨，雨水几乎淹没了整个路面，司机艰难地在雨中行车，仿佛水中行舟……

初到几内亚，一种好奇感涌出：几内亚，几内亚……带"几内亚"的国家何其多？几内亚、几内亚比绍、赤道几内亚、巴布亚新几内亚……

"几内亚"是什么意思呢？经询问中文向导李燕燕才知道了其中的内涵。原来"几内亚"来源于柏柏尔语，意为"黑人的国家"。李燕燕是中国人，来这里投资做生意，在该国踏访由她陪同。

几内亚是非洲带"几内亚"的国家中较大的一个，面积24.6万平方公里、人口1120万。该国矿产资源丰富，有"地质奇迹"之称，尤以铝矾土储藏居世界第一位，不少地方只要刨开一米多深的表土即可开采，为此有"铝土之国"的美称。但该国并不富裕，原因是虽然矿藏丰富，却没有开采。李燕燕介绍说："几内亚铁矿资源也很丰富，大部分被美国买断，但不开采。"她说："美国只要一开采，世界铁价会马上下降。所以说在一定程度上，美国控制着世界钢铁价格。"

经过半个多小时的雨中行车，到达首都科纳克里。这个人口100多万的都城由通博岛、卡卢姆半岛相连的沿海陆地组成，是几内亚乃至西非最大的海港之一。"科纳克里"在苏苏语中是"去海那边"之意。全城深埋在高大的热带雨林中，市区中心坐落于通博岛上，并逐渐向卡卢岛延伸。

▽ 殖民时期法国人第一次登陆时建的圆形石顶房

在市区，我首先踏访了法国人早期登陆时的房屋。这是一座圆顶式建筑，石墙厚达一米多宽，可谓坚不可摧。李燕燕说："这种封闭式房屋主要是防黑人袭击的。"接着李燕燕女士介绍，几内亚9-15世纪曾是加纳王国和马里帝国的一部分，15世纪起葡、西、荷、法、英相继入侵。

1884 年法国殖民者在这里登陆并开始建城，几内亚沦为法国殖民地，到 1958 年独立，成立共和国。

几内亚国家博物馆规模较大，院子里竖有很多雕像，展示了几内亚的历史。让我最感兴趣的是镇馆之宝灵巴。这尊放置在显要位置的塑像，既像动物又似人，特别神秘。馆内讲解员说："灵巴是国宝，它生活在深海中，每 7 年出来一次，能呼风唤雨，是人们崇拜之物，就像中国的龙，它是几内亚的图腾。"

⬆ 国家博物馆的镇馆之宝灵巴

穿过科纳克里市街区来到总统府所在的大街，这是首都最繁华的街道，里里外外全是人，沿街有很多中国人建的宾馆酒店，其中有四川宾馆、福建酒楼等。在总统府对面竖起的一座超高大楼是中国人投资兴建的，这是首都唯一一座五

⬇ 总统府后墙

星级宾馆。总统府是中国援建的,它旁边是大教堂,只一墙之隔。走进大教堂,李燕燕说:"教堂可以随便拍照,但不能把相机朝向总统府,否则会惹出很多麻烦。"我这才注意到总统府周围有很多持枪卫兵。

驱车来到解放广场,一座倾天的英雄纪念碑矗立在中央,对面是议会大厦。几内亚是第一个与中国建交的撒哈拉以南的非洲国家。目前,在该国的中国人达2万之多。

独立纪念碑及国会大厦

《中几渔业合作协定》1997年签订,故而这里有很多中国渔船作业。为了解详情,我去了渔港采访,其实渔港就在我的住地附近,总统府的后面。来到渔港,我看到很多中国人在这里从事渔业工作,有的修船、有的造船、有的开船。在修船工地,我采访了一位来自浙江的船工,他说他已经习惯了这里的生活,把老婆孩子也带来了。

平静的渔港

入夜,我回到李燕燕开办的聚宾大酒店。这是一幢4层楼的建筑,是李燕燕投资500万元人民币建成的。她说:"初建时,所有建筑材料都是从中国海运来的。建好开业后,每年的净利润有100万元,现在早已收回投资。"

次日,我又去宁巴山自然保护区,这里1981年被联合国教科

渔港旁边的造船现场

第三章 西非:国家最密集纷呈的区域 | 249

文组织列入世界自然遗产。宁巴山处在几内亚高原,宁巴峰海拔1752米,为全境最高峰。保护区涵盖面积较广,分布于几内亚、科特迪瓦和利比里亚三国交界地带。这一带山坡上有茂密的树林,山脚有辽阔草原,还有丰富的动植物,生态环境良好。目前已知有500多种新发现的动物,最有名的是宁巴山胎生蟾蜍,还有哺乳类动物花豹以及黑猩猩。

据介绍,1972年几内亚放开矿产开发,再加上原始森林的砍伐,使得保护区生态环境遭到破坏。为此,又被联合国教科文组织列为濒危遗产。

矿产的无续开发,森林的自由砍伐,令宁巴山千疮百孔,伤痕累累……

▽ 宁巴山自然保护区内散落的土著人

几内亚比绍：走笔"西非热带水乡"

茫茫大西洋，滔滔海平面……

我是乘轮船从几内亚进入几内亚比绍的。

满目田园风光，满眼水乡美景：一条条弯曲的河水，一处处平静的湖泊，一道道闪亮的水渠……

这就是著名的"西非热带水乡"——几内亚比绍。

几内亚比绍（Guinea-Bissau）为北大西洋沿岸的西非国家，包括比热戈斯群岛，面积3.6万平方公里、人口161万。"西非热带水乡"之美誉出自一位画

⬇ 乘船去往"热带水乡"几内亚比绍

家之口。

该国是非洲古国桑海帝国的一部分,早在1446年葡萄牙人登陆,后来沦为殖民地,并划为葡海外省。1975年获得独立。

来到几内亚比绍首都比绍(Bissau),恰遇下雨,大街坑坑洼洼,泥水遍地。

首都比绍国家邮电大楼

站在城市地标白色大教堂前,满街满道都是泥泞不堪。陪同踏访的向导兼翻译米罗先生说,这就是城市的主街。我望着对面同为地标建筑的国家邮电大楼,并没有一点气派之感。沿街也没有丝毫作为都城的气势,难怪该国被列为20个全世界最贫穷的国家之一。这个小小国家,外债高达9亿多美元,经济的衰败,是长期内战所致。

首都最好的建筑是由中国援建的议会大厦。中国还援建了国家医院、国家体育场、政府办公楼、稻谷技术推广站等,还派出14批医疗队。中几关系友好,年双边贸易额为2300万美元。

比绍市的中心地带为格瓦拉广场,中央矗立着一座冲入云天的自由纪念碑,碑的最顶部为一个五角星,四周依次为文化部、总统府、原独立党总部办公楼等。

国会大厦

格瓦拉广场自由纪念碑及总统府

全城以广场为中心点，散射出多条街道。

比绍市濒临大西洋海岸，建有全国最大的港口。这个港口是在葡萄牙殖民时期建立起来的，周围很多殖民时期的建筑被保存下来。在港口，我看到堆积如山的袋装腰果。原来，几内亚比绍是全球第六大腰果生产国，腰果出口是其主要经济收入。

港口

在比绍市穿行、踏访，看到这里的经济发展空间很大，机遇也是千载难逢。战后的几内亚比绍，一切发展都是从零开始。在采访中看到抢占发展机遇的主要是塞内加尔人和毛里塔尼亚人，当地人少有开放经营的思维，这两个国家的人几乎垄断了该国的所有市场。近几年中国人来此投资的也不少，我走进一家中国人开办的"东方餐厅"和超市，他们在这里获得的收益不少。我还踏访了手工艺品市场，经营者大都是塞内加尔人。

比绍是一个小城，总人口31万。比绍的名称由来很有趣。1466年，刚来这里的葡萄牙人向当地人问路："前面的村庄叫什么名字？"黑人用当地语回答道："Bissau！（比绍）"其意是"往前走！"葡萄牙人误以为是地名，从此绘制地图以此为名。

手工艺品市场

第三章 西非：国家最密集纷呈的区域 | 253

惊看佩贝尔部落的男孩割礼

汽车离开几内亚比绍首都后在原野上行驶，路边是茫茫无边的热带水乡……

↑ 观看割礼仪式的人群

↑ 观望

佩贝尔部落在比绍首都西南部，有30多公里的车程。

汽车上，向导米罗先生介绍，这里有很多部落，佩贝尔部落是其中之一。如果把历史追溯到14世纪之前，这里的每一个部落就是一个小国，酋长就是国王了。

经过一个多小时的行驶，终于到达佩贝尔部落。

刚进寨子，看到很多赤足裸背的孩子们互相追逐着，一群人唱歌跳舞，鼓声震天。原来，部落里正在举行"割礼仪式"，把祝贺"成年礼"推向高潮。人们将这里围得水泄不通。

歌舞声中，被割礼的男孩走出来，身穿厚实的白布长袍，称之为"割礼服"，是做过割礼者的标志，这种割礼服能挡风隔寒，预防手术感染。被割礼的男孩脸上浮出一丝笑容。从今天起，他将正式迈入成年，以后可以结婚生子。

在现场，实行割礼手术的村医接受采访，他说："非洲男孩割礼习俗已有4000年的历史。割礼实际是割除阴茎上的包皮，以防止包茎中蓄积污秽。男孩一般在13岁左右进入青春期之前进行割礼。割礼前要洗浴，净身洁体，然后下刀手术。没有麻药，但用草药止血。"

米罗翻译介绍，这个部落共有80多人，他们不信教，但相信自然，崇拜太阳，认为万物皆有灵魂。

在部落，我还采访了当地土著人的家庭制酒厂。这种制酒方式是最传统、最原始的做法。

⬆ 表演耍大刀

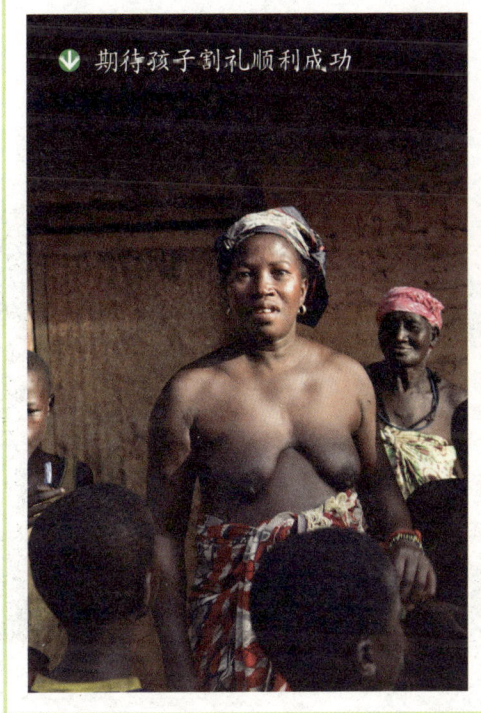

⬇ 期待孩子割礼顺利成功

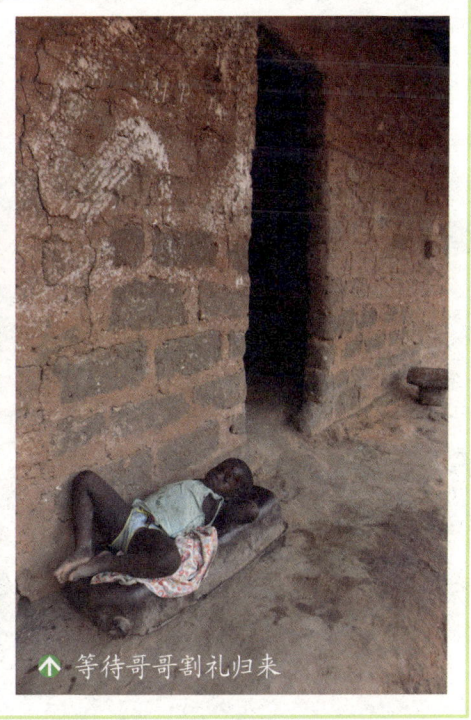

⬆ 等待哥哥割礼归来

第三章　西非：国家最密集纷呈的区域 | 255

他们将香蕉或椰果捣烂，放进罐里发酵，等到一定时间，将罐里的汁液用布过滤，便制成一种美酒。这种家庭自酿美酒很受当地人欢迎，制酒过程没有任何污染，全是绿色的、自然的产物。

佩贝尔的土著人非常纯朴善良。在农家踏访，他们总是很客气地请你吃水果，请你品尝自制咖啡。在一户户寻访中，我还看到一位中年妇女在自家院落里烤鱼，一股股香气扑面而来。这里的人大都以鱼、果为生，很少吃粮食。

我询问这位正在烤鱼的农妇，她说："家有8个孩子，其中有两个已经做过割礼进入成年。丈夫在外打工，月收入约一百美元。"

向导米罗随后说："8个孩子不是最多的，一个家庭十多个孩子是普遍现象，再加上这里的一个男人可以娶好几个妻子，生育的孩子加起来有好几十个！有的女孩十三岁就开始生产，一个接一个。"米罗翻译指着身边背小孩的少女说："连我也不知道身后背的是她妹妹还是她的孩子！"

回程中，路过米罗先生的部落边。他的妻子和孩子们迎上来，我抓拍了全家像。上车后我悄悄问米罗翻译："你有几个妻子？多少个孩子？"，他哈哈大笑起来："我就这一个妻子，就这4个孩子。"

汽车伴着笑语消失在热带水乡之中……

▼ 自制家酒　　　　　　　　▼ 烤鱼

船行博拉马岛寻找失落的旧都

清晨,我从比绍港出发,乘船前往博拉马岛踏访。

船儿在比热戈斯群岛破浪前进,博拉马岛在比热戈斯群岛中是较大的一个岛屿,而且是最有名的海岛,因为它曾是几内亚比绍旧首都所在地,与现首都比绍相隔一条热巴河出海口。

经过2个多小时的航行,船靠岸博拉马岛。

登岛后第一眼看到的是一座船形纪念碑,米罗翻译说:"这是一座葡萄牙人登岛纪念碑,它是历史的见证者,见证了葡萄牙殖民者的统治。"接着他介绍

▼ 从船上眺望平静的博拉马岛

⬆ 葡萄牙人登岛纪念碑

了博拉马岛的情况。1446 年葡萄牙人首先从这里登陆，开始了对几内亚比绍的长期统治。葡萄牙人在这个岛上建有总督府、市场、医院、教堂、传教中心等。这里曾作为几内亚比绍的首都，走过了繁盛热闹的漫长时间，直到 1941 年迁都比绍。从此，这里宁静萧条下来，如今只留下一片残破的建筑，成为历史遗迹。

船形纪念碑的后面是昔日的行政办公机构，典型的殖民时期建筑，不过已是墙倒地塌，院落里长满了杂草，断壁上很多藓苔，一群接一群的牛羊跑来吃草，偶尔发出几声嚎叫，显示着它的凄凉。

沿街而行，满目苍凉，一座座旧建筑已经失去了往日的光泽，旧时代的主街已经成了断头路，牛粪满地，鸡鸭成群，踩烂了昔日坚实的路面，伴随着一阵阵臭气扑面而来……

⬅ 旧市场门上方仍显示葡萄牙时期的字体

258 | 去非洲

时过境迁，这里还保留了昔日建造的大市场，门上字体还是葡萄牙人题写的；大教堂还在使用，成了当地人朝拜的场所；最破败的是葡萄牙人建的医院，已经被夷为平地，只剩下几处断墙，在风中哀鸣。

最后，我来到中心广场，它的规模可与现首都广场相比，正面是葡萄牙的总督府，这是博拉马岛的地标建筑了。总督府看上去庄严伟岸，尤其前厅的10根罗马柱十分惹眼，但如今已失去光彩，暗淡无光。府内的建筑

⬆ 顶柴、背孩、提水的岛民走出旧市场

⬇ 破败的旧总督府

大都塌陷，满屋的砖瓦石砾，横七竖八倒下的横梁，皆是残垣断壁，一片狼藉……

面对如此破败的总督府，当问及米罗翻译为什么不整修一下时，米罗回

答:"没有财力,国穷人贫。"

返程了,由于海水退潮,船靠不了岸。米罗叫来六七个当地人帮助。最后,我被他们背着趟过海水,才上了船,十分感谢非洲兄弟!

这就是博拉马岛,风光不再的旧首都……

这就是几内亚比绍,殖民时期的伤痛……

▼ 见证历史的大榕树下坐满留守人员

塞拉利昂：木棉树下的首都弗里敦

清早5点钟，迎着光芒万丈的红霞，披着淡淡的晨雾，一路东行，向着塞拉利昂（Sierra Leone）……

去往塞拉利昂首都弗里敦（Freetown）的路况不佳，且需要辗转长途跋涉……

汽车沿着国道前行。其实，这不像国道的样子，坑坑洼洼，高低不平，车后不时扬起阵阵尘土，飞落到路旁的热带雨林中……

公路上汽车不多，偶见一辆挤满了人的车，车顶上的货物装得比车还高。这是非洲一大景观！

▼ 去往塞拉利昂首都的路上超载车辆五花八门、屡见不鲜

第三章　西非：国家最密集纷呈的区域

其实，在非洲踏访，乘汽车要比乘飞机好看得多，能深入最基层，看到一个最真实的非洲。

汽车穿过一片片田野，一处处村寨，不时出现座座茅草房屋、耕地的黄牛……

经过5个多小时车程到达塞拉利昂边界。办理过境手续后，又换乘塞拉利昂的汽车。

踏访的道路是不平坦的，遇到很多处岗亭、卡哨，一路查护照，一路交罚款。路上，有两个警察以种种借口没收了司机护照，并扣押了汽车。幸亏有贴身保镖，他们把电话打到警察总部，这才将我放行。随着汽车的前行，岗越来越多、卡越来越密，还遇到一些村民拉一条绳子拦路收钱。

汽车行驶在塞拉利昂境地，透过车窗，仍是热带雨林，仍是茅屋村舍，仍是颠簸不平的道路。不过，一颗颗粗大的木棉树多了起来。

当行驶到一个叫坎比亚的地方，我顺路踏访了一个土著人的部落。一群孩童迎了上来，一个个村妇从茅草房里探出了头……草房、土屋、沙地，这就是土著人的住所。我走进一座草房，草床、草铺、草甸，简陋得让人不可想象……

行车中司机介绍，塞国虽贫困，但资源非常丰富，尤其是钻石，其产量居非洲前列，储量达2300多万克拉，该国是世界上主要钻石出口国之一，尤以出产"大颗钻石"而著称，享有"钻石王国"的美誉。人类发现的"世界第一大钻石"出在南非，而第二大便出自塞国。但"血钻"也让塞拉利昂蒙羞，电影《血钻》演的就是塞国。这个面积只有7.2万平方公里、人口700万的小国，钻石成了国宝。

← 首都的地标木棉树

又经过一片片热带雨林，跋涉一条条河流溪水，越过一道道沟壑山丘，颠簸了大半天，终于到达塞国这个拥有上百万人口的首都弗里敦。

穿过繁华的街道，直达市中心，一棵高大的木棉树呈现在面前。走近这棵古树，看上去枝繁叶茂，郁郁葱葱，异常粗壮高大。我细细打量了一番，树冠之大，至少覆盖方圆 50 米，树高 30 多米，十几人手挽手围起那么粗，据说已生长了 500 多年。

木棉树旁，一位摆摊老人回忆："先有木棉树，后有弗里敦。这个地方历史上本是一片乱泥滩，最早的住户是当地的渔民。1787 年英国人在这里集结 400 多名奴隶建城，1961 年成为国家首都。"

木棉树见证了塞拉利昂的历史。木棉树是塞拉利昂的象征，是弗里敦的符号。

塞拉利昂纸币上印着木棉树，小学生课本上有木棉树，流行歌词中有木棉树……

木棉树的周围有国家博物馆、狮山、独立广场、英雄纪念碑、总统府和议会大厦等建筑。狮子山是一座假山，山上有两只石狮子雕像虎视眈眈，栩栩如生。之所以修建狮子山是有原因的，1462 年，葡萄牙殖民者登陆，命名该国为狮子山共和国。广场上则有一组巨型壁画，记述了塞国各个历史时期的重大事件。

离开木棉树沿街踏访，看到的是拥挤的街道，

英雄纪念碑后面为总统府

狮山

拥挤的山城街道毫无秩序

低矮的楼宇，破旧的建筑。原本弗里敦有"西非小巴黎""自由城"的美誉，但由于连年的内战，城市遭到破坏，各处满目疮痍，一切百废待兴。

← 贫民窟

去大教堂的路上，穿过一片贫民窟，大片大片低矮的铁皮房在晚霞照射下反射着刺眼光亮，一群群衣着寒酸的居民从窄小的巷子里走出来，脸上暗淡无光。这个贫民窟里的人都是从乡下来的，内战期间，产钻石的地带成了战场，人们蜂拥来到城市求生，战争结束后，他们又不想回去了。

← 用力扛圆木的孩童走来

这里的人们多生活贫困，疾病缠身。这里是疟疾、肺结核、伤寒、拉沙热病的高发区，传染性都很强。中国派出15批医疗队前来支援、救治，为中塞友谊做出了贡献。在塞国，我还专门去了中国人民解放军的援塞医疗队。在医疗救护车上，印着鲜明的字体：中国人民解放军援塞医疗队，还有五星红旗。塞国百姓对中国的支援非常感谢！

但这里也有不尽人意的地方。我在首都踏访，拍照山城风光时突然被数名警察围拢，强行抢去手机、相机，说是拍了禁区，但没有任何标识啊？后被带到警察局，几经交涉才放人。

塞国濒临大西洋，有300多公里的海岸线，而首都弗里敦恰是个海港城，有着多处美丽的沙滩，最著名的海滩为"蓝墨绿海滩"。我来到郊外一处海滩，

⬆ 中国援塞医疗队

那白色的沙滩在夕阳照耀下美极了！站在这里，望着大海、沙滩、落日，简直不敢想象这就是刚刚看到过和经历过的塞拉利昂！

夜幕降临，万家灯火。我来到下榻的滨图玛尼酒店，这是北京城建集团经营的一处涉外宾馆，陈雁群经理向我介绍说："这个宾馆本是美国人开办的，在战争中被摧毁，由我们集团买下重新进行了装修，目前这是该国最好的宾馆。"

入夜，我隔窗，望着茫茫的大西洋，听着震天的海涛，不禁感慨：非洲之苦，源于殖民！塞国之贫，来自战乱……

⬇ 海滩少女渡船

利比里亚:从奴隶回归岛到中国维和部队

汽车沿着大西洋沿岸继续飞驶东行……

我是从塞拉利昂驶入利比里亚(Liberia)境地的,一路向着利比里亚首都蒙罗维亚(Monrovia)狂奔。左边是一望无际莽莽的热带雨林,右边是浩瀚无边茫茫的大洋大海……

⬇ 利比里亚首都蒙罗维亚市紧靠大海

"利比里亚!""利比里亚……"一直在脑海中翻卷!

"利比里亚"这个国名在英文中意为"自由""解放"之意。为什么起这国名呢?

凡事有因。

抵达首都蒙罗维亚后,首先来到中国驻利比里亚大使馆。恰好这天是星期日,听说从祖国来了客人,大使张越放弃了休息,特意接待,他向我介绍了利比里亚国的情况:"从1989年至2003年,多年战争使利比里亚伤了元气,而该国又是埃博拉病毒的重灾区,成为全世界倒数第三的贫困国家。"

张越大使说,利比里亚国名的来历,源于早期的黑奴回归。他建议我去参观"奴隶回归岛"。

⬆ 中国驻利比里亚大使馆张越大使介绍利比里亚情况

"奴隶回归岛"是首都蒙罗维亚市的发源地,是利比里亚国名的起始地。岛和陆地由一座大桥连接贯通,岛中央的奴隶回归碑显示着这个岛的中心地带。这座奴隶回归碑为螺旋状,巍然屹立,

⬅ 奴隶回归岛纪念碑

第三章　西非:国家最密集纷呈的区域 | 267

它见证了奴隶回归的历史。

1821年12月,获得解放和自由后的第一批黑人奴隶离开美国远渡太平洋,来到非洲西部大西洋沿岸的梅苏拉多角半岛,于1822年1月在该半岛上的普罗维登斯岛登陆,建立起第一个美国黑人移民区,并依照拉丁文"Liber"(自由)一词给这块地方正式命名为"利比里亚",给"梅苏拉多"移民区取名为"蒙罗维亚"。随着黑人移民的扩大,1847年这里成立利比里亚共和国,定都蒙罗维亚,罗伯茨被选为第一任总统。该国独立后这里改名奴隶回归岛,并竖立了纪念碑,以纪念这段不平凡的历史。如今,蒙罗维亚市已发展到130万人,成为非洲距离南美洲大陆最近的港口城市。

蒙罗维亚市政厅坐落在繁华地带,没能想到的是,市长听到中国客人来访,一定要接见。当我走上二楼,市长早已等候在接见大厅。这是一位女市长,衣着朴素,年龄稍大。有趣的是这个国家的现任总统也是女性。女市长说:"我们'利比里亚'国名虽然是自由之意,但它并不自由,历经14年的内战,国民被战乱煎熬得麻木了,百废待兴,极希望中国的企业家到我们这里来,这里的投资环境非常好。"这是女市长的开头语,接着她介绍了这里的情况:利比里亚面积11.1万平方公里、人口400万,是非洲最古老的黑人共和国,被称为"非洲的天然橡胶王国""天堂的谷子",而首都蒙罗维亚被誉为"非洲的大门""商船王国""谷物海岸""非洲雨都"等,这里的生态、

↑ 受邀首都蒙罗维亚市长接见并接受专访

环境条件都非常好,地理位置得天独厚,但留下了战争的创伤……女市长的讲话最后又回到战争。

随后,女市长特意委派工作人员带领我去踏访战争遗址。第一站来到废弃的杜索尔宫酒店。这是美国人建造的一座全市最豪华的五星级宾馆,楼体呈圆形,依山傍海,掩映在林中。站在这里可以俯瞰全市风貌,尤其是海边的贫民

▽ 参观独立宣言签字地老教堂

▽ 杜索尔宫酒店

窟一览无余。旁边的山体上矗立着第一任总统罗伯茨的纪念碑。绝佳的地理位置，极为幽静的环境。然而，这座曾经辉煌一时的楼宇已被战火焚烧，弹孔满墙，一片狼藉……

参观的第二处战争遗址坐落在非洲联合大厦旁，也是一座五星级宾馆，它的规模要比杜索尔宫酒店大得多，当时是用来接待参加非洲联盟会议的各国要员，但也已被战争摧毁，大部分房间已经倒塌，在逆风中哀鸣，一片悲凉……

在首都，我还参观了几处战争遗址，这场自1989年至2003年的内乱，使得利比里亚大伤元气，经济一蹶不振。

在中国大使馆的联系下，我去了中国赴利比里亚维和部队踏访。刚踏入大门，就看见中国维和部队打出一个欢迎的条幅：热烈欢迎祖国亲人检查指导，而战士们站在雨水中整齐地打着军礼。异国他乡看到这样的场面，我激动地哽咽。这是一个占地有上百亩的军营，场院里写满了斗志昂扬的口号："维护世界和平，忠实履行使命""西非共筑维和梦""维和梦安全梦我的梦""中利友谊万岁"。在部队指导员的带领下，我参观了训练场、弹药库、食堂、卫生室、健身房、阅读室，观看了部队维持地方治安的视频。这支部队战士大都来自石家庄某集团军，他们在十分艰苦的条件下担当起维护世界和平的任务。

← 踏访中国驻利比里亚维和部队

← 刚刚从前方执行任务归来的维和战士

← 场院口醒目的"维和梦"巨幅标语

← 宿舍里的"维和"使命贴在床头

在蒙罗维亚踏访期间,我还去大教堂参观了利比里亚独立宣言签署地,中国援建的利比里亚大学,以及可口可乐厂、马扫尼克神庙等。

最后,我走进贫民区,了解生活在最底层的人们。这个贫民区共有8万多居民,住的全是铁皮房子。很巧,在这里走访时恰遇女市长也在这里考察。

利比里亚,这个曾经的埃博拉疫情泛滥中心,成为世人关注的地方。而现在,她热切希望投资者的眷顾……

贫民窟的中国功夫

从酒店俯瞰贫民窟

科特迪瓦:"象牙海岸"

丛林,草原,丘陵。

穿越热带雨林,涉过条条河流,向着科特迪瓦进军……

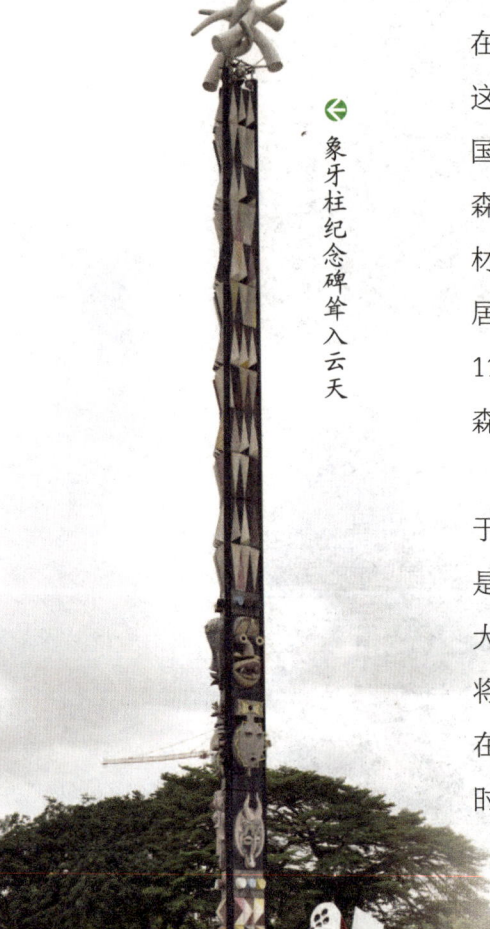

象牙柱纪念碑耸入云天

科特迪瓦(Coate d'Ivoire)共和国,处在大西洋海岸、几内亚湾,是一个富庶之地。这个面积32.2万平方公里、人口2210万的国家,是最繁盛的西非热带国家之一。该国森林覆盖率达70%以上,森林资源丰富,木材拥有量是非洲第三,可可的产量和出口均居世界首位,天然的橡胶、咖啡、棕榈油等11种产品产量居非洲前列,这都源于广阔的森林资源。

"象牙海岸"作为科特迪瓦的代名词,源于该国森林之中曾经大量生活的大象。大象是科特迪瓦的国宝。曾几何时,欧洲殖民者大量掠夺这里的象牙,尤其是法国殖民者还将这里冠上"象牙海岸"的称呼。"科特迪瓦"在法语中意为"象牙海岸","象牙海岸"一时间成为科特迪瓦的符号。

科特迪瓦的"象牙海岸"与加纳的"黄

金海岸"、贝宁的"奴隶海岸"并称西非著名的"三大海岸"。

科特迪瓦有三个都城，一个是经济首都阿比让市，一个是旧都大巴萨姆，还有一个政治首都亚穆苏克罗。

信步在阿比让大街上，那宽广的马路，飞起的高架桥，林立的高楼大厦，颇有大都市的感觉，难怪这里被称为"非洲的小巴黎""非洲的香港"。阿比让是科特迪瓦的经济首都，而实际上也是全国的行政中心，总统府、议会大厦、政府办公机构、各国外交使团均设在该市，全市共有430万人口，是西非第二大城市，仅次于拉各斯，在整个非洲来说，也是个建设较好的城市。阿比让地理条件优越，位于几内亚湾埃布里耶泻湖沿岸，包括阿比让半岛和泻湖中的小巴萨岛，是一座美丽的港口城市。

◯ 商贸中心

◯ 象牙酒店

沿街而行，最明快最闪亮的建筑是银行机构。阿比让是非洲重要的金融之都，该市拥有42个金融机构、20多家银行、40多个支行，形成一个稠密的非洲金融网。著名的非洲发展银行总部、世界银行西非分行、印度银行、科特迪瓦工商银行和科特迪瓦银行等银行大楼皆是一座座摩天大厦，矗立在市区的中心地带，给该市增添了一道亮丽的风景线。

阿比让最高的建筑为"象牙酒店"，也是全市的地标，高达30多层。这家酒店全部是现代化设施，富丽

▼ 大教堂

↑ 三角古楼

堂皇。象牙酒店最有特色的建筑是耸入云天的象牙柱纪念碑，屹立在高楼一侧。象牙柱上镶满了各种各样的象牙，异彩纷呈。

阿比让大教堂坐落于非洲发展银行总部旁边，这是一座建筑风格独特的教堂，天蓝色的顶棚，洁白的墙体，给人一种极为宁静的感觉，视觉的立体感也很强烈。大堂内的玻璃画逼真细腻，描绘了众多的宗教故事。

在阿比让我考察了科特迪瓦大学，去了中国大使馆，随后来到象牙手工艺品市场。象牙手工艺品市场是一个民族村开办的，象牙制品有手镯、耳坠、簪子、碗雕等，大都是象牙下脚料做成的小型手工艺品。但象牙制品对外来客人来说，只能一饱眼福看看而已，不能带出。因为出境必查，轻者罚款，重者坐牢。

↑ 象牙艺雕

这里中国人和中国元素很多。最早到这里来的中国人是浙江人，在此办诊所、建教会、开药店，因为这里医疗条件太差了。后来移民的中国人渐渐多起来。

我去的第二个都城是大巴萨姆。

从阿比让市驱车，沿着大西洋海岸东行，走向历史名城大巴萨姆，一路都是又宽又直的大道，这是由中国援建的，双向6车道。大巴萨姆是科特迪瓦的第一座首都，是19世纪末20世纪初殖民者规划的一个样板城镇。

35公里的车程，半个多小时就到达了。进城的第一印象是古老和陈旧，多是殖民时期建筑，也夹杂着当地非洲人的房屋。在古城，我首先走进博物馆了解历史。这里很早的时候是一些小王国，15世纪后半叶，葡萄牙、荷兰相继入侵，1842年沦为法国殖民地，并开始在这里建城，名为大巴萨姆，并定为首都。当时这个城分成专门的商业区、行政区以及欧洲人居住区和非洲人居住区。1900年这里发生黄热病死去了很多人，为此法国人弃城而去。大巴萨姆作为首都仅存7年时间。2012年该城被联合国教科文组织列为世界文化遗产。

⬇ 旧都大巴萨姆旧商贸楼

追寻最初的建筑，造访最早的房屋。沿街而行，与当地人零距离接触。我踏访了在此建的第一所医院、第一座学校、最早的市政厅、最初的银行。留下印象最深的是昔日的商贸楼，尽管已经破烂不堪，但仍显示出当年的气势，尤其是房屋的画廊、雕刻、造型，都值得称道。

去过科特迪瓦旧都大巴萨姆和经济首都阿比让后，我最终来到政治首都亚穆苏克罗（Yamoussoukro）。现首都于1983年由阿比

⬆ 旧银行

第三章 西非：国家最密集纷呈的区域 | 275

 博物馆讲解员凝望对面的旧总督府心情沉重

 寻找老住宅

让迁来，为什么迁都？主要原因是阿比让人口急增，治安恶化，为了发展内地经济才决定迁都的。亚穆苏克罗是已故总统博瓦尼的故乡，距阿比让240公里。原来这里是个小村庄，自迁都以来，现已发展到25万人。主要建筑有总统官邸、总统旅馆、博瓦尼基金大厦、国际医院、民主党总部大楼、邮电大楼、市政厅、大教堂和大清真寺。

在众多建筑中，最为亮丽的是博瓦尼基金会大厦，还有中国援建的议员之家和世界上最高的教堂——"和平圣母大教堂"。

科特迪瓦，三个都城各领风骚！

"象牙海岸"，在"三大海岸"中独具特色！

加纳："黄金海岸"

大西洋，浪涛汹涌……

几内亚湾，碧波万顷……

我是乘轮船从科特迪瓦的阿比让漂洋过海去往加纳的。

加纳（Ghana），地形像一个倒置的水桶立在几内亚湾，南北长约 650 公里、东西宽约 350 公里，面积 23 万多平方公里、人口 2400 万。首都阿克拉（Accra）坐落于几内亚湾海岸。

加纳有"黄金海岸"之称，因为加纳矿产资源丰富，特别是黄金储量居世界前列，成为该国的经济支柱，也是出口的主要产品。黄金，成了加纳的名片、象征，同时也成就了西非著名的"三大海岸"之一即"黄金海岸"。

加纳还是"非洲十大旅游国"之一，旅游资源最著名的有"自由之门""幸福之门""不归之门""凯卡木国家公园""地球上最大的陨石坑——博苏姆推湖"等。

加纳首都阿克拉的"自由之门"

"幸福之门"像手提挎包

第三章 西非：国家最密集纷呈的区域 | 277

在加纳，有一个埃尔米纳奴隶堡。在这里，殖民者把贩卖的奴隶通过"不归之门"运向美洲，自此，这些黑人奴隶再也回不到自己的家乡，再也见不到自己的家人，永远踏上了不归之路……

这就是加纳著名的"不归之门"！一个见证贩卖黑人奴隶的"不归之门"，一个印证奴隶背井离乡的"不归之门"，一个记述奴隶血泪史的"不归之门"。

历史无法篡改。将时间倒退到公元1471年，那年，葡萄牙人入侵，1482年，贩卖奴隶开始，成千上万的奴隶从加纳海岸启程漂洋过海，被卖到他乡。葡萄牙之后，荷兰、丹麦、瑞典、法国、英国等西方殖民者相继而来，他们一边淘宝黄金一边贩卖奴隶。加纳人民，生活在水深火热之中……

面对黄金的掠夺、奴隶的贩卖，加纳人民纷纷起来进行长期不屈不挠的英

⬆ 旧港口

勇反抗斗争，争取解放，争取自由，直到1957年获得独立成立共和国。

获得独立解放的加纳人，在首都阿克拉海滨黑星广场建造了"自由之门"。自由之门庄严肃穆，为大理石砌起，门顶装裱着一个巨大的黑色五角星，下方

写有"AD1957"的字号及"自由之门"的标识。"黑星广场"的名称来自"自由之门"上的黑色五角星,表明黑人的解放和自由。

黑星广场上还有一个设计新颖的"幸福之门",与"自由之门"遥遥相对。"幸福之门"像女人挎包,既有时代感又有美感,线条优美,色彩绚丽,意在让黑人走向光明大道,过上幸福生活。据当地人介绍,"幸福之门"是按第一任总统夫人的挎包设计的。广场旁边还有独立纪念碑、永不熄灭的火焰盆、观众看台等,附近是中国援建的体育场和国家电视台。

不远处,竖有第一任总统恩克鲁马的巨型雕像,后面是纪念碑和国家博物馆,其中蓝色纪念碑建造为花瓣形,线条既庄重又优美。雕像、纪念碑和博物馆记述着加纳人民反抗殖民者侵略和争取民族解放的历史。恩克鲁马的涂金雕像高15米,他是加纳的国父,非洲撒哈拉沙漠以南杰出的民族英雄、非洲民族解放运动的先驱,是泛非主义、泛非运动和非洲统一的主要倡导者。他带领加纳人民为独立解放进行了不懈的斗争,使得加纳成为黑非洲第一个获得独立的国家,成为加纳第一任总统。

阿克拉作为加纳的第一大城市和首都,建造得非常漂亮。在这个220万人口

独立纪念碑,后面是中国援建的体育场

第一任总统纪念碑

的城市，我游览了海城大街、商业大街，去了国会大厦、总统府、中国援建的艺术馆，还去了首都旧港口踏访渔村、渔民。

加纳的木棺加工很出名，有各种动物标识。

晚上，我所住的加纳酒店是国宾馆，英国女王、前首相布莱尔曾在此下榻，宾馆大厅挂有英国女王的很多照片。这里也住有不少中国客人。中国在加纳首都有很多援建项目，到处是中国元素。

中国援建的总统府

中国援建的艺术馆

囚禁贩卖黑人的埃尔米纳奴隶堡

埃尔米纳奴隶堡位于距离加纳首都阿克拉130公里外海岸角省的海岸上，面朝几内亚湾。1979年该堡被联合国教科文组织列入世界文化遗产。

我乘坐的汽车出阿克拉市一路西行，左边是茫茫的大海，右边是碧绿的田野和农舍。途中，绕道去了凯卡木国家公园，观赏了森林吊

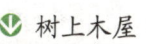 树上木屋

 凯卡木国家公园森林吊桥

桥、森林木屋、森林山地、森林幽谷等地,然后继续前行,不远处便是埃尔米纳奴隶堡。

来到埃尔米纳奴隶堡前,第一眼看到的是白色墙壁上的世界文化遗产标识。当我一步步登上这座城堡,顿时被眼前宏大的建筑所震撼!据讲解员介绍,这座城堡于1481年由葡萄牙人建立。1471年,葡萄牙殖民者埃尔米纳抵达加纳几内亚湾,发现此地盛产黄金,便命名为"黄金海岸"。为了掠夺黄金而建造了以自己名字命名的埃尔米纳城堡,用于交易和存放黄金。但他们很快发现交易黄金远不如贩卖黑奴那样"一本万利"。于是,他们从各地把黑奴押来,用以交换布匹、银器、烈酒及军火。

于是"黄金海岸"变成"奴隶海岸",交易城堡变成了"奴隶城堡"。像这样的城堡,沿海岸建起了30多个,其中埃尔米纳奴隶城堡规模最大。

站在城堡上看,这是一个海岸岬角,三面环水,一面与陆地相连,整个城堡建在一块突兀的山崖上,非常险要。临海是一排长长的大炮和大堆大堆的炮弹,尽管大炮和炮弹已锈迹斑斑,但仍彰显往日的威风。

城堡的布局有主楼教堂、角楼、总督府、碉堡、地牢等。教堂原是殖民者祈祷之地,后也改成黑奴的交易市场。几百年间,这里每天有成千上万被贩卖的黑奴押入地牢囚禁,等待船只运送出海。

▼ 奴隶堡外景

🔽 堡垒威风凛凛面向大海

城堡最重要的部位是地牢。地牢共有五个男牢和两个女牢，每个牢洞一般押200黑奴，多则600人。当我沿着黑乎乎的地沟走进一个男地牢时，一股酸臭味扑鼻而来，潮湿、阴暗、缺氧，笼罩着整个黑洞。我随参观者走进一个不足60平方米的地牢，这个小小的洞穴一次关押400多名奴隶，这些黑奴是怎样忍受不透气的空间的呢？在场解说员说："当时黑奴像动物一样被关在这里，拥挤、湿热和缺氧，使得有些人倒下，而这些倒下死亡和濒临死亡者被抛进大海，幸存者被奴隶船运向美洲。"最让人不能容忍的是殖民者的阴险和恶毒。当我走进一个女牢房，看到顶部开有一个洞口，这个洞口直接通向总督府。讲解员说："总督通过这个开口向下观察。当发现或者看中哪位女奴漂亮，便押到楼上强行蹂躏，凡不从者则押至后院捆到树上，任蚊虫叮咬，烈日暴晒，直到折磨致死。"

"不归之门"连着大海，实际是个通道。这里同样是暗无天日，一片漆黑。在狭窄的通道中，一条斜坡通向奴隶船。奴隶船一般三个月来一次，就是说奴隶要在此关押三个月，吃喝拉撒睡都在地牢。离开时，奴隶们戴着手铐和脚镣，沿着泥泞潮湿的路穿过隧道，走向大海，走上不归之路……

这就是眼前的埃尔米纳奴隶堡！贩卖奴隶在这里延续了300多年。

今天，地牢变成了展室，对外开放，让人民铭记那段不堪的历史。在奴隶地牢洞口，每天都有很多黑人从美洲远道而来寻根。

🔽 在地牢沉痛吊念离去的奴隶们

1998年，美国时任总统克林顿出访加纳专门来到奴隶堡，他对美国参与贩卖加纳奴隶，而向加纳人民公开致歉，他为"人类遭遇此等对待"而感到万分遗憾！

2009年，美国时任总统奥巴马就职6个月后出访加纳，并特意来到奴隶堡参观缅怀，他在发表讲话时特别提醒自己的两个孩子不能忘记这段历史……

地牢洞左侧的一块木板，上面写着奥巴马来访的时间。右侧的一块牌子上写着：忘记过去，展望未来。

"黄金海岸"，变成了贩卖黑奴的窝点……

埃尔米纳堡，沾满了奴隶的血迹……

⬆ 通往奴隶堡的路，左边是大海椰林

多哥：崇尚动物尸骨的拜物教

在大西洋几内亚湾继续乘船东行……

从加纳首都阿克拉船行 200 公里靠近多哥（Togo）海岸。

如果说加纳的地形像一个倒立的水桶，那么多哥的地形就像一个蠕动的爬

⬇ 进入多哥首都洛美，一路大海沙滩相伴

虫头顶几内亚湾。多哥全境窄长，海岸线仅53公里，是非洲最小的国家之一，面积5.7万平方公里、人口620万，居民中70%以上信奉拜物教，有"拜物教之国"的称谓。

轮船靠岸即是多哥首都洛美（Lome），坐落在与加纳的交界处，是一个边境城市。

进入洛美市区后，右边出现大片深红色沙滩，间或一些高大的树木，一直延伸到大海。洛美是世界著名的城市之一，它的美在于与10多公里长的美丽沙滩相伴，处在一片热带林木中，掩映着桉树、芒果树、棕榈树、面包树、椰子树，别具热带风情。

"洛美"是由当地埃维语"阿洛美"演变而来的。"阿洛"是一种树，将其树枝放入嘴中便自动裂开，形如牙刷，当地人都用这种树枝来刷牙。"美"在埃维语中为"在……中间"，阿洛美即"在阿洛树中间"。在18世纪20年代，洛美只是一个小渔村，后经过不断发展，现在成为有着45万人口的城市。

洛美市入口左侧第一家餐馆便是中国城，与总统府只一墙之隔。在此就餐时杨老板介绍："多哥与中国关系友好，沿街可以看到很多中国援建项目，仅是派到这里的中国医疗队就达20批之多，医护人员达427人次，深受多哥人民欢迎。"

沿着林荫道来到独立广场，这是洛美市的中心地带。独立纪念碑建造得很有特色，为凯旋门状的建筑物，中间有一位少女高举点燃的火炬。纪念碑东侧是中国援建的议会大厦，西侧是西非地区最高的建筑即36层的二月二酒店，是专为召开非洲统一组织首脑会议建造

独立纪念碑

议会大厦

古建筑

的。

　　我绕行到议会大厦的后面，去国家博物馆收集资料，这里展出了多哥各个时期出土的文物，详述了多哥的发展史。多哥古代境内分布着诸多独立部落和小小的王国。公元 15 世纪，葡萄牙殖民者在沿海大量贩卖奴隶。1856 年德国侵入，这里沦为德国殖民地。1960 年独立。多哥是个多民族的国家，居民多信奉拜物教，即"伏都教"，又称"巫毒教"。

　　当我驱车来到巫术市场，一下子惊呆了！货架上尽是一排排整齐的动物干尸和残骸，其中有猴子头、豹子头、鳄鱼头、蟒蛇头、大象尾巴、晒干的蝙蝠、蜥蜴、老鼠、牛头、青蛙等，还有很多鸟类的干尸和头骨。穿行在摊位，一股

↑ 拜物教巫术市场

股腥臭味扑鼻而来，空气中弥漫着的动物尸体腐烂的气味让人喘不过气来。而一个个龇牙咧嘴、张牙舞爪的干尸也令人心生恐怖和不安！

　　我走访了当地的市场管理人员："这个巫术市场是世界上最大的巫术祭品市场，各地巫师都会来这里寻找他们施法下咒药用的道具。"摊主说："这些物品都可以在巫师的帮助下从祖先和神灵那里获得神力，医治疾病或者带来好运，能解决任何难题，包括生孩子等。"

　　据讲解，巫术市场是拜物教产物，西非拜物教盛行。拜物教又译作"巫毒教"，由拉丁文 Voodoo 音译而来。拜物教祭拜太阳、动物等，习惯用动物治病，乞求愿望实现。其仪式中使用动物做祭品，有人则视之为"黑魔法"。

拜物教徒又唱又跳欢迎客人

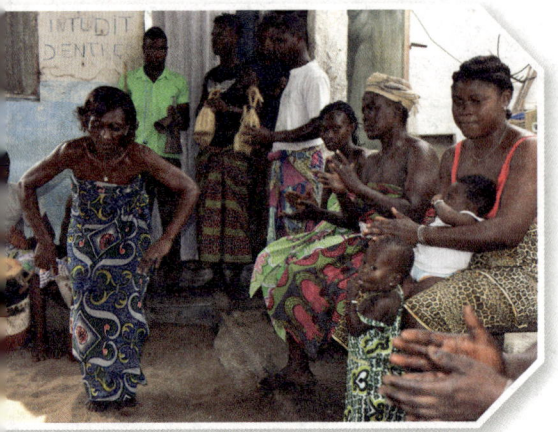

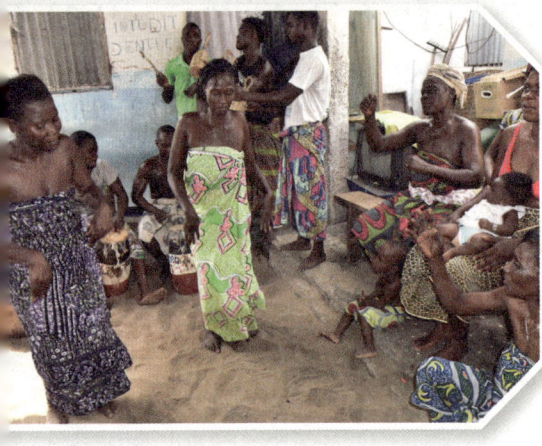

洛美是一座年轻的城市，多哥独立之后被定为首都。其实，多哥还有一座旧首都名为安纳壕，处在洛美市的东部，也是德国殖民时期的首府。行车20分钟我来到这里，只见沿街德国殖民时期的建筑"一"字排开，都保存了下来，有些陈旧的楼宇上面还显示着建造年代。最完整的建筑是坐落在河边沿岸上的德国统治时期的旧总督府，风采依旧，旁边的旧民宅、旧教堂已是残垣断壁……

与安纳壕城一河之隔有个拜物教居民区togoville，我特意去居民家中采访，受到拜物教徒的热情接待。这是一个非常普通的农户，门前摆有他们膜拜的偶像，墙壁上画有很多他们崇敬的蟒蛇。跨入门廊时，一群男女在沙地上又唱又跳，欢迎气氛感染着每一个人。伴着鼓声和欢唱，我走过堂屋，拜访了部族的长者，她非常客气地请我坐在她的旁边，谈起她们的信仰，她说："我们拜物教的总圣旨：爱每一个人，制造快乐！"

在拜物教居民区，我还走访了一所小学校。天真活泼的小学生们把我围拢起来，对我这个外来者感到非常好奇。在操场上，一位教员告诉我："我们这里的居民都信奉拜物教。"

小学旁边设有教堂，还有教会竖立的石碑，碑顶是一个矩形的手掌，攥着一把物体。但我看到后，不解其意。

多哥是一个多姿多彩的国度。多哥北部的帕古达部落，每年 11 月第一个星期六会举行盛大的"鞭子节"，鞭子节寓意："如果你有不能友好解决的纠纷，那么这一天可用鞭子解决。"这个传统的节日已延续了上千年。

多哥，一个多姿多彩的秀美国度！

多哥，一个拜物教盛行的地方！

← 墙画皆是拜物教崇拜的蟒蛇

← 群蛇吸珠

贝宁:"奴隶海岸"

从多哥到贝宁同样乘坐轮船,两个国家的首都均处在大西洋沿岸。

贝宁(Benin)的版图像一把燃烧的火炬贴在几内亚湾。

贝宁旧称达荷美,面积只有11万平方公里、人口930万,自然资源贫乏。它和多哥一样,都信奉拜物教,同样是"拜物教之国"。而贝宁,又是拜物教的中心和发源地。

↓ 神气的街头雕像

贝宁历史上是贩卖黑奴的重灾区，成千上万的黑人从大海运出，几百万黑人流离失所、远离家乡，去海外当奴隶。沿海的"不归门""回归门"证实了这一黑暗历史……因此贝宁成为非洲著名的"奴隶海岸"，它与加纳"黄金海岸"、科特迪瓦"象牙海岸"并称西非著名"三大海岸"。

"非洲最具人类文明国家"之一的贝宁还是一个与众不同的旅游目的地，拥有波多诺伏古城、世界文化遗产阿波美皇宫、"非洲威尼斯"冈维埃水上村和维达古迹蟒蛇庙。

波多诺伏（Porto-Novo）古城是贝宁的首都，为国民议会和最高立法机构所在地，历史上是波多诺伏王国首邑，始建于16世纪末，1580年葡萄牙殖民者来到这里将其变为贩卖奴隶的根据地，并命名为"波多诺伏"，意为"新波尔图"，因为葡萄牙著名的城市波尔图得名，这里至今仍保留着十分浓厚的古非洲的城区风貌。

波多诺伏作为古都，名胜古迹众多，历代波多诺伏王国都在此城留下了足迹，其中托发国王的宫殿最为宏伟壮观。当我来到这座宫殿前时，首先映入眼

⬇ 贝宁首都波多诺伏红色的国王宫殿

帘的是高大雄伟的红色宫墙，给人的第一感觉是古老、庄重，成为城市的地标建筑，映红了整个城区，难怪有人称波多诺伏为"红色城市"。跨过宫门，迎面是三个神秘的人物雕像，一个手握斧头，一个头顶陶罐，一个手拿草棍，神气十足。宫殿内高墙大屋，宫院密布，走廊狭窄，像迷宫一样，殿内有国王的雕像、宝座、寝室、客厅，还有王后的住地。

◐ 私人收藏馆墙上的浮雕

在波多诺伏古城，我参观了大西瓦私人收藏馆。"大西瓦"早年作为奴隶从贝宁被贩卖到巴西做劳工，后来他经过千辛万苦的努力和积累发展成为一名成功的商人。之后衣锦还乡，在波多诺伏城建造了收藏馆，将自己从奴隶到商人的苦难经历，用实物展示出来，向人们昭示那段耻辱的历史。收藏馆为二层楼建筑，陈列室中展出了锁链、手铐、劳动工具、衣服、鞋帽等，还有血迹斑斑的照片。在展室外墙上刻有一组贩卖黑奴的雕像及被迫前往他乡的场景。

◐ 园锥形古塔　　◐ 拜物教教堂

在波多诺伏城区，我还去了民族博物馆、伏都教堂、圆锥形古塔、人种博物馆和桑海种植中心。桑海中心研究环保种植，不使农药，不用化肥，使农作物没有任何污染。

最后我驱车去了波多诺伏城的东部踏访了制造木鼓的古村落 Adjarra。在农户家，我采访了一位年近古稀的老人，他说："这个古村落制造木鼓有 500 多年的历史，家家户户以制鼓为生。"木鼓是贝宁乃至非洲很传统的打击乐器，跳舞、唱歌、演奏都离不开它。在村落里，我还走访了一位年轻人，他正在开凿一个圆木，用来做鼓身。他说："这里的木鼓都是用一整块木料开凿而成，而不是粘接，所以音质非常好。"在村落边上，专门设有一个木鼓市场，所卖木鼓多种多样，让你目不暇接。木鼓，展示了贝宁的文化，继承了非洲的传统工艺，传承了西非的文明……

贝宁，还有一个经济首都为科托努市，人口 73 万。这是新发展起来的现代化城市，建有很多政府机关。科托努市高楼大厦林立，要比波多诺伏繁华得多。

⬇ 在木鼓专业村参观凿木旋鼓

⬇ 制鼓老人

沉睡的历史遗迹阿波美皇宫

贝宁,这个非洲人类文明流传很多的国家,有一处被联合国教科文组织列入的世界文化遗产,即阿波美皇宫。

阿波美皇宫处在贝宁南部的阿波美市,距首都波多诺伏 105 公里。我驱车来到这个古城,只见城区已是破烂不堪,窄小的街道,低矮的建筑,已经看不到昔日的辉煌,特别是城中耸起的一座黑色圆形建筑,与周边环境极不协调,破坏了旧都的历史风貌,对比之下更感受到它的沧桑。

经过两道街巷,我终于到达阿波美皇宫门前,首先呈现在面前的是"世界文化遗产"标牌,它是于 1985 年被列入名录的。从外观看,皇宫墙体呈深红色,

▼ 去皇宫路上

像一条钢铁长城与外界隔绝，成为坚不可摧、攻不可破的宏大建筑。走进皇宫大厅，映入目光的是一个硕大的方形庭院，四周是蔚为壮观的殿堂，同样呈深红色，分别为国王的前宫、客厅、休息厅、宫殿，墙体和廊厅中，有着彩色泥土浮雕、塑像、木刻，形式多样，花色各异，显示出贝宁的历史文化。

阿波美皇宫是一个建筑群，几个庭院相连，走廊一条连着一条。这些宫殿在建筑艺术、空间布局、木料选用等方面大致相同。由于热带气候条件的影响，风吹日晒，皇宫已面临毁灭，有的宫殿已经处于倒塌状态。

在皇宫前院，讲解员向我介绍了阿波美皇宫的情况。阿波美皇宫占地0.4平方公里，共有三个庭院。前院主要用来举行礼仪活动及阅兵仪式；内院是国王和王后的起居地；另一个大院用于储藏物品。

这个皇宫，自1625年

→ 皇宫世界文化遗产标识

→ 正门

→ 前宫大院

→ 内宫

宫室浮雕壁

藏品

收藏文物

建立阿波美王朝后到1900年为止，共经历了12位国王统治，除了阿卡巴国王在别处兴建宫殿外，其他历任国王都将自己的宫殿建在同一个王朝园林内，都在这个土坯城墙内，因此形成一个充分就地取材的完整建筑群。

在国王统治期间，国家大部分财富来源于奴隶交易，如葡萄牙用大炮、枪支与阿波美宫廷交换奴隶，一门大炮换21名妇女、15个男子。到18世纪中叶，阿波美王国成了西非最庞大的奴隶贩卖中心，从这里运走了大批奴隶。

走在皇宫，穿过前院便是国王的内宫，宫内陈列着历代国王的礼服、轿子、祭器、烟袋，还有国王的御座等，其中坐椅是人的头骨做成的。讲解员说，当时国王拥有4000名妻子。

阿波美皇宫，为这个已消失的古王朝留下了历史见证……

令人毛骨悚然的蟒蛇庙

从贝宁首都波多诺伏西行 40 公里，来到大西洋省首府维达古城。城内有一座蟒蛇庙，已有 600 多年历史。

站在蟒蛇庙前，一杆白色的旗帜从庙里升起，迎风飘扬。白旗，是拜物教的典型标志。将目光从蟒蛇庙移向四周，这才注意到几乎家家户户院落中都飘着白旗，说明这里的人们都崇尚和信仰拜物教。如果说维达是全世界拜物教的发源地，那么蟒蛇庙就是拜物教的信仰中心，因为蟒蛇庙里的白旗最高、最大、

▼ 蛇房　　　　　　　　　　▼ 蛇墙

第三章　西非：国家最密集纷呈的区域 | 297

← 蛇庙门前的雕像

最显亮。

　　蟒蛇庙门前，竖立着一位身缠蟒蛇的女人雕像，女人面部表情安然自得，目光深情，仿佛祈求平安。庙墙上画着很多蟒蛇昂首蠕动的绘图，很多拿着祭品的拜物教徒去朝拜。当我随着朝圣的人群走进蟒蛇庙后，看到一位教徒托着一条长长的蟒蛇在院中迎接人们的到来。这是一个不太大的庙院，在一座圆形房舍中，数十条蟒蛇或盘在地上，或缠绕着房柱，安闲悠然。这里就是蟒蛇庙最神圣的地方，也是拜物教朝圣的目标。

　　庙里的教徒对我说："万物皆有神灵。蛇神是拜物教信仰的重要神灵，也是我们最崇敬的拜物神灵。拜物教的名字就源于信徒对类似蛇神这样的多个神灵的称呼。"

　　据介绍，拜物教又称"伏都教"和"巫毒教"，"伏都"在芳语中是"灵魂"的意思。该教源于非洲西部，贝宁是诞生的摇篮，它糅合了祖先的崇拜和万物有灵魂及通灵术的原始宗教。拜物教成为贝宁的国教，计500多万人信奉，并流行于加纳、尼日利亚等西非诸国。拜物教最著名与最恐怖的是"迎魂尸"，如果有人生病或遭遇不幸，那会找巫师去做法。在巫师的帮助下，人们与神灵和祖先沟通，祈求他们的保佑。

　　走出蟒蛇庙是一个小广场，设有拜物

↑ 人蛇共舞

↑ 在回归之门接受贝宁日报采访

教的市场，一些摊点摆放着动物的骨骸，这些药材和神物都与拜物教有关。还有的摊点摆放伏都木娃娃、拜物教面具等作为纪念品出售，而店主都是拜物教徒。我上前搭话、询问，他说："拜物教是佑护，不会害人；这是白巫术，而不是害人的黑巫术。"

身边的翻译说，黑巫术源自500年前的大陆种植园。西非的黑人奴隶被贩卖到那里后，出现了拜物教下的黑巫术，即用毒咒致人死亡，还有的让其吃下河豚毒素进入假死状态，成为终生奴隶，在庄园当苦力……

蟒蛇庙所在的维达古城，既是拜物教的摇篮，又是著名的贩卖黑人奴隶的据点，也是拜物教走向美洲的起点。那时，从维达贩卖出去的奴隶达数百万……

蟒蛇庙不远处是维达博物馆，馆中收藏了大量运送奴隶的铁枷锁，记述了奴隶被迫离家的悲凉历史……

我顺着蟒蛇庙南下几百米，到达几内亚湾海边，这里就是著名的"奴隶海岸"，是西非著名的"三大海岸"之一，昔日，成千上万的黑奴，在此被装船贩运到美洲，走上了不归之路。在这里，贝宁政府建造了象征黑奴背井离乡悲惨遭遇的"不归门"。"不归门"外即是滔滔的大海，透过"不归门"，我仿佛看到

不归之门

回归之门

了黑奴离去时的愁容，仿佛听到了他们的哭喊和哀求……

在距"不归门"不远处，还建造了一座"回归门"，门的主题结构是贝宁的地图图案。透过"回归门"，我仿佛看到了被贩卖奴隶客死异地而尸体回乡的情景，仿佛听到了黑奴胜利回归的呼唤……

傍晚，观看了民族特色的面具表演。面具上部有蟒蛇的装饰，各式各样，多姿多彩，显示了非洲的一种文化。

伴着舞步，鼓乐声飘向大西洋，飘向贝宁湾……

观看戴有蛇状面具的表演

泛舟"非洲威尼斯"水上村庄冈维埃

清晨,从贝宁的科托努市出发北行25公里,来到天然泻湖诺库埃湖岸边。

站在湖畔,一轮初升的太阳浮出水面,染红了芦苇中的波纹,泛着粼粼光泽,风景旖旎。

我乘一条木舟划破水面,荡在诺库埃湖,消失在茫茫水域中……

去往水上村庄冈维埃的水道上,我精神焕发,这是我到贝宁以来最轻松的一天。初来时中国大使馆的工作人员一再对我说:"到贝宁不去水上村,等于没有到贝宁。"

木舟轻轻地漂在湖面,船桨哗哗作响,溅起的水花扑打在头上。我来不及擦去脸上的水珠,尽

→ 水上村庄出现在目光中

→ 木板小院

情欣赏着美丽的诺库埃湖。水天一色,湖光倒影,动静相依。来去的船只,载着活鱼,装着鲜菜,穿梭交织着。撒网的渔民,周旋在芦苇中。远处不断飘起阵阵歌声,在水面上荡漾⋯⋯

飞快的木舟向着冈维埃水上村庄漂动。船公一边划桨一边介绍。诺库埃湖上有30个水上村,冈维埃村为最大。"冈维埃"在阿贾语中为"得救之地"的意思。18世纪初,贝宁诸王称霸,战乱不断,人心惶惶。为了保全生命,他们躲避到湖里,在湖面上搭建草房,栖身入住,渐渐形成了水上村。

水上村被称为"非洲的威尼斯",饮誉为"世界的旅游胜地"。我听这到些赞誉,慕名而来。

船公一声口哨,震破了四周的水面。抬头一看,前边出现了水上房屋。只见水面上插起很多木桩,木桩上搭建起简陋的木房,墙体、门窗、屋地、栏杆均为木竹绑定,房顶用茅草遮盖,当地人称之为"高脚茅屋"。各家各户的房屋是隔开的,唯一交通工具是木船。

这就是远近闻名的冈维埃水上村。

我所乘坐的木船开进村里,目光中

出行

水上运货

呈现的皆是高脚茅屋、来往木船、涌动的水面。冈维埃村东西长5公里、南北宽4公里,水上居民2万人,高脚茅屋5000多处。村庄建有水上商店、卫生所、学校、邮电所、教堂、旅馆、供水站、市场等。

↑ 水上市场

我绕过几座高脚茅屋来到水上市场。这里没有交易平台，没有具体摊位，只是密密麻麻的木船集结在一起，船上摆蔬菜的、摆粮食的、摆水果的、摆服装的，应有尽有。船，成了交易商品的摊点。

供水站设在村里的中心地带，取水的船只排成长队，一船一筒，按序灌取，不许插队。因为湖水不能饮用，住户并没有连接上自来水。

驱船来到卫生所，这是一间宽敞的草房，外墙看起来粗糙，但房屋里非常干净整洁。一位女村医走来，她说："简单的病症都能处理，重症需要送医院治疗。这里打针、用药、防疫都很方便，有时还需出夜诊，出诊都是坐房前的木船去。"

泛舟冈维埃水上村，我还去了小学校、教堂、邮电所踏访。最后走访了一家农户，了解了他们的生活习惯。这家高脚茅屋尽管不大，但设施齐全，有卧室、客厅、厨房、阳台、厕所，整套房屋全部用椰树枝干和茅草搭成，既挡风挡雨，又散热隔潮，非常舒适。

晚霞如火，夜幕降临，泛舟诺库埃湖更有趣味。那湖面、渔网、那芦苇、水草，那木舟、船桨，一并深印在月光中……

诺库埃，一湖神秘的广阔水域……

冈维埃，一个美妙的水上村庄……

尼日尔：撒哈拉大漠中的"中国热"

尼日尔(Niger)地处非洲大陆中西部、撒哈拉沙漠腹地，面积126.7万平方公里、人口1714万，典型的内陆国家，生态环境和自然条件十分恶劣，是世界上最热的国家之一。

然而，尼日尔矿产资源丰富，其中铀矿储量居世界第五位，另有石油、黄金、铁、锡等储量也很大，被誉为"矿产之国"。但由于工业基础薄弱，尼日尔抱着金饭碗却依旧贫穷。和中国建交后，我国派出大批技术人员进驻，经济有所好转。从此，尼日尔出现了前所未有的"中国热"，到处都是"中国元素"。

进入尼日尔首都尼亚美(Niamey)市后，我首先去参观尼日尔国家博物馆，

尼日尔国家博物馆展出的中国援尼石油基地照片

参观中国援尼陈列室的当地人络绎不绝，赞不绝口

那里专门设有"中国援尼矿业馆"。

尼日尔国家博物馆是非洲著名的博物馆,坐落于尼日尔河畔的小山上,依山傍水,乳白色的建筑群错落有致分布于山坡上。当我第一次走进这个园林式建筑群,一下子震撼了:不愧为首都八景之一!信步于树里林间,这个占地24公顷的博物馆,分布着史前馆、民族馆、石雕馆、进化馆、矿业馆、人种馆等,每个馆都具有民族特色和伊斯兰风格。除此之外,还有草房展、动物园、植物园、手工艺厅等,太浩大了,它已经超出了博物馆的范畴,成了一个综合的乐园。

在向导张娜的引领下,我走进博物馆中国矿业馆。这个馆展出了中国援建尼日尔油田、油厂的模型图,有中国帮助尼国开矿、冶炼的资料图及各种照片等。总之,矿业馆都是中国援建的实物和资料。馆内讲解员介绍说:"中国的矿业工作者已扎根在撒哈拉,为尼日尔做出了贡献,我们感谢中国。"据悉,这个馆是中国大使馆经济商务参赞处帮助设计布置的。

经过中国援建的议会大厦,来到中国大使馆经济商务参赞处踏访,了解一

⬇ 中国援建的国会大厦

些中国援建情况。座谈之后，恰遇这里正在举办"中国驻尼援建人员歌咏演唱会"，横挂的条幅让人感怀。上联："盛意骋怀共叙天涯驻外情"，下联："欢声争霸同叙海内家乡梦"。聆听着现场歌声，感动于这些海外之子在异国他乡奉献着他们的美好时光。为此，我也参与进去，与大家共歌同唱《歌唱祖国》，祝他们一切安好！

⬇ 在中国大使馆与中国援尼人员同唱《歌唱祖国》

⬇ 尼日尔首都尼亚美具有民族特色的地标建筑团结商会大厦

演唱会结束后,我现场采访了中石油的史素海、管道局的谢谦、大港油田的赵雷、中国医疗队的马铃、长城钻探的邰德军、华为的邓礼才等,他们一一吐露了自己在尼国的真实感受,其中,马铃说:"作为一名中国医生,能在非洲给当地人看病,我深感十分荣幸。"

尼亚美是一座美丽的城市,在当地哲尔马语中意为"母亲汲水的河岸",位于尼日尔河左岸,被誉为"沙漠绿洲"。这里原本是一个小渔村,1922年沦为法国殖民地后成为法的首府。1960年获得独立后改为首都,现已发展为50万人口。

在尼亚美期间,我去了清真寺、国家地矿部大楼、尼亚美大学、团结商会、医院、邮电局、手工艺品市场大厅等地踏访。

之后来到中国援建的"尼日尔河大桥"。大桥长6000米、宽23米,为双向4车道。这是中国援建的尼日尔河第二座大桥。第一座大桥"肯迪大桥"已被列入尼亚美八大景之一。据悉,中国的援建项目还有尼日尔河上游的拦河坝、蓄水塔、特腊水库、体育场、医院、埃尔地区打井项目等。

街心独立纪念碑

最后，我去了汇才学院踏访。这是张娜和中国西安一对夫妇共同开办的。学校开设小学、中学和大学课程。当地人学汉语的积极性很高，学生来自各个阶层。

入夜，我下榻的住地为"中石油阳光尼亚美酒店"，这是尼日尔唯一的一座五星级宾馆。在酒店大院中，还有中石油办公大楼、商务大楼和职工宿舍，占地100多公顷。这里很安全，仅持枪保安人员就有50多名。

清真寺及清真寺广场

中国援建的尼日尔河大桥

穿行原始部落去W保护区看蚂蚁山

次日,顺尼日尔河南下,去往150公里以外的尼日尔W国家森林保护区。保护区1996年被联合国教科文组织列为世界自然遗产。

遥望窗外,一边是茫茫原野,一侧是朝霞中的尼日尔河。开车的司机为张娜女士的丈夫,是一位黑人兄弟。张娜是河北任丘人,她说:"我们是在中国认识的,他在中国工作期间,我们产生了爱情。他既热情友善,又粗犷奔放,是一个非常忠厚诚恳的人,我喜欢他。"据张娜介绍,她已把家安在尼亚美,现已有三个孩子,丈夫在中石油工作,自己开办了华人学校,学生很多。

路遇极富民族特色的当地人

张娜一边聊一边唱，汽车里不断飞出三个孩子的笑声。那是张娜与丈夫的子女，他们非常活泼，说中国话，唱中国歌，穿中国衣，他们是趁机一同前往的。

按照行程安排，中途我要穿行三个黑人原始部落。

汽车拐进第一个部落，这是一个仅有6户人家的部族，几间茅草房"一"字排开，

走进原始部落

部落里皆是老人、妇女和孩子，还有两个痴呆人，疑似是近亲结婚造成的。由于偏远、闭塞，这里是贫困地区，人们很少有粮食吃，有的做饭时面里甚至掺上土，蒸煮一起吃。

我走访的第二站是个较大的部落，少说也有三十多户。寨子同样不见成年男子，妇女们有淘米的、烧水的、抱小孩的。眼前都是草房，一座座散落在一片黄土地上，没有街道，没有院墙，没有砖瓦，土地、土道，草房里的地也是土的。在草房中，我与一位妇女聊起来——

问："你有几个孩子？"

妇女："我有5个，全家有18个。"

受邀草房做客

↑ 帮妇女捣米并了解生活状况

↑ 沙地草炕

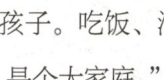
↓ 煮玉米招待客人

问:"这是怎么一回事?"

妇女:"我是第一房,还有其他房的孩子,全家总共 18 个。"

听完后我纳闷,怎么孩子们还分房?于是请教张娜的丈夫,张娜的丈夫又询问了一下,告诉我说:"这家有 5 房妻子,虽然是一家,但各住各的房子,各养各的孩子。吃饭、活动、干活都在一起,是个大家庭。"

第三站恰遇集市,可谓人山人海,像中国的庙会一样,有茅草市场、粮食市场、菜市场,交易场面宏大,热闹繁华。茅草市场很火爆。茅草既是牛羊的饲料,又是搭建草房的原料。

经过 2 个半小时车程,终于到达 W 国家自然保护区大门。门面设计得很时尚新颖,用蓝色突出"W"。

↑ 繁忙的乡村集市

↓ 羊市

↑ 草市

"W"含意是该自然保护区因尼日尔河两条支流形成双河湾而得名，或者说尼日尔河蜿蜒曲折地穿过尼日尔，形如字母"W"。

保护区太大了！莽莽林海，无边无际，非常原始，是大自然的杰作。

穿越森林，碾过草地。汽车一边走，向导一边介绍。W自然保护区占地9120平方公里，范围涵盖尼日尔、布基纳法索和贝宁三国。尼日尔部分属于稀树草原与森林之间的过渡带，植物种类繁多，动物数量庞大，具有重要的生态意义。除此之外，本地区还反映了新石器时代以来人类和自然资源之间的密切关系，是极具保护价值的珍贵资源。

说话间，林中窜出一头野牛，个大身高。向导马上止住讲话，并

↑ 粗角牛

让司机把车停在大树后边，悄声说："多头不怕，最可怕的是单头野牛，发起狂来能把汽车掀翻。"我吓了一大跳。等这只野牛远去后，汽车才启动。向导说："野牛是国家一级保护动物，尤其是粗角牛，是尼日尔的国宝，因为只有这个国家才有。"

↓ 蚁窝之顶耸入云天

汽车继续在林中穿行。窗外,不断看到羚羊之类的动物。向导介绍,这里有西部非洲最庞大的有蹄动物种类,都被列入保护动物之中。目光中,看到很多有蹄动物成群结队走来走去。

行进中,最让我感兴趣的还有撞入眼帘的蚂蚁山,即蚁丘,很多很多,看上去巨大而怪异,奇特而神秘,多数都在6米以上高,有的高达10米,太震撼了!大自然竟是如此之多样,让人惊叹不已。向导说:"这都是白蚂蚁窝,比房子还牢固,坚不可摧,长达60年而不毁。"

蚂蚁山是如何形成的呢?是千千万万的蚂蚁天长日久用其自身分泌的液体合土和柴草搭建。洞穴外看似平常的土墩,内部却是沟壑纵横,蚁道曲折,布局非常复杂,但有条有理,有排水沟、出行口、粮库、天井、通气孔,四通八达,环环相扣,它就像一个城堡,吃、住、行一应俱全。而蚁王的领地,处在蚁穴中心地带,她在这里指挥千军万马,成为行政中心。

蚂蚁每年有一次交配期,这一天成千上万的蚂蚁倾巢出洞,铺天盖地,熙熙攘攘,密密麻麻,追逐着,爬上爬下,完成传宗接代的使命。

蚂蚁洞穴给人类带来遐想和启迪,英国诺丁汉的财政大厦就是受蚂蚁洞穴启发而设计建造的。白蚂蚁含有丰富的蛋白质、脂肪和糖,营养极为丰富,当地人将蚂蚁当作美餐,或腌、或炒、或煮、或炸,作为强身健体的食料。客人若走进当地人的家庭,他会用蚂蚁餐招待,让你享受大自然的美味佳肴。

森林卫士

一个多小时的穿行后,来到尼日河河畔,一条巨流横卧在眼前。河的对面是贝宁,遥望对岸,同样是郁郁葱葱。我踩着杂草走向岸边,看到一位持枪军人坚守,站岗放哨。在这样高温炎热的条件下保护着这片土地,实属不易,太佩服了,向军人致敬!

返程的路上,热浪不减,林中的飞鸟高歌,欢送着我们的驶去……
W保护区,大自然的恩赐!

尼日利亚：非洲人口第一大国

打开非洲地图，西非东南部的沿海国家便是尼日利亚，濒临大西洋几内亚湾。

尼日利亚（Nigeria），非洲第一人口大国、非洲第一大石油生产国和出口国、非洲黑人第一多的国家……

尼日利亚拥有如此之多的非洲第一。尼日利亚总人口1.73亿，占非洲总人口的16%，是全世界人口最多的黑人国家，黑人人口占非洲黑人五分之一。这个面积92.4万平方公里的国家，木材产量和天然橡胶产量均居世界前列。

去往首都阿布贾（Abuja）市区并行4条公路，每条上下6车道。这是我

▽ 4条马路12车道通向尼日利亚首都阿布贾

⬆ 神秘、诡异的祖玛石

在非洲采访期间看到的最宽、最多的行车路线，无与伦比。从中，也看得出尼日利亚的实力。

汽车向着尼日利亚新首都阿布贾飞奔，它原来的首都为拉各斯，1991年迁都至此的。迁都的理由是原首都太偏远，处在整个国土面积的一个角上。新迁首都阿布贾处在全国的中心地带，是一个正在发展的城市，人口50万。

快要进城了，奇怪的是横在马路前面的一座山壁上，天然形成了一幅石雕，像人？像兽？像鸟？难以形容！真是大自然的杰作啊！巧夺天工，又神秘莫测，诡异万千……

随身翻译拉迪先生说："这叫祖玛石，在这里已横卧了上亿年，这个自然形成的地标使城市变得有名，在选择新首都地址时就是看中了这块祖玛石，同时也经过了伊斯兰教的推荐。"

祖玛石，成了首都阿布贾的地标和代名词，也成了尼日利亚国家的象征！

有时，教派的力量是很大的！据说，尼日利亚全国共有250多个民族，是非洲民族最多的国家之一，其中50%的居民信奉伊斯兰教，该教在这个国家占主导地位。拉迪先生说:"新建首都阿布贾的规划就是按照伊斯兰教派的旨意设计的,整个市区形状为新月形,代表对伊斯兰教的信仰。全市最高最大建筑中央清真寺是标志性建筑,处在市区制高点的山丘上。"

汽车进入市区后,我首先踏访了中央清真寺。这是一座非常漂亮的建筑,四角的高塔耸入云天,中间金顶熠熠发光,这里是尼日利亚伊斯兰宗教委员会所在地。走进楼内一层大厅,金碧辉煌,这是穆斯林的礼拜场所。

在接见厅,清真寺最高首领阿訇接受了采访,他说:"平日,有些穆斯林在此阅读古兰经,每到周五的主麻日,这里会迎来大量穆斯林,包括总统、部长等都到此礼拜。"离别时,阿訇送我两本书做纪念,并说:"尼国和中国友谊长青!我们和中国大使馆有着特殊的友好关系!"

阿布贾建有一处千禧公园,拉迪先生陪我前去参观。走进公园,绿树满园,花枝招展,青草萋萋,富有诗意。这是在千禧年之际尼日利亚建造的一块绿色草地,象征环保、和平、愿景。英国女王曾参观这个绿色之地。此刻,我也有幸踏着这春意盎然的绿地,感受春天的气息!

⬆ 清真寺内屋阿訇接受专访

⬇ 中央清真寺

问起尼国与英国的关系,翻译说:"这要追忆历史。尼日利亚从公元 8 世纪起建立王国,1472 年葡萄牙入侵,16 世纪中叶英国殖民者入侵,将这里沦为英国殖民地,直到 1960 年独立。"

在阿布贾,我还去了中国援建的体育馆、国际会议中心、国家银行大楼、希尔顿酒店、老教堂等地。但踏访是艰难的,这里的安保措施太严,到处都是警察,满街都是持枪者,什么地方都不让进,什么地方都不让拍照,包括教堂,刚拿出照相机,许多警察便会从不同方向拥上来阻挡,很多时候都是偷拍的。

下午,开车到阿布贾郊外,踏访了泥陶专业村 Ushafa。这是一个专门制作泥陶的手工艺村,美国时任总统克林顿曾于 2000 年到这个村落访问,提高了这个村的知名度。尼日利亚有作泥陶的传统,工艺传承至今。在泥陶村,我走访了制陶者,观看了整个工艺流程,尤其是妇女们的涂陶手艺,令人赞叹!

接着,我又专程去了一个木雕专业村走访。这个木雕专业村虽然不大,却家家户户都在经营。木雕多姿多彩,形式各异,有人头、面具、动物、鸟类等,其做工之精道令人叫绝。

尼日利亚,大国之风度!

阿布贾市,新都之魅力!

▽ 泥陶村的制陶女

"水上岛城"拉各斯

葱绿的岛屿,蓝色的海洋,这就是拉各斯。

拉各斯是尼日利亚第一大城市,位于几内亚湾沿海,坐落在6个小岛上,由桥梁相连通向大陆,是西非著名的"水上城市",有"水上岛城"之美誉,还有"非洲的香港""非洲的巴黎"之称谓。

⬆ 中国商城

⬆ 非洲最长的拉各斯陆岛大桥

汽车沿着陆岛大桥飞奔，向着岛城中心。途中，经过了华人社区中国城，一派中国元素。

车轮飞转，两边是波涛汹涌的大海，帆船点点，汽笛长鸣。脚下这座陆岛大桥全长 11 公里，一头连着大陆，一头相接水岛，是非洲最长的陆海大桥。

隔着车窗向外望去，隐隐约约可见前边的高楼大厦，模模糊糊可视尼日利亚大学和岛边的石油井架及港口，那就是主城区拉各斯，是岛城中最大的海岛。

历史上，最早到这里的是约鲁巴人，他们在此搭起木棚，耕耘种植。15 世纪葡萄牙人入侵小岛后命名"拉各斯"，是"咸水湖"之意。因为这里面临大西洋，又与河流相连，多泻湖，造就了美好的海岛风光。那婆娑棕榈、摇曳椰树、泱泱水面，使得这里被称为"非洲的威尼斯"。

车行半个多小时，来到拥有 150 万人口的原首都拉各斯，在旧城区我去访了国王之门、宫殿之门、老教堂、老市政厅、老街道、"一千零一夜"楼宇，最后到达中心广场。这是旧城区的最中心地区，广场中央有一座雄鹰的群雕，那跃跃欲试和展开飞翔的双翅，看上去活灵活现，栩栩如生。据介绍，这是葡萄牙人的杰作，已有 500 多年历史，

↑ 国王之门

↓ 老教堂

成为整座古城的标志。广场用铁架围拢，周围是商业街，人来人往，车水马龙，是拉各斯最繁华的地带。

怪异的是，在一条街道旁竖着两个穿白长袍、白裤子的"假人"，他们头戴黑色礼帽，手持黑色长棍，黑白相间。我不解其意，求教拉迪先生，他说："这是尼日利亚的习俗，若当地一个重要人物出现不幸，或者重大事件，会树立一个假人，祈祷平安。"

假人雕塑

国家收藏馆坐落在一个宽敞的绿地之中，立有很多抽象的人雕和历史文物。走进大堂看到展出了该国各个历史时期的文物及照片，如泥陶、木雕、绘画等。从保存的木鼓、陶琴、泥笛、古面具看，这个国家对音乐、舞蹈和狂欢有着浓烈的兴趣。在喜庆日、宗教仪式、乔迁之喜、婴儿起名、红白喜事等社会活动，他们要用传统乐器伴奏，尽情唱歌、跳舞、击掌。

在拉各斯，我特意去往 NIKE 艺术画廊。画廊里面张贴了大大小小、形式各样、多姿多彩的艺术作品，其中有"椰林之晨""顶水姑娘""乡间小路""初恋之女"等。这些作品出自一位 60 多岁的老人恩科（NIKE），她一生酷爱绘画，从不放下手中的画笔，锲而不舍，有许多参展作品已成为珍宝。在画廊大厅，恩科老人说："绘画是对艺术的追求，是人生的享受，是高尚的职业。"恩科老

⬆ 艺术画廊恩科的作品

⬆ 恩科设计的男士服装

人还特意拿出她设计的男士服装让我穿上,并合影留念。

离开拉各斯岛城,我乘船去往大陆。站在甲板口望着海边的高楼大厦、耸入云天的灯塔、飞架海面的陆海大桥,思绪万千……

拉各斯,不愧为尼日利亚第一大市!

拉各斯,不失为尼日利亚第一大港!

一夫多妻的平民乐手非拉

在拉各斯,我有幸踏访了尼日利亚平民音乐家非拉的故居。非拉出生在尼日利亚几内亚湾海角的一个渔村,故居是一座三层高的小楼,院子很小,却画满了有关音乐的曲谱,显示出这是一个音乐家的住宅。

走进居室,看到墙面、走廊、楼道、卧室、大厅、厨房贴满了非拉从事音乐活动的照片,房间到处摆放着木琴、手鼓、贝斯、钢琴等乐器。堂屋还张贴着各种刊登有关非拉事迹的报纸、杂志、画报等。

故居讲解员介绍:"非拉是一个地地道道的民间乐手,酷爱音乐,吹拉弹唱,作词谱曲,样样出色。但他当时并不出名,只是爱好,经常出入于民间组织的音乐会。而非拉是一个非常正直、真诚的艺人,同人民大众心连心。他认为音乐的力量是无穷的!"

一次,当非拉看到穷苦大众对政府不满而发起抗税的行动后,便参与其中。他不用口号,

◁ 踏访非拉之路

不用呼喊，而是用音乐向政府请愿，向政府施压，还用音乐唤起民众，共同指向政府，让政府向百姓开绿灯。哪知，非拉用音乐向政府请愿施压的行动激怒了政府，后被绑被押，送进监狱坐牢。

非拉的坐牢引发全国人民的同情，大家互相声援，让政府放人。因此事非拉一下子出了名，成了轰动全国的平民音乐家，受到人们的尊重和爱戴。

在非拉的故居照片中，展出了大量非拉被捕的情况和坐牢的报道，在全社会引发了"非拉热"……

在非拉故居的展品中，有一张最大的照片挂在二楼墙壁，足有一面墙那么大，那是非拉和他的妻子们。讲解员说："出现非拉热后，非拉顿时成了女孩子们的崇拜者和偶像，更成了姑娘们追求的对象。非拉共有27位妻子，情人还不在内。在这幅大照片右边的屋子内还有很多幅非拉与每位妻子的单独照。

怎么会有这么多妻子呢？我很是不解。翻译详细介绍了尼日利亚有关"一夫多妻"制的情况。

尼日利亚实行"一夫多妻"制以约鲁巴族最为盛行。当地男人妻子越多表明他的地位越高越有声望。在这里，妻子是财富的象征，而不是房子、地产和

▼ 非拉故居

▼ 非拉演唱工作照

◇ 宣传非拉的张贴画

↑ 非拉和他的妻子们

银行存款。这里的女子都热衷于嫁给他们崇拜的男子，特别是心中的偶像，同时也愿意嫁给拥有很多妻子的男人，认为这是一种荣幸。在女人看来，如果嫁给一个妻子少的男人，会感到羞辱和不幸。一夫多妻制以男人的第一任妻子为主导，掌管家务、财产，有绝对权势。男人娶第二任妻子一般要征得第一任妻子的同意。一夫多妻造就了一个大家庭，但所有妻子各有各的住房，各养各的子女。

翻译又接着说，一夫多妻不仅仅在尼日利亚，在非洲很多国家很多部族都盛行。还有喀麦隆、尼日尔等20多个国家把"一夫多妻"纳入法律。在非洲大陆，原来没有国家，只有部族，迎娶多个妻子是部族的习惯和传统。非拉拥有27位妻子不算最多，肯尼亚的奥酷库拥有100个妻子，被冠以"一夫百妻"的称号，娶来的最后一位妻子小他41岁。中非一个酋长有32个妻子，当他准备迎娶第33个妻子时，才发现那原来是他和第10任妻子的女儿。

温馨提示

西非除马里、尼日尔、布基纳法索之外的其他12个国家均在大西洋沿岸，从北京少有直达的飞机，一般需在埃塞俄比亚或其他地方转机。鉴于西非国家较为密集，可以集中在一起穿行，领略更多国家的风情。关于签证，不少国家可免签、落地签或陆地过境签，对待中国游客一路绿灯。尽管西非有很多小国家，可华人不在少数，有许多中餐馆和华人开办的超市。在治安上一般没有大的问题，但马里和尼日尔的北部地区还是不去为好，因为那里有少数反政府武装。

第四章
中部非洲

非洲的"心脏"地带

中部非洲，包含乍得、中非、喀麦隆、赤道几内亚、加蓬、刚果（布）和刚果（金）7个国家，处在赤道线两侧。太阳的直晒，光照的充足，使得这里形成热带草原、热带雨林气候，再加上强烈的紫外线辐射，使得这里成为肤色最深的地区。

乍得:"非洲死亡之心"

汽车在乍得荒原上飞驰……

穿越沙地、旷野,一路向前……

我是从尼日利亚进入乍得这个内陆国家的。这是我踏上中部非洲的第一个国家,也是采访中部非洲的开端。

⬇ 从尼日利亚奔向乍得的一路尘土飞扬

乍得(Chad)面积128万平方公里、人口1150万，是个典型的内陆国家，处在非洲的中部，远离海洋，为世界最不发达的国家之一。

乍得地处撒哈拉沙漠，大部分国土为热带沙漠气候，常年高温炎热，环境极为恶劣，面临疟疾、肝炎、脑膜炎、麻风病、淋病、艾滋病等多种疾病，人口出生率高达42.4‰、死亡率16.7‰，人均寿命仅47.2岁，因而有人称该国为"非洲死亡之心"。

乍得，国名来源于乍得湖。

进入乍得首都恩贾梅纳(N'djamena)后，乘汽车半个多小时转遍全城，却分不清哪一条是主要马路、哪一条是最繁华的街道，这里到处都是持枪人员，给人以不安全和紧张的气氛。

↓ 乍得首都恩贾梅纳国家广场宏大的解放拱门

"恩贾梅纳"当地语意为"绿荫下的城"。城区绿树不少，有火焰树、贾伊尔树、尼姆树等，但街道不是很宽，而街心雕像比比皆是，形式新颖，风格各异，其中有牛头雕、骑士雕、母爱雕、士兵雕、雄鹰雕、团结纪念碑雕等五花八门。数量最多的雕像作品集中在国家广场。

国家广场处在市中心，一座宏大的解放纪念碑矗立在眼前，那直上云天的巨形拱门，像一道彩虹镶嵌在天空，中间是高高飘扬的国旗和一尊黑人砸碎铁锁链的雕像。与这座解放纪念碑相对称的是胜利纪念碑，一个巨型大

第四章 中部非洲：非洲的"心脏"地带

胜利纪念碑

理石"V"字直插蓝天，下端有两个军人雕像庄重而严肃。除解放、胜利纪念碑外，广场上还有地球雕、火焰雕、人物雕、图腾雕等，周围有总统府、大教堂和政府办公机构等。

国家博物馆建在国际会议中心对面，是一座方块造型的建筑，旁边竖立着一个女性雕像，一手抱书本，一手托地球，严肃而知性。博物馆摆满了大批文物，还有照片和史料，记述了乍得悠久的历史。乍得早期的"萨奥文化"为非洲文化宝库中的重要部分。公元9—17世纪，乍

国家博物馆前的女性雕像寓意索取知识

街心民族团结纪念柱

得先后建立多个王国,1902年沦为法国殖民地,1960年独立。在出土文物展室中,有石磨、石矛、石刀、石锥,还有几个大陶罐,那是古代乍得人的葬具。讲解员介绍,将死者身体卷曲在陶罐下葬,意味着仿佛回到了出生时的婴儿状态,体现了当地人生死轮回的观念。

恩贾梅纳这个边境城市坐落于沙里河与洛贡河的交汇处。河面上的大桥并不算大,但它的战略位置十分重要,因为桥对面即是喀麦隆。信步在沙里河边,撒网的渔民、顶盆的少女、摆摊的婆娘,很是热闹……

中乍关系友好,中石油在此驻扎了庞大的队伍,帮助该国在撒哈拉开采石油。我住的阳光恩贾梅纳大酒店就是中石油建的当地最大的一家宾馆。

晚上,在下榻的大酒店,当地黑人管理者说:"乍得之所以如此贫困,主要原因是沙尘的威胁、干燥高温的气候和贫瘠的土地。这里人口出生率很高,但死亡率也很高,尤其是小孩,出生后夭折的不在少数,再加上各种传染性疾病的缠绕,所以乍得有'非洲死亡之心'的一种说法。"

"非洲死亡之心"!这是一句多么伤感的话语……

"非洲死亡之心"!何时才能改变这里恶劣的生存条件,让人们远离贫苦和疾病的困扰……

从大桥远眺河面

踏行乡路去探访苏丹寝宫

汽车在乍得大地上行进,上下颠簸左右摇晃,全是坑洼土路,窗外荒凉至极,没有一丝生机……

进驻乍得的第二天,前去走访苏丹寝宫,这是乍得的一个重要历史遗迹。苏丹是伊斯兰教历史上一个类似总督的官职,有时称"苏丹王",被苏丹统治的地方一般称为"苏丹国"。

50公里的路,行驶了一个半小时,才到达苏丹寝宫。从车上看去,这哪里有寝宫的影子?分明是一个地地道道的土著人部落。还没下车,便有两个持枪警察围过来查看证件,审阅护照,半个多小时后放行。

苏丹寝宫坐落在部落的中部,刚走几米,一群孩童跟着跑过来,围着我上下打量,好奇的目光一直盯着我,我这才恍然大悟,赶紧拿出事先准备好的铅笔、清凉油和糖果分发给他们。

寝宫大门到了,看起来非常普通,并没有什么特别之处,为什么乍得把它作为重要文物保护单位呢?只见进口处竖起两个木牌,写有苏丹寝宫的标识,

苏丹寝宫外景

宫门前酋长用蹲罐的古老传统方式迎接客人的到来

介绍寝宫的布局、方位、结构。

步入寝宫大门,眼前是一个非常原始的院落,正面是具有伊斯兰教建筑风格的土房,土墙前的巨型土罐中蹲着一个人,旁边站着酋长,翻译告诉我,这是当地土著最古老的迎接方式。

酋长带我走进寝宫,一边走一边说:"这是当地一位国王的住所,已有1000多年的历史。当初是一座豪宅,也是当地最好的建筑。"走进最底层,看到内墙上画有很多壁画,有人头,有动物,有乐器等,墙角下摆有盆盆罐罐,墙上挂有弓箭等,还有很多神像。

步入二层,这是国王的寝室,虽然不大,但有好几处土炕,据介绍每个土炕睡一位妻子,或者叫王后。酋长说:"我们这个民族是一夫多妻制,所以建了很多土炕,这风俗从很早以前就延续下来了,不仅仅是国王,一般人也同样是有好几房妻子。妻子们都很和睦,但也有家规,大妻子掌管家事。"

宫内藏品展示

⬆ 沿街的人群

⬆ 15岁妙龄少女已是两个孩子的母亲

停顿了一下,酋长接着说:"我们这里不光男孩们行割礼,女性也有割礼的习俗。"

走出国王的寝室,酋长又向我讲述:"早期的乍得有很多部族,每个部族

⬇ 街头期望的目光

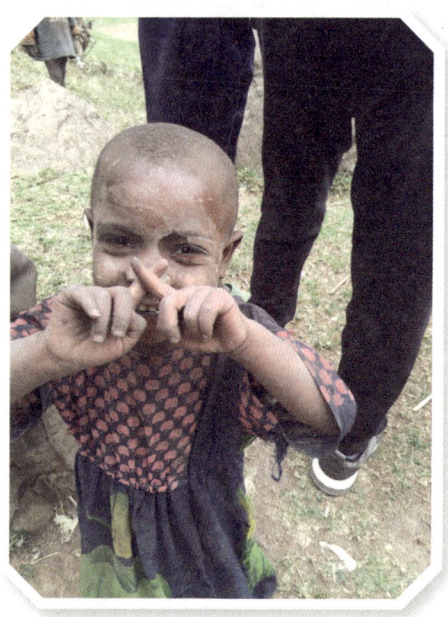

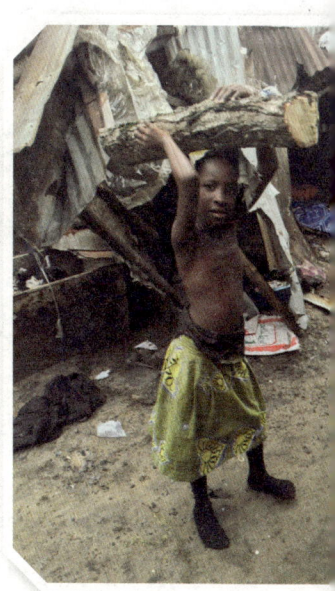

⬆ 活泼的孩童

都是一个小王国。从另一个角度讲,酋长就是国王。不过,昔日酋长的住宅保存到现在的已经极少了,像苏丹寝宫这样的建筑,在全国已是罕见了。"

从寝宫出来,我顺便在部落里转了一圈,走访了几户人家。在这里,基本上都沿用了传统的生活方式,如捣米、烧柴、熏鱼、煮饭等。在路边,有些人摆出小摊,卖着家中的蔬菜、水果等。

返程途中,向导兼翻译让司机绕行到沙里农庄参观。沙里农庄在首都恩贾梅纳南部 80 公里的地方。农庄主吉丁加尔出生在一个大家族,他的父亲有 101 个妻子,比肯尼亚奥酷库的妻子还多,有近千个子孙,典型的一夫多妻制。吉丁加尔有 100 多个弟兄,他排行第 41。吉丁加尔本人有 19 房妻子,他曾是国家农业部长、过渡政府总理,代理过国家元首。

乍得乡下,虽简单却保持了传统的原始状态!

苏丹寝宫,虽简朴却反映出昔日时光。

"撒哈拉沙漠中的明珠"乍得湖

"不去乍得湖等于没有来乍得。"这句话出自欧洲的旅行者。当然,这句话也盛传在当地。

但是,去乍得湖是冒险的,而且非常危险!

既来之,则无论如何也要一去!到达乍得第三天,我果断决定去往乍得湖,不留下任何遗憾!

汽车向着乍得湖飞驰。通向乍得湖的道路全是柏油路,这是中国修筑的。

走出首都恩贾梅纳郊外,看到公路两边全是帐篷,衣衫褴褛的人们出出进进。"这都是难民,帐篷是政府出资搭建的。"车上的一名军警解释说。

▽ 去往乍得湖的路上

为了确保安全,当地特意安排两名军警坐在车上,陪同前往。军警告诉我:"乍得湖处在乍得、喀麦隆、尼日利亚、尼日尔四国交界,治安非常混乱,尤其是一些绑匪、非法武装分子活动猖獗,经常出现枪杀事件,是一个四不管地带。"

汽车在大漠中飞驰,窗外断断续续出现一些农舍,我还看到了中国援建的稻谷种植基地木牌。公路大致是沿着沙里河北上的,乍得湖的水主要来自沙里河。

经过两个多小时车程,跑出120公里的路途,汽车开始减速,从荒漠进入高大的椰树林。越过鲜花盛开的草地,透过树里行间,美丽漂亮的乍得湖呈现在了面前。

这就是乍得湖,被誉为"闪烁在黄沙万里的撒哈拉沙漠南缘的一颗明珠"!

⬇ 持枪军人向中国人示好并主动介绍乍得湖的动乱情况

第四章 中部非洲:非洲的"心脏"地带 | 337

只见平静的湖面映照着蓝天,随风拂动的波纹向天边散去,小小的木舟在湖心荡漾,撒出的鱼网在水面抖动……

这就是乍得湖。湖边绿草萋萋,灌木丛生,不规则的湖岸引来河马、大象、野牛前来饮水;长颈鹿、羚羊、鸵鸟在湖畔自在悠闲地走来走去……

这时,守护在这里的持枪军警走近检查,得知我是中国人,主动与我握手,还介绍了这里的情况。"乍得"在当地语中意为"一片汪洋"。乍得湖是非洲4大湖之一,是世界著名的内陆湖泊,面积2.2万平方公里,湖面海拔281米,平均深度为1.5米。乍得湖是大陆局部凹陷形成的,为第四纪古乍得海的残余。大约在一万多年前,乍得湖湖区是一个很大的内海地区,后因地壳运动、沧桑变迁,内海消失,留下今日的乍得湖。

乍得湖面临着危机,由于入湖河流上游林木破坏严重,水量在消减,湖面急剧缩小,若不采取措施,乍得湖将干枯无水,掩没在大漠中……

乍得湖呼唤着:放下砍伐森林的屠刀,保护生态环境吧!

乍得湖期望着:撒哈拉大漠中的明珠永远闪亮!

◉ 乍得湖边的度假村

中非:人吃虫子的嗜好

中非与乍得接壤,有上千公里边界线。我是从乍得直插中非的。

中非共和国,顾名思义,位于非洲的中心部位。纵观地图,无论从哪个方向看,中非都在非洲中间位置,而且是典型的内陆国家。

进入中非共和国(Central African Republic)境地,让我新奇、惊愕,到处都有买卖虫子的市场,看吧:马路边、村头、街巷,交易虫子的生意很火爆。原来,虫子是人们餐单上的美味,吃虫是当地人的嗜好。据悉,不仅仅中非,周围很多国家都有吃虫子的习惯。

停下车,我来到一处地摊。让我惊讶的是,卖虫子的摊位太多太多了,我从没见过这样的场面。只见大盆小盆的虫子摆放在路边,满盆子虫子爬上爬下,可谓"虫头攒动",密密麻麻的虫子一个挤压着一个,拼命挣扎,让人看了毛骨悚然。向导说:"当地人买回虫子后,用油一炸,就是一道菜,且蛋白质高,营养丰富,是中非人的美味佳肴。"

汽车进入中非地界沿途很多虫市场

第四章 中部非洲:非洲的"心脏"地带

↑ 国家广场上的和平鸽雕塑

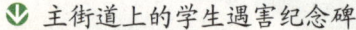
主街道上的学生遇害纪念碑

↑ 中国援建的国会大厦

↑ 大街上到处是维和部队和军车

↓ 独立50周年纪念碑

中非首都班吉（Bangui）坐落在乌班吉河西岸，是个拥有50万人口的边境城市，占全国总人口的九分之一。

行走在班吉大街上，让人心生恐惧。路边、街头、十字路口，到处都是架着机枪的军人。军车、装甲车、维和部队车辆来来往往穿梭巡逻，令人胆战心惊！

这就是中非，一个非洲大陆中部的内陆国家。由于局势不稳，长期动荡，政府军和叛军相互厮杀，多次发生兵变和政变。

联合国于2014年部署1.2万联合国维和部队镇守，局势得到缓和，但仍随时面临内战。

造成动荡局势的原因是多方面的。有政府内部分歧，有贫穷而造成的反抗，有官员的堕落和腐败，有理政方针的不顺畅等诸多方面的因素。

一个面积62万平方公里、人口460万不算大的国家，曾出现多次大屠杀，造成数十万人流离失所……

中非还发生过吃人肉的现象，成为全球十大恶性事件之一。食人者，既有个别百姓，也有当权者。一名前领导人上任后实行帝王制，在班吉郊外科隆戈行宫用活人喂鳄鱼，养狮子与人斗取乐……

中非百姓确实生活在水深火热之中，这是联合国公布的世界最不发达的国家之一。仅就医疗来说，全国每1.2万人中仅有一名医生，产妇死亡率11%，婴儿死亡率12%，艾滋病感染率11.1%。

穿戴时髦的大学生接受采访时查阅中国信息

在班吉大学，我走进校院教学楼，与教师和学生进行了长时间的交流，从交谈中获知了人们的心声：国家具有一个稳定的环境，人民生活才有保障。

座谈结束后，一名教师带我瞻仰了距离班吉大学不远处的一座黑色纪念碑，这位教师说："一名前总统曾下令杀死500多名学生，血流成河，尸骸蔽野。后人为铭记这一事件，遂立下这座石碑，以教育后代。"

在班吉市，我去了国会大厦、独立50周年纪

念碑、大教堂、国家电视台、总理府等地。

自由市场距大教堂不远，我从教堂后面的大森林中穿过去，来到乌班吉河边的一个渔村参观。河的对面是刚果民主共和国，即刚果（布），河的中心便成了两国国界。渔民正在撒网，这一网下去网上来百条河鱼，足有上百公斤重。渔民们一边哼着小曲，一边给鱼开膛破肚，清洗干净，再放到收购者的车上。

上车时，我注意到当地人的一个细节，他们每人随身携带一种头顶罐子的木偶人，便上前去问究竟，得到的解释是：可以镇治病魔！

晚上，我来到全城唯一一家中国餐馆就餐。老板娘特意做了一席当地饭，有炸虫、炸白蚁、烤香蕉、煮泥棒等。她说："2013年这里发生内战时，我们中国人都撤了，现在又陆续回来了。这里法国人开办的饭店很多，因为该国曾是法国的殖民地。法国人的饭店同样做当地非洲菜。"

用餐中，老板娘一再表示这是非洲的美食，在非洲其他国家也很盛行这些美味佳肴。吃虫、吃蚁，可以理解，而食"泥棒"就不可思议了。"泥棒"看起来似肉骨，其实是黏土，这怎么能吃呢！老板娘解释说："非洲人有食土的习惯，并认为土地养育万物。其实土中含有钙、铁、铜、镁等多种矿物质，对身体有益，尤其是对孕妇和小孩。食土是非洲人向大自然索取营养的一个渠道。当然，也有为数不少的非洲人因贫困、饥饿依靠泥土充饥。"

非洲人食土是有烹饪方法的，他们大都是把土掺进木薯、土豆、玉米面中一起煮熟来吃。

乌班吉河对岸是刚果（布）

拜访"小人国"的"袖珍民族"俾格米人

翌日,我去乡下踏访,所去的目的地为俾格米人居住地,处在洛巴耶省原始森林中,距首都上百公里路途。中非共和国有60多个民族,巴雅族人口最多,班达族分布最广,俾格米人最矮,又称"小矮人"。

中非这个国家的俾格米人被称为非洲的"袖珍民族",是世界上最矮的人。他们个子虽小,但体力过人,自称"森林的儿子"。据人类学家研究证实,俾格米人是史前桑加人的后裔,是居住在非洲中部最原始的人,他们不是长得畸形,而是特殊的小人种。

▼ 沿路晒木薯的妇女

第四章 中部非洲:非洲的"心脏"地带

↑ 途中串走第一个部落泥土房舍

↑ 第二个部落中与狗为伴的孩童

↑ 第三个部落全是简陋的茅屋

出城就是原始森林，汽车在林中飞驰，马路边尽是晾晒的白色木薯。我的司机是个地地道道的本地人，他特意把车速减慢，指着窗外的木薯说："本地的主食就是木薯，这个季节是晒木薯的好时候，家家户户将木薯舂碎后晒干，再储存起来食用。"我发现弯腰翻晒木薯的村妇大都穿着长袍，而且五颜六色。我询问司机："女人劳作时也都穿着长袍吗？"司机说："这里的部族人过去是不穿衣服的。随着时代的发展和变化，大家开始用布裹着身体，再后来改进成穿长袍。不过，在边远地区，很多民族至今仍赤身不穿衣服，用树皮简单地遮挡。"

经过两个多小时的急驰，汽车离开公路，颠簸在土路之上。

途中，向导带我一连走访了三个部落，但是都没有找到俾格米人。据说，他们都去森林深处了。

又经过一个多小时的穿行，在密林深处沿着窄小的土路，顺着新劈开的丛林，突然发现了一股炊烟，奔向袅袅炊烟的方向，终于找到了俾格米人。

这些俾格米人很和善友好。我把从中国带来的防蚊剂、防蚊霜、防蚊香统统送给他们，还主动捐给他们当地币。

走进俾格米人的住宅，这哪里是什么房屋，分明是茅草棚。草棚只一米多高，用树枝和草叶搭建。棚子里有草甸，没有床铺、桌、凳，也没有窗、门和炉灶。里面的摆设只有房顶挂着的弓箭、长矛和砍刀。我通过当地翻译与一位老者对话——

问："你们吃什么？"

老者："打猎、采果为生。"

问："怎么打？"

老者："男人每天出去，用长矛和弓箭射杀野猪、羚羊、蟒蛇。"

问："还吃什么？"

老者："挖根茎、野菜，捉蜗牛、蚂蚁、虫子，还采蘑菇等。"

原来，这些人至今还过着狩猎果腹、刀耕火种的原始生活。

老者说，他们通鸟语和兽语，了解动物的习性，在很远的地方即能感觉到动物的活动方位，能判断出是何种动物。俾格米人这个特有的人种，与动物为伍，和森林相伴，终生住在

➡ 做母亲的俾格米人

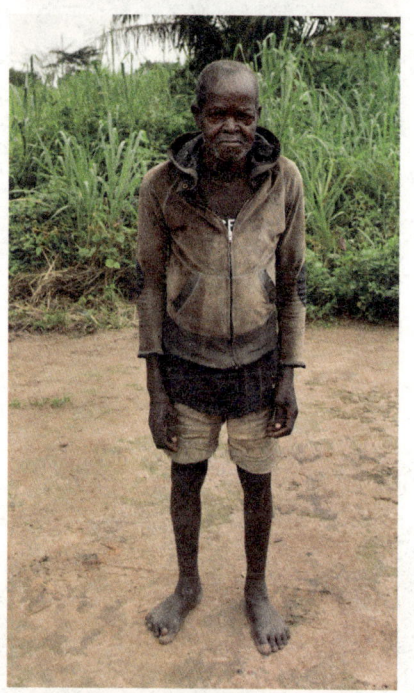

➡ 到达俾格米人寨子前酋长出来迎候

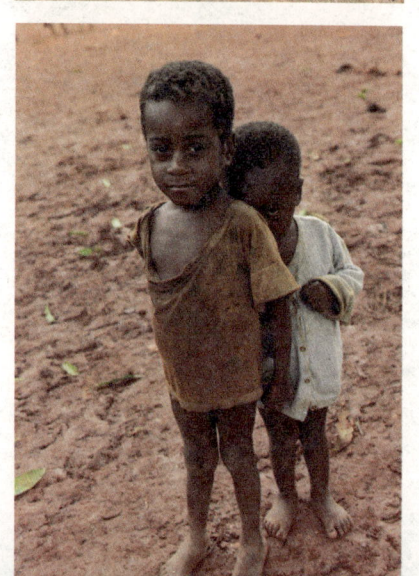

➡ 藏一只眼窥视陌生人

原始森林，行动敏捷，健步如飞，善于上树。

在交流中，我一直弯着腰，或蹲下来与他们谈话。因为俾格米人个头太矮了，都在一米高左右，至多一米二的样子。如果从后面看，他们像孩子，若从正面看，就是小大人了，因为面容最能显示出人的年龄。据向导说，俾格米人个头虽小，但力大无比，比我们正常人的力气大两倍还多，且非常聪明。话余，我与其中一个俾格米人掰手腕，哪知三次都以失败告终。佩服！俾格米人！

俾格米人腿短而粗，胸部宽阔，鼻子较平，嘴唇偏薄，双眼炯炯有神。他们不管男女都是赤身、赤脚，只用一块草皮遮挡腰部，习惯群居，部落酋长是最高权力人物。据悉，目前中非共有5000多俾格米人。

从整个非洲来看，俾格米人生活在刚果河流域的中非、加蓬、安哥拉、几内亚、刚果（布）、刚果（金）等国家的原始森林热带雨林中，大约有3万多人。

➡ 外地打工的俾格米人

⬆ 刚走出俾格米人茅舍险些踩住一条蛇

喀麦隆：非洲的"小非洲"

警笛不断，警灯闪耀。

我搭乘一辆警车从中非进入喀麦隆。

喀麦隆（Cameroun）与中非相邻，却不是内陆国家，因为它的西南部为大西洋，是个沿海国家。它是位于非洲中西部的单一制共和国，濒临大西洋几内亚湾，大部分地区为高原，中部的阿达马瓦高原是中非高原的核心部分，海拔4070米的喀麦隆火山是全国乃至中非地区最高峰。地质的多样性，使得这

▽ 市政广场上的独立纪念碑

里素有"小非洲""微型非洲"的美誉,有海岸、沙滩、沙漠、高原、山脉、平原、湖泊、河流、火山、雨林及热带草原,自然地理风貌相当丰富。

喀麦隆,面积47.5422万平方公里、人口1900万,40%居民信奉拜物教,和其他非洲国家一样酷爱红、黄、绿三种颜色,并体现在国旗和国徽上。喀麦隆以其国家足球队及本土音乐著称,其中又以马库萨与比库西最为人知。

我是首先进入首都雅温得(Yaounde)的。该国的热门旅游地为雅温得、杜阿拉、布埃亚、林贝、克里比、丰班、巴门达及喀麦隆火山,还有贝努埃、布巴恩吉达、贾河等天然动物保护区。

徜徉于雅温得,这是仅次于"经济首都"杜阿拉的第二大城市,整个城区坐落在由7座山丘相连的山岗上,山路上上下下、起起伏伏,房舍错落有致、鳞次栉比,椰树高大挺拔、果实累累,将城市装点得秀气而美丽,神秘而多彩。

雅温得有悠久的历史,在公元前1100年就有人类活动,其出土的斧头和陶器可作证。这里原是土著埃旺多族居住的小村落,自1880年建城,上百年来发展迅猛,现已成为拥有160万人口

喀麦隆首都雅温得市喀麦隆统一纪念塔

的大都市，有较多看点值得旅行者游览。

最有看点的是喀麦隆统一纪念塔。此塔为纪念1961年东（法语区）西（英语区）喀麦隆合并统一于1972年建成。纪念塔最引人的是其形状，由两道相互缠绕的阶梯盘旋而上，汇集于15米高的塔顶，标志着东西喀麦隆密不可分，最终达到国家统一，底部墙壁镶嵌的浮雕和图画有浓郁的喀麦隆风情。

塔前竖有5米高的群雕，为一群儿童围绕着高擎火炬的老人，深情向往。老人代表祖国，儿童象征着国家的诸多民族和7个省，火炬象征着希望和未来。群雕寓意着祖国统一及民族团结和睦相处。

市政府圆形角楼

市政广场是雅温得的第二大亮点，周围建有市政府大楼、园形角楼、社会银行大厦，中央为独立纪念碑。市政广场由沈阳市建造，沈阳与雅温得为友好城市。

国家部委建筑群处在一个山地前，其中有总理府、国家邮电局、外交部、商业部等国家办公机构。整个建筑群呈暗红色，火柴盒式楼房。

由中国援建的议会大厦，坐落在城区西部恩孔卡纳山上。主体建筑为7层高大楼，设有大会堂、宴会厅、国际会议厅、接见厅等，建筑面积3万多平方米，还配有外廊、旗台、花坛、喷水池等，构成一个巍峨壮观的现代化建筑，为整个首都的地标，又是中喀友谊的象征。

在雅温得市,我还参观了处在菲比山上的本笃展览馆、教徒私人收藏馆。最后登上雅温得制高点,居高临下鸟瞰全城风光。

雅温得,中喀友谊之城!融入了众多的中国元素……

← 社会银行大厦

← 总理府及国家部委建筑群

← 站在首都雅温得制高点俯瞰全城风光

杜阿拉·布埃亚·林贝

喀麦隆多样的自然地理风貌造就了很多亮点,其中西部几内亚湾有一条黄金线路:杜阿拉—布埃亚—贝林,号称"金三角",其自然风光和人文景观俱佳。

杜阿拉是喀麦隆最大的城市,又是该国最大的港口,还有"金融之都""经济首都"之美誉。杜阿拉原来是土著人的小部落,酋长居住之地。1472年葡萄牙人到达这里,后来成为大西洋黑奴贩卖交易中心,1884年德国入侵并统治,并且成为德属喀麦隆的首都。

由于历史悠久,杜阿拉大量殖民时期建筑和具有民族风格的房舍被保留下

↓ 杜阿拉酋长旧住宅及方尖碑

◀ 鲜亮的殖民时期建筑邮电局

来。酋长住宅坐落在中心广场一侧，是杜阿拉最有地方特色的建筑，塔楼上部为方形尖塔，墙体呈白色，前面立有一座黑色方尖碑。这座酋长住宅记述了当地少数民族的历史，反映了土著人的文化和艺术。

中心广场除了一座白色的民族解放纪念碑外，最醒目、最宏伟的建筑是邮电局，呈金黄色，条状的墙体足有上百米长，前方是一个人物雕像。这个邮电局是典型的殖民时期建筑，为杜阿拉的地标。

在杜阿拉，还有古教堂、铁皮人雕、环保雕像等，都是很好的看点。杜阿拉的大街上，还有很多中国的商城、公司、摊点、店铺等，中国字号、中国牌子比比皆是，眼花缭乱。据悉，在喀麦隆的中国人大部分集中在杜阿拉，目前

▽ 早市

有2000多中国人在此经营鞋帽、箱包、服装等货物,这里的阿玛卡伊大道几乎成了中国街。

杜阿拉的早市很出名,来自郊外村庄的农民顶着鲜菜、水果,集中在一起叫卖。在这里可看到穿戴各式各样的人们,摆放多种多样的土特产品,让人目不暇接。

去往布埃亚的车程计一个多小时,沿途大片大片的香蕉林果实累累,丰收在望。喀麦隆土地肥沃,除生产粮食外还盛产香蕉,走进香蕉林,我与当地的一位老农交谈,他说:"香蕉带来的收益要比粮食高,所以大家种植香蕉的积极性很高。"

进入布埃亚,这是一个不大的城镇,为喀麦隆西南区的首府,坐落在喀麦隆火山东麓。它曾是德国和英国托管地喀麦隆的首府,留下大量殖民时期的建筑,从路边可以望见不少德国式房屋,还有一座殖民时期装饰奇特的老铁桥。

在布埃亚,最有看点的是"喀麦隆独立50周年纪念碑"。纪念碑建造得很有特色:10根坚实粗大的黄色柱子直冲云天,中间环抱着一个圆盘,上面雕刻着国家版图,寓意独立、自由、解放。

汽车又上路了,穿越大片大片的橡胶林,橡胶树一排排、一行行直上青云。当我进入橡胶林,一位采胶人边走边接受

布埃亚殖民时期奇特装饰的老桥

喀麦隆独立50周年纪念碑

林贝的黑色沙滩

喀麦隆火山岩

采访,"这里是橡胶的主产区,橡胶为喀麦隆的经济支柱。"采胶人不经意间流露出的笑颜显露出他生活的满足。

到达林贝,另一番感受袭来。眼前的一切皆为黑色,包括农舍的院墙、房屋、纵横的道路。原来,这都是喀麦隆火山灰所致,不仅仅是村庄,就连大海滩涂、沙岸、海水都是黑色的。火山喷吐的熔岩和火山灰四处扩散流向大海,造成了这里独特的黑色沙滩,成为天下奇观!

林贝旧称"维多利亚",濒临几内亚湾,喀麦隆火山就坐落在区域内,西南坡面向大西洋。我几经攀爬,终于登上喀麦隆山顶部。举目四望,满山遍野尽是黑色的熔岩石块,横七竖八散落在山梁上。喀麦隆火山海拔高4070米,是西非地区最高峰,也是非洲著名的活火山。奇怪的是一般火山都是由山顶喷发,而喀麦隆火山却是从山腰喷发。公元前5世纪初,古代迦太基航海家哈农从远处看它山腰喷火,称为"神之战车""伟大的山"。这座火山在20世纪曾喷发过4次,最后一次喷发是在1959年。

喀麦隆,因喀麦隆火山而得名!

林贝,因黑色沙滩成为世界著名的旅游胜地!

赤道几内亚:"黑人之国"

天幕无际,大海无边……

飞机飞越在浩瀚的大西洋上空,当进入非洲几内亚湾时,一块翡翠般的绿岛呈现在机体之下,那就是美丽的赤道几内亚(Equatorial Guinea),被誉为"几内亚湾的珍珠"!

飞机徐徐降落在比奥科岛。比奥科,这个美丽的、珍珠般的海岛,是几内亚共和国的首都所在地,历史不长却也故事不断。1471年葡萄牙航海家斐尔南多波登岛并占领此地。1979年岛名改作"比奥科岛","比奥科"是布比族的民族英雄,在历史上因抗击西班牙殖民者著称。

⬇ "几内亚湾的珍珠"赤道几内亚首都马拉博

比奥科岛是赤道几内亚其中的一部分领土。该国由大陆地区和几内亚湾的比奥科、安诺本等岛屿组成，总面积2.8万平方公里、人口100万，其中大陆部分2.6万平方公里。赤道几内亚在柏柏语中是"黑色"之意，即"黑人之国"。

赤道几内亚是西班牙在非洲唯一殖民统治的国家，在首都留下很多殖民时期的建筑。

比奥科岛是赤国的首都马拉博(Malabo)所在地，"马拉博"是该国抗击殖民者侵略的布比族领袖。

步行在比奥科岛北端的首都马拉博，感受着这座城镇的古老。从1827年建城，马拉博经历了近200年的历史，昔日殖民时期的建筑依然伫立。殖民者最初的设计模式一直没有改变，全城共6条南北街与6条东西街垂直交叉，街道两旁没有高楼，皆为二层房屋，带有方形或拱形前廊，凉台简洁，均为西班牙风格。

沿着海滩我来到中心广场。这是一处重要区域，周围有大教堂、总统府、政府办公楼。广场立有几幅优美的壁画，引人入胜。这里是敏感地带，很多卫兵持枪把守，不得拍照。

赤道几内亚首都马拉博中心广场

旧城区还保留了昔日的市政厅，那是最为典型的西班牙风格建筑。顺着面朝市政厅的大街前行一百多米，是西班牙殖民时期的总督府，然而铁门紧锁，禁止入内和拍照，经向导反复交涉才把铁门打开。这幢小楼明显灰败了，墙皮已经脱落，当年，就是在这里，殖民者下达指令，被殖民者无条件服从。

⬆ 红色格调的总统府

穿越旧城，过总统官邸来到新城区，这里是非洲联盟第 17 届和 23 届首脑会议举办地，现已发展成为现代化的都市。举目相望，一座座高楼大厦拔地而起，式样新颖，造型奇特，凯旋门、银行大厦、保险大楼等，一展新姿。

寻访完首都马拉博，从岛的北端沿岛的西海岸南起，我开始了环比奥科岛行。

⬇ 环岛公路处在热带雨林中

走过52公里车程后来到岛的第二大城市卢巴镇,这也是一个西班牙殖民时期建的城镇。小镇仅7000多人,而街道两旁的殖民时期建筑记述了它的沧桑史。城

鲁巴镇的护城河

国家自然保护区

内最大的看点是护城河,全部用石头砌成河道和栏杆,工程浩大。还有一处景观庞大的体育馆,也是殖民时期的产物。

巴希莱峰国家自然保护区处在岛的最南端,是一块尚未被开垦的处女地。驱车从西至东横穿,那茂盛的森林、奇异的花草、众多的动物,在眼前变幻。能够欣赏到这个处在赤道地区原始的热带雨林是幸运的。

2个小时的车程,汽车到达比奥科岛的东海岸。这里山高林密,海浪涛滔滔。据向导说,这个国家准备在此开发建设一流的景区,让人们享受高山、森林、大海融为一体的自然风光。在这里,我还走进一个土著人部落踏访,在茅屋土炕上与当地人交流。当地居民生活相当艰苦,很多人衣不遮体。该国长期以来被列为世界最不发达的国家名单,尤其农村更贫困。20世纪末这里发现了石油,经济发展走上了快车道。

入夜,我返回首都,走进下榻的"中国安达酒店",这是赤道几内亚最好的

宾馆。大厅悬挂着中国领导人与赤国总统会见的照片,还有中国援建的会议中心、大学、银行大楼等剪彩的照片。

比奥科岛,大自然恩赐了无限风光!

赤道几内亚,因发现石油而开始焕发生机!

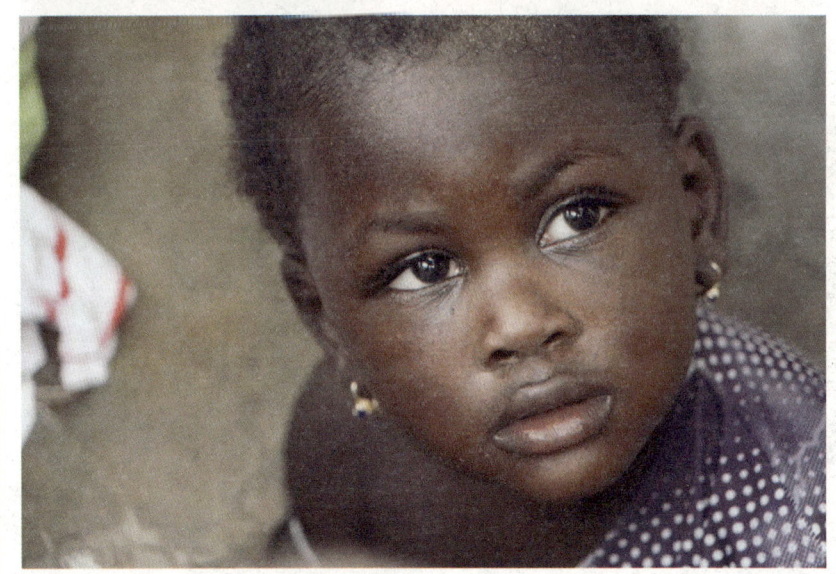

⬆ 赤道几内亚街头人物百态

加蓬：赤道线上的"森林之国"

赤道线，阳光直射，热浪滚滚……

翻开非洲版图，沿着赤道由西向东看，赤道线第一个穿过的国家就是加蓬（Gabon），而且横贯全境，典型的赤道热带雨林气候。这个位于非洲中部西海岸26.7万平方公里、人口150万的国家，面积不是很大，但却拥有丰富的自然资源，享有"资源宝库"的美誉。加蓬森林资源占国土总面积的85%，木材蓄积量居非洲第三位，其中驰名全球的名贵奥库美木居世界第一位，故加蓬有"森

加蓬大学

林之国""绿金之国"的称谓,还有"赤道之国"的美誉!

穿过赤道线的非洲国家还有刚果(布)、刚果(金)、乌干达、肯尼亚、索马里、圣多美和普林西比。

飞机降落在森林之中的加蓬首都利伯维尔(Libreville)港城,这是一个非常秀美的海滨城市,椰树纵横,棕榈成行,花草遍地。

汽车离开机场沿着宽广的滨海大道行驶,一边是望不到头的大西洋,一边是郁郁葱葱的大森林。陪同踏访的华人女士周小妹既会英语又懂当地语,她介绍,"加蓬"一词来源于葡萄牙语。1472年葡萄牙殖民者登陆,由于这里的地形很像葡萄牙水手穿的一种叫Gabon的外套,葡语"加蓬"由此得名。

加蓬由于自然资源丰富,除森林资源外还有锰矿产储量居世界第三,胶合板生产能力世界第二,铌矿储量居世界第二等。这个低人口密度国家因此一跃成为最繁荣的国家之一,其人类幸福指数是撒哈拉以南地区最高的国家之一。

汽车在林荫道上疾驶,十分钟车程进入市区。仅有80万人口的首都利伯维尔,在城市建设上好于周围其他国家。在滨海大道一侧,出现一座很有建筑特色的国家博物馆,这是踏访首都的第一站。这里详细记载了加蓬的历史:12世纪班图人在奥果韦河两岸

加蓬首都利伯维尔市国家博物馆

博物馆人类繁殖木雕含意深广

建立了部落王国。15世纪末葡萄牙人来到加蓬海岸。18世纪沦为法国殖民地。1960年独立。馆长介绍,首都利伯维尔的命名来源于这样一个故事:1839年法国船长布埃截获了一艘贩卖黑奴的巴西船只,他把船上的黑人全解放出来并安排在这里自由生活,于是布埃将这里命名为"利伯维尔",法语意为"自由之地"。

沿滨海大道前行,只见奴隶解放纪念柱矗立在大西洋海岸,两根白色的石柱高高擎起,上面雕刻着奴隶的血泪史,中间是一名砸断铁索链的奴隶雕像,十分逼真。对面的总统府雄踞半山腰,面朝大海。

▽ 奴隶解放纪念柱

⬆ 和平团结纪念碑　　⬆ 造型独特的水利部大厦耸立在独立大街

　　汽车开动不久又停在十字路口一侧，这里是滨海大道与独立大街的交叉口，中间是街心公园，之中一尊独特的"和平纪念碑"伸向天空。纪念碑的别具匠心在于设计的两只手捧着火焰柱，象征着和平和自由。这是首都的地标，是利伯维尔市的中心地带，周围有矿业部、议会大厦、水利部、国家广播电视台等各具特色的建筑，极有观赏价值。

　　独立大街是利伯维尔的主街，笔直、宽阔、大气，很有大都市的风范。沿街而行，路旁建有艺术中心、市政厅、中国大使馆、俄罗斯大使馆、民族团结纪念碑等，后到达国家体育场。体育场由中国援建，列为加蓬十大建筑之一，规模颇大，气势宏伟。

　　在加蓬首都北郊，建有利伯维尔国际班图文化中心，占地30公顷，有会议厅、图书馆、剧场、博物馆、工艺品商店。文化中心旨在弘扬班图文化，展示班图人的生产、宗教、风俗、生活、历史传统，让非洲班图人寻根追源。班图是非洲最大的族群，覆盖非洲很多国家。组建文化中心的成员国有安哥拉、中非、刚果(布)、刚果(金)、加蓬、赤道几内亚、卢旺达、赞比亚、科摩罗、圣多美和普林西比。

　　踏访中，周小妹女士讲起这样一个故事。中国温州永嘉县的程志平，20世纪 30 年代因家乡饥荒，漂洋过海来到加蓬，从事木材产业。事业一步步发展起来后，他为加蓬援建学校和医院，受到当地人好评，称他为"平爸爸"。他娶了当地部落酋长的女儿，1942 年儿子出生，起名让·平。后程志平送儿子去法国读书，儿子在取得法国巴黎第一大学经济学博士学位后又回到加蓬发展。后来让·平娶了加蓬总统邦戈长女。让·平多次回中国探亲，他说："我是温州人。"让·平先后任加蓬外长、前非盟委员会主席、反对党领袖等。2016 年，让·平以反对党领袖身份竞选加蓬总统。

入夜，夜宿隐藏于树林之中的宾馆，体验"森林之国"……

议会

跋涉"地球肺叶"非洲热带雨林

汽车在野外疾驰,窗外看到的皆是丛林、树林、森林、野草……原始自然,这就是"森林之国"加蓬。

途中,但见很多运送木材的车辆,粗大圆长的树木躺在卡车里,一路悲鸣……

这天,在周小妹女士的陪同下,离开首都利伯维尔去往原始森林踏访……

其实,加蓬首都就坐落于森林之中,但由于人为的破坏活动,使得本来原始的森林失去它的原貌。

▼ 走进热带雨林

汽车驶出一个多小时，已经完全进入大森林之中。周小妹女士带我下车，钻进莽莽的森林之中，感受"原始森林"的原始，了解"热带雨林"的湿热，感受"森林之国"的味道。

那密密麻麻的树木，那直指天空的树尖，那枝繁叶茂的树冠，那藤蔓交织的树身，那腐烂横卧的朽木……这就是原始的、热带的森林、雨林、树林……

突然，一只野猪跑过，这可把我吓坏了。接着，树丛沙沙作响，一头大象缓缓走过，又一次惊悚万分。这时，周小妹说："不要怕，动物不会主动伤人，见到野兽不要跑，不要直视它，否则会受到袭击。"周小妹告诉我："森林中最可怕的是蟒蛇，因为它在暗处，人不容易看见，在林中行走，最好远离腐朽的树木，蛇一般在那里藏身。"

小溪在流淌，鸟儿在鸣叫，蝴蝶在飞舞，青蛙在跳跃，原始森林，就在眼前，就在身旁……

一个神秘莫测的秘境！一个原生状态下的大自然……

⬆ 挺拔的树木

为什么森林如此茂盛？为什么树木这样粗大？陪同踏访的司机说："这里处在赤道线，属热带雨林气候，炎热、潮湿，全年温差不大，平均温度26度，有利于植物生长，再加上这一带没有受到人为破坏，生态环境保持着原始状态。"

我穿行的加蓬热带雨林是典型的非洲热带雨林。非洲刚果河流域热带雨林是世界第二大热带雨林，覆盖赤道横贯的刚果（布）、刚果（金）、加蓬、乌干达、喀麦隆、中非、赤道几内亚等国，面积达200多万平方公里，与南美洲亚马逊河流域热带雨林齐名。若亚马逊热带雨林为"地球之肺"，那么非洲热带雨林就是"地球肺叶"。

百鸟争鸣

穿过一层层森林，越过密不透风的树丛，我终于见到了珍贵的奥库美木树，这是世界上少有的树种，它驰名全球的缘由是具有芬芳的香味、坚韧的木质，用这种木材制成的家具坚实耐用，纹理明显，非常美观！这种奥库美木树在该国的蓄积量为1.3亿立方米，居世界第一。加蓬还有一种名贵树种奥齐戈木，蓄积量也很大。

司机介绍："拥有名贵的奥库美木树是国人的骄傲，奥库美木已被刻在国徽上，它是民族的精神、国家的象征！"

奇花异草

行走在树林，我看到很多巨型大树，树身粗大得让人难以想象，几个人合抱不住，有的树直径可达3米之多，甚至还有直径10米的，可谓树王了。在众多的树种中，还有一种美人树，它没有树干，像一把展开的扇子摇曳在空中，又像孔雀开屏，尽展芳华，而且树叶折断，还能流出液汁供人饮用，有人称它为"旅行家树"。

走进森林一个多小时，看到树木过度砍伐严重，一个个伐木者拿着砍刀和木锯放倒一棵棵粗大的树木，留下成片的树墩。被砍树木横七竖八卧在森林，生态资源遭到破坏……

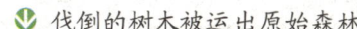
伐倒的树木被运出原始森林

走出森林，又看到公路上运出木材的汽车，一辆又一辆……

当我来到木材转运站，看到这里放置了大批被采伐的木材，一堆堆，一摞摞，像小山一样堆积在一起。我采访当地的看守人员，获知这是准备外运出口的。据介绍，每天有大量的木材被运出，这些木材粗得惊人，大多直径2米之多。

加蓬，"森林之国"呼吁盗木者不要乱砍滥伐！

加蓬，"绿金之国"呼唤世人保护生态资源！

⬆ 木材转运站

劈波斩浪龟岛行

碧波荡漾的大海,展翅飞翔的海燕,滚动在蓝天下的云朵……好一派云水画卷。之中,一叶小舟在漂浮……

我乘坐的小船从加蓬首都利伯维尔驻地出发,向着龟岛 Pongara 航行……

大西洋的晨光是美好的!日出海面的景致绝美而难忘。驶出港口向后回望,整个利伯维尔城被掩映在大森林中,倒影下的"森林之国"是如此梦幻迷离……

航船在大西洋劈波斩浪……

经过一个多小时的航行,龟岛出现在眼前。那又是一片森林覆盖的地方:白云,蓝天,绿岛,一幅绚丽多彩的风景画卷!

踩着细细的白沙,上岸了。我静静地停住脚

▼ 乘船驶向龟岛

步,观看着海底世界:那珊瑚,那礁石,那鱼儿,那海草,让你进入另一个动物世界。这里有很多叫不上名字的鱼类和叫不上名字的龟蟹……

正当专心观鱼之时,一位当地船公走过来。我询问他这里观鱼的最佳时节,他说:"当然是每年七八月份。届时有大批的座头鲸会集中到加蓬海岸,在这里择偶,谈情说爱,繁殖下一代。当然也会看到雄性鲸鱼之间搏斗的场面。"据悉,每年大批的海洋哺乳动物从北冰洋远道而来,在赤道这个特殊的水域孕育下一代。

穿行在龟岛,皆是原始大森林。在海边、陆地、林中,不断碰到龟在爬行,有的成群结队,这座岛名为龟岛的原因正在于此。在林中,我走进一户土著人家,一位老人正在劈切椰果,我上前采访,他说:"我们生活主要靠打渔和采椰果维持,森林中的动物很多,但不能猎杀,这是法律。"说完,他从屋内搬出一只50多公斤重的大龟,这只龟已和他相伴一生。龟岛上的人对龟都很爱惜,这时,我向老人询问了龟的情况——

问:"这个岛上究竟有多少龟呢?"

老人神秘地回答:"多着呢!草地、森林、大海、沙滩,都有很多海龟,要说有多少,恐怕难以估计。"

▼ 岛上的龟爬来爬去

问:"你们食海龟吗?"

老人:"不!那是神灵!"

问:"最大的龟有多重呢?"

老人:"超过100公斤!"

龟岛已经规划为国家公园,建有数家高级宾馆,入住的多是外国宾客,以欧洲人最多。这里风光绮丽,每到假日,海滩上聚满了人,享受赤道上的阳光,也有人深入森林中观赏飞鸟和野兽。

午餐,是在沙滩上进行的。当地人现从海里捕了大虾和黄鱼,从林子里采摘了野香蕉,支起木棍烧烤。开餐了:烤鱼、烤虾、烤香蕉,还有新鲜的椰树果汁,一切都来自大自然。面朝大海,

↑ 岛上的度假村

↑ 龟岛茅舍

↓ 度假村里的贵妇人

↑ 土著人家

背靠原始森林,很是惬意……

晚霞,映照在大海上。返航了!迎着大西洋的海风……

再见了,龟岛!一个森林之国的宝岛……

再见了!龟岛!赤道上一处未开垦的处女地……

第四章 中部非洲:非洲的"心脏"地带 | 371

刚果（布）："黑暗的心"

您看过《黑暗的心》这部惊世之作吗？《黑暗的心》就是取材于"刚果"这个地方。英国著名作家约瑟夫·康拉德 1890 年沿刚果河逆流而上，创作了《黑暗的心》，顿时轰动了世界！"黑暗的心"有着双层含义：地理上指黑色昏暗的非洲丛林，实质上剑指欧洲殖民者黑暗的内心。"黑暗的心"还可解读为："心"，形似心脏的非洲大陆及心脏之心脏的刚果河部位，又指残忍、邪恶、贪婪的欧洲殖民者统治、压迫黑色丛林贫穷、落后、疾病中的黑色人种。在欧洲殖民者眼中，非洲充斥着原始、愚昧和野蛮……

"刚果"，一提到这个字眼，人们马上会想到非洲的国家名称。然而，刚果是两个国家的名字，一个是"刚果共和国"，另一个是"刚果民主共和国"，两

▼ 欧米西引领到刚果河边讲述"黑暗的心"

个国家的名字很容易弄混。为了区别开来,国际上惯用"刚果(布)"和"刚果(金)"来区分,把两国首都布拉柴维尔和金沙萨的第一个字分别放在刚果后边用于识别。

其实,刚果(布)和刚果(金)两个国家,古代和历史上并不是一个国家,也从来没有分合之说,其中一个是小国,一个是大国,一个受法国殖民,一个受比利时殖民,并没有实质上的结合,只不过都抢占了"刚果"这个名字。"刚果",在当地土著人中意为"大河"。刚果(布)就处在刚果河茂密的森林之中,被称为"木材之国"。

我是首先进入刚果(布)(Congo)的。向导兼翻译是一位刚果女士,名叫欧米西,曾在北京留过学。汽车行驶在宽敞的大道上,两旁是茂密的参天树木。刚果(布)曾是社会主义国家。

欧米西女士首先带我来到刚果河边,只见河面浪高水急,河水汹涌磅礴、咆哮奔流。她介绍:"刚果河全长4640公里,为世界第6长河,其流量之大、流域之广仅次于亚马逊河,居世界第二。"紧接着她说:"刚果河是刚果(布)和刚果(金)的界河,又同是两国的母亲河,两国皆是刚果河流域,尽管两个刚果国家从来不是一体,但刚果河把两国系在了一起。另外两国同处世界第一大盆地刚果盆地,同处赤道热带雨林,更说明两国在地形上的一致性。"欧米西女士指着河心小岛说:"这个岛原叫龟岛,两国共有,但由于水流太急,从来没有人登上去过,还流传不少惊悚的事,于是'龟'岛成了'鬼'岛。"

望着滚滚而去的刚果河,欧米西女士说:"刚果河是神秘的,有很多作家和学者来此探险,试图揭开它的面纱。"

刚果(布)首都名为布拉柴维尔(Brazzaville),是中部非洲的一座名城。"来到首都,要首先了解城市起源。"在行车中,欧米西说。

十分钟车程,汽车停在市政厅旁的一片空地上,欧米西女士说:"这里就是布拉柴维尔的发源地。"下车后我看到一片绿地上矗立着一座蓝顶白柱的拱形建筑,前面有一尊手拄拐杖的整身人雕像。欧米西说:"这座建筑是布拉柴纪念馆,雕像是布拉柴,首都布拉柴维尔就是以这位先生的名字命名的。"

接着她介绍了布拉柴先生的情况。布拉柴是法国人,1880年9月10日,

刚果（布）首都布拉柴雕像及布拉柴纪念馆

布拉柴这位探险家在这里登陆，当时此地称"恩库纳村"，就是在这个地方，他与当地的国王马科科，签订了一份协议，将这个王国置于法国的保护之下。自此，这里开始建城，并以"布拉柴维尔"的名字取代"恩库纳村"，"维尔"是城镇之意。

然而，事隔一个月，法国正式占领该国并开始进行殖民统治。

在纪念馆旁边的街心广场，竖立着奴隶门，用图画记述这个国家在殖民下被奴役的历史。正像《黑暗的心》书中所写，殖民者的"心"是黑的，残酷压迫、杀害奴隶的手段是极为恶毒的……旁边的向导说："殖民者对黑人的摧残屠杀甚于野兽，他们甚至剥黑人的皮、挖黑人的眼、掏黑人的心……"

在布拉柴维尔刚果河钢筋斜拉大桥旁，竖有一座戴高乐方形纪念碑，碑前是个圆形结构、由五彩石铺就的凹池，站在池中心高声呼啸，会产生巨大的回响。

↑ 街心广场奴隶门用图画记述了历史

这里就是非洲的中心，称为"非洲之心"。甚至当地人还认为这个位置是"世界中心"。

布拉柴维尔的著名景点是圣安娜大教堂，从全市的各个角度都能看到它巍然屹立的尖塔。来到大教堂跟前，倍感震撼，整座建筑是欧洲哥特式建筑风格和非洲茅屋房顶特色相结合，既有现代的，又有原始的；既有华丽的，又有古朴的，尤其是那熠熠生辉的绿色孔雀石色彩的房顶与白云蓝天相融合，显得那

← 教堂大厅

→ 著名的圣安娜教堂

样神秘和奇妙，还有那尖形窗、尖形门，看起来十分和谐。

驱车半个多小时，经过总统官邸到达首都郊外刚果（布）举办 2015 年非洲运动会的场地，一眼看到金黄色的主场馆，像一只巨大的金光闪闪的手镯，蔚为壮观，这是中国人的杰作，建造得漂亮非凡。刚果（布）与中国有着友好的关系，在刚果（布）踏访可见很多中国施工现场——中国援建的国际机场、刚果大桥、体育场、住宅小区等，到处都能见到中国工地、中国标志、中国汉字。欧米西女士介绍，这里新的建筑 80% 都是中国承建的。

刚果（布）最高地标是矗立在刚果河畔的栋南宾巴大楼，它像一棵玉米，直插云霄；另一幢是中国威海国际经济技术合作股份公司的摩天大楼，都是刚果（布）的著名景观。

刚果（布）发展势头很猛，发展潜力很大。其实，刚果（布）是非洲一个小国家，面积 34.2 万平方公里，比刚果（金）面积小得多。刚果（布）面积虽小，但它是个海滨国家，又横跨赤道，资源丰富，其中石油和木材是两大经济支柱，为非洲撒哈拉沙漠以南地区第三大产油国、非洲主要木材生产国和出口国之一，森林覆盖率 60%，因此才有"木材之国"的称谓。

刚果（布）的发展也不是一帆风顺的，历史上曾与刚果（金）、安哥拉之间发生过多次武装冲突，内战也屡屡发生。20 世纪 90 年代的内战中发生过血腥大屠杀，造成成千上万人的伤亡，数十万难民流离失所。2012 年的首都爆炸导致 206 人死亡，其中包括 6 名中国公民。

在刚果（布）踏访，欧米西女士还带我深入刚果河畔的乡村。走访中发现这里的风俗很特别，传统的刚果家庭是父亲对子女有养育的责任，

◆ 首都地标栋南宾巴大楼

↑ 刚果河钢筋斜拉大桥

↓ 中国援建的国家体育馆

但家庭财产遗传给父亲的叔叔，而不是传给儿子，更不是传给女儿。而南部的部族多以母系为中心，婚姻所生的子女归母亲的大家族，父亲对子女没有太多的抚养义务，子女长到几岁后便被交给孩子的舅舅家抚养，并成为娘舅家最亲近的后代，在那里成家立业并继承遗产或族长、酋长之位。

刚果（布）给人留下的印象是深不可测的，这个刚果河流域的小小国度却有那么多丰富多彩的风俗、故事……

刚果（金）："非洲的心脏"

刚果河，急流翻卷，浪花飞舞……

我是从刚果（布）首都布拉柴维尔市乘船通过刚果河进入刚果（金）首都金沙萨市的。

刚果（金）首都与刚果（布）首都仅一河之隔，隔河相望。两国首都距离之近仅次于罗马和梵蒂冈之间的距离，是世界上唯一一对隔河相望且能相互看见的首都。刚果这两个同名国家一衣带水，刚果河把两国紧紧系在一起。

当登陆刚果河东岸的刚果（金）时，顿感两国截然不同，刚果（金）要比

▼ 从刚果（布）首都乘船过刚果河去对岸的刚果（金）首都

刚果（布）大得多！

刚果（金）全称刚果民主共和国（D·R·Congo）是非洲第二大国，仅次于阿尔及利亚，总面积达234.5万平方公里、人口7740万，其中班图人占84%，其余为苏丹人、俾格米人。班图人是非洲最大的族群，覆盖非洲很多国家，总人口达2亿多。

刚果（金）位于非洲中央，有"非洲心脏"之称，大部分地区位于"世界第一大盆地"刚果盆地，刚果河流经全境，赤道横贯东西，自然资源丰富，蕴藏多种有色金属、稀有金属和非金属矿，素有"地质奇迹""中非宝石""世界原料仓库"之美誉。

刚果（金）是一个历史悠久的国家，在8万年之前就有土著人居住，从公元前2000年到公元前500年中大批班图人迁徙此地，逐渐取代本地土著族俾格米人。

进入刚果（金）首都金沙萨（Kinshasa）市区，真正感受到它的大气、规模和现代化气息，不愧为中部非洲最大的城市，其城区面积1968平方公里，东西伸延18公里，南北宽13公里，市区人口达到300万。

刚果（金）首都金沙萨"六月三十日"大街右侧是邮电大楼

走在著名的横贯东西的"六月三十日"大街,笔直宽敞,路面上车水马龙,两侧高楼大厦林立,一派繁华景象。走至大街尽头,被称为首都地标的邮电大楼直插青云,狮雕喷泉广场人声鼎沸,纪念碑前花草芳香。这里是"六月三十日"大街末端最繁华热闹之地,也是市民聚集休闲的地方,火车站、汽车站就在旁边。

站在"六月三十日"大街尽头,翻译欧德指着纪念碑座介绍:"这里曾屹立着比利时国王骑马的雕像,后被市民推倒,现只留下碑座。"欧德说,金沙萨这个地方原来是个小村庄,1881年比利时在此设兵站并建城,以比利时国王利奥波德二世的名字命名,从此开始了长期的比利时统治,直到国家独立后改为金沙萨。"为什么把比利时国王的雕像推倒?"我问。向导说,他是殖民统治者,就像《黑暗的心》书中所述,殖民者的心是黑的,他们大量虐杀、压榨黑人,犯下滔天大罪。《黑暗的心》的创作素材不仅取材于刚果(布),还取材于刚果(金)。

▼ 殖民地时期的纪念碑

随后，欧德带我去国家博物馆参观。金沙萨市三面环山，博物馆坐落于半山腰，从这里可以俯瞰刚果河和河对面的刚果（布）首都。博物馆占据了山坡上很大面积，包含历史文物展室、殖民时期剧场、古刚果王国国王狩猎的铁笼，还有一块墓地。最醒目的是被民众推倒移至此地的比利时国王骑马的雕像。这里还有第一任比利时总督雕像、历史上第一个登陆刚果（金）的比利时人雕像等。馆旁还竖有一块巨型的铜雕，那是中国劳工参与修建刚果第一条铁路的艰辛身影。据介绍，刚果（金）第一任总统的父亲曾参与修建。

⬇ 国家博物馆

⬆ 博物馆旁巨幅铜雕记述了早期中国劳工修建刚果铁路的艰难史

在金沙萨，最有建筑特点且最值得一看的是卡比拉纪念堂，坐落于政府办公机构大院，我是经过极为严格的检查才被放行的。纪念堂是一座巨大的圆形花瓣式建筑，上部以树叶枝条围拢托起盛开的花朵，中间镶嵌着深红色的五角星。堂内大理石上刻有一行字："永远不能背叛刚果，刚果不允许分裂。"纪念堂后面是总统府，前面是第三任总统洛朗·德西雷·卡比拉的雕像。纪念堂是为纪念这位前总统而建

↑ 卡比拉总统纪念堂

造的，现任总统约瑟夫·卡比拉是他的儿子。卡比拉1939年出生，是一位爱国运动的领袖，1997年推翻蒙博托政权成为总统，2001年突然遇刺身亡。

次日，去往刚果（金）黑猩猩基地——罗拉博诺波自然保护区。

汽车驶出市区后，便是一路的泥泞土路，坑坑洼洼，异常颠簸，行路十分困难。刚果

→ 沿途顶鸡、挎鸡、提鸡的村妇

↓ 去往黑猩猩自然保护区的路上坑坑洼洼

382 | 去非洲

（金）虽是大国，但它是联合国教科文组织公布的世界最不发达的国家之一。沿途，看到很多村民衣衫褴褛，房屋破旧，看起来人们生活非常困苦。

经过两个小时的奔波，来到一片大森林之中。刚果（金）森林覆盖率较高，尤其原始森林遍布全境，处在世界第二大热带雨林中，拥有非洲最稠密的水系，

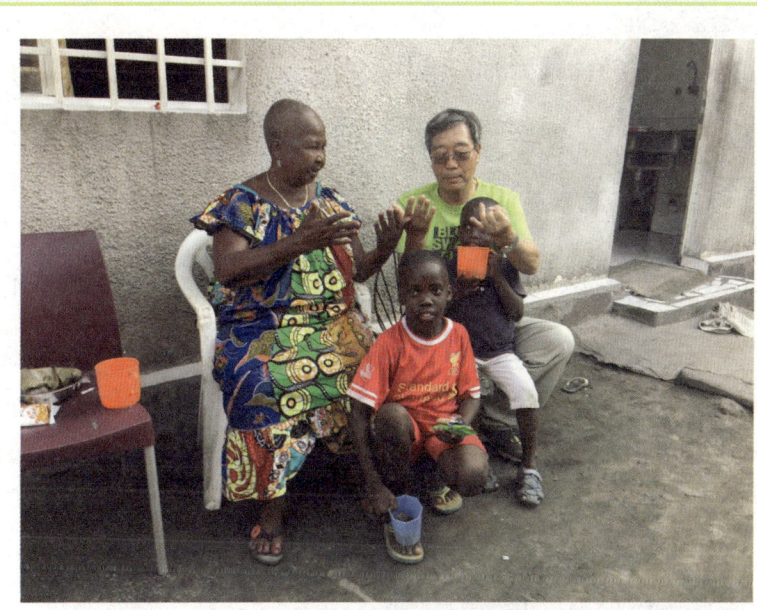

← 做客农家与老人交流

← 教中国菜

很适合动植物生长，罗拉博诺波自然保护区就坐落在一片原始森林中。

走进保护区内，树木参天，蚁穴满地，飞鸟鸣叫，一派大自然美丽风光。我还没有迈出几步，林子中突然出现很多黑猩猩，穿来窜去，甚至挡住去路，爬到人们身上索要食物。讲解员介绍，"罗拉博诺波"在当地语中意为"猩猩的天堂"，这一片保护区是一位欧洲人保存下来的，林木一直没有被破坏，成了人们追寻的静谧迷人之地。

离开自然保护区，我沿刚果河东岸一直前行，一个多小时车程来到一个名叫金克利的小渔村探访。该渔村就处在刚果河畔，全村人口以打渔为生。村边设有一个不大的鱼市场，活鱼、烤鱼、煮鱼摊点比比皆是，还夹杂着买卖木薯的摊点，很是热闹。

看过鱼市场，我来到达金克利村，走进一家普通农户探访。这是一个小户人家，5口人，靠捕鱼维持生活。时值午餐，主人以妻子做的拿手好菜水煮鱼招待了我，主食为木薯和香蕉。他上有80多岁的老母，下有两个孩子。

在金沙萨踏访期间，我还特意去了由一位退伍军人开发的刚果河湿地公园，据悉这是和中国人合资兴办的，吸引了不少国内外人士前来度假观光。

刚果（金），世界第二大热带雨林中的国度！

刚果（金），"非洲心脏"上的绿色翡翠！

▼ 中刚合资开发的刚果河畔湿地生态保护区

攀登"可以毁灭世界"的尼拉贡戈火山

戈马,是刚果(金)最东部的一个边境城市,与卢旺达接壤。坐落在著名的尼拉贡戈火山脚下,基伍湖边,地理位置非常特殊,是一处极富刺激性的危

↓ 火山脚下的基伍湖

险之地,尤以"可以毁灭世界的十大火山"之一的尼拉贡戈火山为最,因火山顶上有"世界最大的熔岩湖"又称"魔鬼的高炉"而闻名于世。戈马同时又遭受着火山和湖泊的极大威胁,或许有一天因火山和湖泊所爆发的自然灾害,会将戈马夷为平地而从地图上永远抹去……

这绝非危言耸听!

我来到戈马市,居住在一家边防酒店,与边境海关近在咫尺。这是戈马市最好的一家宾馆,就坐落在基伍湖边,而且餐厅伸进湖面达20多米,是观赏湖水的极好场地。

接待我们的是一位资深导游,个头很矮,疑似俾格尔族人,名叫单尼尔。餐后,单尼尔先生介绍了基伍湖的情况。

基伍湖是非洲的大湖之一,处于东非大裂谷中,南北长90公里、东西宽48公里,湖面高度1460米,是非洲海拔最高的湖泊之一,湖北岸为戈马市和尼拉贡戈火山。

单尼尔先生说:"基伍湖看起来风平浪静,其实潜藏着危机,而且是致命的、毁灭性的。经科学家探测,湖底蕴藏着一种致命的气体甲烷,而且储藏量很大,一旦尼拉贡戈火山爆发的熔岩浆流进湖底,就会引发整个湖底气体爆炸,轻而

尼拉贡戈火山下的戈马市主街

遍地皆是黑色火山岩

街头卖货郎

易举地吞噬掉戈马市，出现令人难以想象的大灾难、大悲剧……"

其实，戈马市不大，是个仅有10万人的城市。走在市区，只有一条主干道，放眼望去尽是黑土、黑地、黑墙。这都源于尼拉贡戈火山灰。戈马市建在火山爆发后形成的坦平岩石上，充斥着这么多的黑色建筑物，因此被冠以"黑城"的称谓。然而，它反倒成了这个城市的一大看点，吸引着旅行探险者。

城区还有一道让人不安的景象，那就是满街的武装部队。刚果（金）政府军与反政府武装的对峙冲突在这个战略要地戈马市从未真正停息过，戈马这个本该是旅游胜地的城市现在却是满目疮痍，民不聊生，持枪的武装人员处处设防查岗，我所乘坐的汽车每走一段路都要停车接受检查，车体从上到下被仪器扫过。

由于战乱，戈马市令众多游客畏惧止步。城市北面的维龙加国家公园拥有火山山脉、熔岩平原和沼泽等多种地形，是中部非洲最大的天然动物保护区。但是由于该地区周边战乱不断，前两年维龙加国家公园已经不再向游客开放，是惨遭战乱封杀的世界四大美景之一。

再看戈马的城市治安状况，也颇为糟糕，抢劫、绑架、暗杀并不算新闻，尤其是周边县城屡次被反政府武装攻占，已经发生多起记者与官员被暗杀事件，前些年曾有一名中国旅游者在该城附近遇难。联合国在这儿有维和部队，还有援建项目，但这一地区总体形势仍很严峻，时常硝烟弥漫，鲜有人来。

▽ 中心广场上的丘咕嘟木车

穿过数道军岗,单尼尔先生带我来到市中心广场,这是整个戈马市最繁华的地带,广场中央一个金黄色的车子雕塑让我倍感兴趣,但不解其意。

单尼尔说,这是木头推车,全世界只有这个城市独有,叫"丘咕嘟",是一种交通工具。"看看四周吧!"听单尼尔这么一说,我赶紧朝路上搜寻,果然发现路上有好多人骑的车子都是木头做的。这种木车没有脚踏板,它相当于在一个木头滑板上安了两个木轮,上坡时推着走,下坡时滑着跑,很是实用。戈马市的地形从火山的高海拔向大湖的低地势都是坡路,但弯道不多坡度不陡,正好适合这种车子,于是,全世界独一无二的"丘咕嘟"就发明了。向导介绍说,这种车子可以负重百公斤,如果是下坡,一口气滑个十几公里没问题。

尼拉贡戈火山在市区北部 8 公里处,然而从市区望去却好像近在眼前,只见山顶烟云滚滚,铺天盖地。快要出市区了,单尼尔向导很风趣,车开了不一会儿便说:"现在我要提供免费按摩服务了。"原来戈马市市区内只有十分钟好路,其余全是火山岩流下的坑洼烂路了。放眼望去,一切皆黑:黑色的火山岩房子,黑色的火山岩路面,黑色的人群,火山喷发的废墟……

行车路上,"丘咕嘟"木车比比皆是,千姿百态,真是一道饶有风趣的景色。

▼ 去火山途中众多的丘咕嘟木车成了一道风景线

我观察发现，这木头车除了前面车轴中有个减震簧外再也没什么装置了。滑行时靠一只脚在轮子上压着以控制速度，停下时支个木棍就稳稳站住，既简单又实用！

汽车继续在坑坑洼洼的土路上颠簸。据向导单尼尔介绍，从市区到火山脚下的公路由中国承建，这是戈马市人心所望。路上恰好遇见承担施工的中国水电十三局的项目经理，他说："道路前期已进展八个月了，刚果（金）方没有配合好，现在已停工，留下了几个中国人，等和对方商讨好了再开工。"

沿路，我踏访了登山者宿营地、部队武装人员、小学校学生和吉布巴村落，最后到达尼拉贡戈火山跟前。看上去，火山像个馒头状，烟气向四周扩散，山尖已被山口喷发的烟雾罩得严严实实，遮满了整个天幕，一丝蓝天都没有了，给人一种压抑感。我们一边爬，单尼尔一边介绍。

从这里开始爬火山

尼拉贡戈火山是非洲东部维龙加山脉火山群中的活火山，海拔3470米，是非洲最著名的火山之一，也是非洲最危险的火山之一，联合国将其列为"可以毁灭世界的十大火山"之一。在过去的150年中，已喷发过50多次，平均每三年一次。1977至2002年发生过多次猛烈喷发，其中1977年1月火山喷发半小时内就造成约2000人的死亡，2002年火山喷发导致近10万名居民无家可归，同时戈马市80%的建筑物和基础设施遭到破坏……

尼拉贡戈火山攀爬之路曲折迂回，坎坷难行，时常要用手把树枝扒开才能前进，还要提防动物的袭击。然则，眼前的山是美丽的，婀娜多姿，郁郁葱葱，却是不枉这辛苦、危险。

↓ 熔岩湖烈焰奔放

世上无难事，只要肯登攀。有些登山人为详细了解活火山的情况，中途露宿一夜，第二天接着爬，有的人则一气爬至山顶。

无限风光在险峰。火山口的景象最壮观、最刺激、最激动人心！火山口直径 2000 米，坑深 244 米，底部有熔岩湖，岩浆温度达 1000 度。这是"世界上最大的熔岩湖"，堪称非洲大陆乃至世界一大奇观！

观看火山口十分危险，稍不加注意就有可能丧命。2007 年 7 月 6 日，中国香港一名 31 岁的女士爬至尼拉贡戈山口，不小心一脚踩空，坠落深渊，葬身沸腾的岩浆中……

纪录片《魔鬼的高炉》展现了尼拉贡戈火山壮观而惊险的熔岩湖翻腾的场景，给观众留下极为深刻的印象，不少看过此片的人都跃跃欲试，梦想有朝一日亲身到世界最大的熔岩湖一看！

尼拉贡戈火山，"可以毁灭世界的第十大火山"……

基伍湖，"十万火急"潜藏着不可逾越的灾难……

温馨提示

中部非洲国家和西非一样，从北京直飞少有航线和班机，可先飞往埃塞俄比亚或迪拜、多哈等地转机。签证也不是问题，大多国家对中国是敞开大门的。中部非洲处在非洲心脏部位，更有非洲的味道和特点。从地理位置看，除乍得外都属撒哈拉沙漠以南国家。从安全角度看，乍得北部、刚果（金）边远地带、中非一些地方，不排除会有随时出现的战乱。到达后，应该和中国大使馆取得联系，预防出现不测。这几个国家吃和住一般，但行走要小心，尤其到首都以外的地方，应倍加注意。另外特别强调防蚊虫，一旦被蚊虫叮咬引起疟疾就会比较麻烦。

第五章 南部非洲

两大洋夹角的多彩陆块

滔滔大西洋，茫茫印度洋，两洋之间崛起了一角彩色板块：红沙漠、大瀑布、好望角、平桌山……这就是南部非洲！

南部非洲包括安哥拉、赞比亚、马拉维、莫桑比克、斯威士兰、津巴布韦、博茨瓦纳、纳米比亚、南非和莱索托10个国家，地形主体为纳米布沙漠、南非高原、卡拉哈迪盆地、德拉肯斯山脉。这里被大自然恩赐了极致的自然风光：熠熠闪耀的月亮谷、飞流直下的维多利亚大瀑布、平静的马拉维湖、莽莽的圣卢西亚湿地……还有独一无二、绝无仅有的人文景观：旷世奇观芦苇节选妃、辛巴族"红泥人"、布须曼人山顶岩画……

安哥拉:"非洲的巴西"

云雾缭绕,尘土飞扬……

汽车行驶在无际的土路上……

经过长途跋涉,从中部非洲的刚果(金)抵达南部非洲的安哥拉。这是我探访南部非洲的第一个切入点。

安哥拉(Angola),是非洲西南部的一个大国,拥有124.6万平方公里国

美丽的安哥拉首都罗安达濒临大西洋本戈湾

土面积、两千多万人口。自发现石油和天然气后，安哥拉很快成为撒哈拉以南非洲第三大经济体，同时也是世界上经济增长最快的国家之一。

作为有"非洲的巴西"之称的安哥拉，地大物博，国土富饶，资源丰富，发展潜力巨大。

"安哥拉"名称的由来要追溯到葡萄牙人入侵之时。历史上，这一片土地上曾分属刚果、恩东戈、隆达等多个王国，其中有一个叫"安哥拉"的国王统治的地域较大。1482年第一个葡萄牙人保罗·比亚斯登陆后见到这位国王安哥拉，于是葡萄牙人干脆为这里起名"安哥拉"。自此以后，葡萄牙不断侵入安哥拉并将其变成了葡萄牙的殖民地。

在安哥拉境地，我首先领略了著名的景观"盘山蛇路"，为卢班戈至纳米贝的东达瓦纳大峡谷。山路陡峭险峻、蜿蜒曲折，像一条长蛇弯弯曲曲，缠绕在山涧谷地。仅十几公里的山路从海拔2200米突降到1200米，落差达1000米，让人大有坐"过山车"的感觉，实在太震撼了！这段"盘山蛇路"被印在安哥拉货币5"宽扎"的背面，推崇它的险要。

首都罗安达（Luanda）处在宽扎河下游，濒临大西洋本戈湾的罗安达名称在当地语意为"低洼之地"。罗安达是葡萄牙人从登陆后开始兴建，已有500多年的历史。城市从无到有，现已发展为上千万人口的大城市。走在大街上，既有高楼大厦，又有殖民时期建筑，现代与古朴相融合，充满着朝气，尤其是街心高大的树木，盛开的鲜花，加上温和的气候，让人心旷神怡，这里不愧为"热带春城"。

沿街，经过中国人兴建的第一座"金色高楼"，穿过首都最高建筑"保罗比斯"，来到由埃菲尔铁塔设计者设计的"铁宫"。"铁宫"全部为钢

铁宫

铁结构，玲珑剔透，金碧辉煌，鲜艳秀丽，是罗安达城最美建筑。原本，这座"铁宫"是法国运往马达加斯加的，运输途中被安哥拉的葡萄牙人所截，并将截获的"铁宫"硬性安建在安哥拉首都罗安达，而法国人不愿丢面子，声称是"错运"至安哥拉。

◆ 独立纪念碑

独立纪念碑是一座针形建筑，直冲云霄，它是首都的地标，在全市各个角度都能看到它的影子。独立纪念碑坐落于独立广场，广场很大，少说有10个足球场那么大，一侧有前总统雕像。这里有很多参观的人群，他们不仅仅是来参观纪念碑，更主要是瞻仰首任总统，这位民族英雄就长眠在纪念碑下。

安哥拉的独立并不是一帆风顺的，这个国家遭受葡萄牙人的侵略和压迫由来已久。为了全国的独立和解放，安哥拉成立了多个民族解放阵线，开展武装斗争，直到1975年葡萄牙军队败退，才结束了葡萄牙人长达500年的殖民统治。

踏访的第二站是圣米格尔古堡，处在罗安达湾与小岛交汇处的山岗上。远远望去，古堡的围墙盘山而上，雄踞高地，确有"一夫当关，万夫莫开"之势。但古堡的进口是平坦的，一座巨型五角星建筑矗立在城墙前。走进古堡，映入眼帘的首先是葡萄牙殖民时期铸造的葡萄牙国王、总督和葡萄牙第一名登陆者保罗比亚斯的铜

↓ 圣米格尔古堡前门

像。据讲解员介绍，古堡是1575年葡萄牙人建造的，用来防卫、维护殖民统治。实际上古堡是一处军事要塞，城墙上摆满了大炮和射击枪口。我站在古堡上俯瞰，居高临下，视野广阔，对面无边无际的大西洋一直延伸至远处的地平线上。昔日古堡现已改为军事博物馆，里面有陈列室、收藏馆，是一处爱国教育基地。

人类博物馆是安哥拉乃至非洲一处极有参观价值的好去处，每年接待数以万计的人流。该馆曾经是一名葡萄牙人的豪华宅邸，始建于18世纪，后经过政府改造变成展室，设有12个展厅，展示了安哥拉各部族繁衍生息的传统文化和习俗。

馆旁是农贸市场，其中有卡

→ 人类博物馆展示出土的部族繁衍文物

宾达地区一种稀有树种的树皮。我询问一位当地人，他说："这种树皮被我们视为一宝，这是一种纯天然的'春药'，补肾作用极强，很有名。"

安哥拉国民议会大厦是首都一道亮丽的风景，处在总统府旁边，那紫红色拱形圆顶在蓝天白云之下更显得壮丽威严。初来安哥拉本没有想到去大厦参观，因为各国观光者往往都被拒之门外，没有想到我们的翻译神通广大，居然层层找到了总统秘书，最终得以使我们可以更深入地了解这个国家。一走进议会大厦，那富丽堂皇的感觉顿时扑来，我先后参观了会议厅、接见厅、宴会厅、贵宾室。

安哥拉还有一个好去处为"月亮谷"，处在罗安达市西南方向30公里外的地方。汽车驶出市区后在旷野中飞奔，两边各种形态的面包树抛开枝条招摇着伸向行人，从没开垦过的土地上杂草丛生。

途中，观看了一处奴隶博物馆。解说员介绍："殖民时期，葡萄牙人从这里贩卖了成千上万的黑奴到巴西，而不去发展工业和农业，殖民者认为贩卖黑人能赚取更多的钱，于是安哥拉成了非洲贩卖黑奴的重要基地之一。"

⬇ 议会大厦隐含在绿树丛中　　⬇ 在会议大厅受到国家有关部门领导的接见

⬆ 宽扎河河口渔村

行车途中,还去了宽扎河河口、木稀马度假村和一处渔村,在那里踏访了当地村民。

傍晚到达月亮谷。月亮谷是因雨水长期冲刷,于上万年前形成的一种特殊地貌,千奇百怪的岩石矗立在大海与陆地结合部,像挺立的千军万马,又似垂头丧气的千顷稻浪,还如层层叠嶂的千山万岭,蔚为壮观,令人陶醉不已。每到日落,那熠熠闪闪的粼光,披着晚霞,抖动着金线,让人迷恋不想归程。"月亮谷"被称为"非洲的石林"!

返程中,车上的翻译告诉我:"安哥拉的风光是美丽的,但国家灾难重重。500多年的殖民统治,让这个国家千疮百孔。独立后又开始内战,从1975年直到2002年,27年的战争使得安哥拉大伤元气,一蹶不振。新政府成立后,才看到了安哥拉的希望。"

的确,百废待兴的安哥拉现在成了非洲最热门的投资之地,世界多国看到了安哥拉的前景,仅中国目前就有20万人投身安哥拉的建设,其中横贯东西长

↑ 罕见的月亮谷地貌

1344公里的铁路就是中国承建的。

结束安哥拉踏访之际，安哥拉国家电视台记者特意邀请我谈起中安友谊。

安哥拉，一个待开垦的处女地！

安哥拉，发展前景广阔的国度！

赞比亚:"铜矿之国"

穿越云雾,飞机即将降落在赞比亚(Zambia)首都卢萨卡(Lusaka)国际机场,隔着舷窗向外望去:绿草茵茵,平铺在大地之上,河流脉脉,蜿蜒在旷野之中,丛林片片,点缀着无际的平原。

这就是赞比亚,充满生机,秀美无比。

有人说:"真正的非洲在赞比亚"!高空的俯瞰,让人初略了这里的大地之美!

"赞比亚"因赞比西河而得名,境内大部为高原,河湖众多,水网稠密,海拔1000至1500米,面积75.2万平方公里,人口1200万,是一个很有发展前景的国家。

走下飞机舷梯,穿行卢萨卡机场候机厅时,看到一块巨大的矿

➡ 从飞机机窗俯瞰赞比亚大地绿意茸茸一派生机

↑ 赞比亚首都机场展出的巨型铜矿石

石,靠近才知那是一块超大的铜矿石,政府专门将其陈列在机场向人们展示,下面有一个标牌介绍:铜矿石重达16吨,已在地下埋藏6亿年之久,是目前世界上最大最重的一块铜矿石。

赞比亚矿产资源丰富,且以铜为主,铜的储量为12亿吨,出口量和人均铜产量均居世界之首,素有"铜矿之国"的美誉。

汽车向首都卢萨卡进发,机场路两侧全是修剪整齐的草地,一片绿意。"卢萨卡"得名于附近乡村中伦吉族一个叫卢萨卡的酋长,此人剽悍善猎,被人誉为"猎象能手"。

卢萨卡最早只是一个小村庄,1905年开始形成城镇。1906年,这个地区发现了巨大的露天矿,于是开办工厂,农民们开始向这里移居,盖起了楼房、商店和旅馆。从此,这里开始繁荣起来。由于卢萨卡是重要的交通枢纽,加上其他一些得天独厚的条件,后来成为当时北罗得西亚即现在赞比亚共和国的首都。

在卢萨卡市区,"铜"的标识随处可见。我看到不少铜制品建筑,比如坐落在卢萨卡东郊山顶上的赞比亚议会大厦,屋顶全部由铜瓦覆盖,外墙用铜皮包成,堪称"铜墙"。在最高法院前绿草如茵的广场上,矗立着一座为纪念第三次不结盟会议在卢萨卡举行而建造的一座高大铜铸纪念碑。卢萨卡西面的独立纪念碑,战士像用铜铸造而成。在广场上空飘扬的国旗,其中的"橙色"象征着铜矿。

漫步在卢萨卡的市中心,就像置身于"铜的世界"。商店里,只见铜制品各式各样,琳琅满目。工艺精美的青铜雕、黄铜雕、铜版面雕等铜制装饰品应有尽有。

铜和这里的人民生活紧紧相连,居民家中日常使用的酒壶、酒杯、果盘、

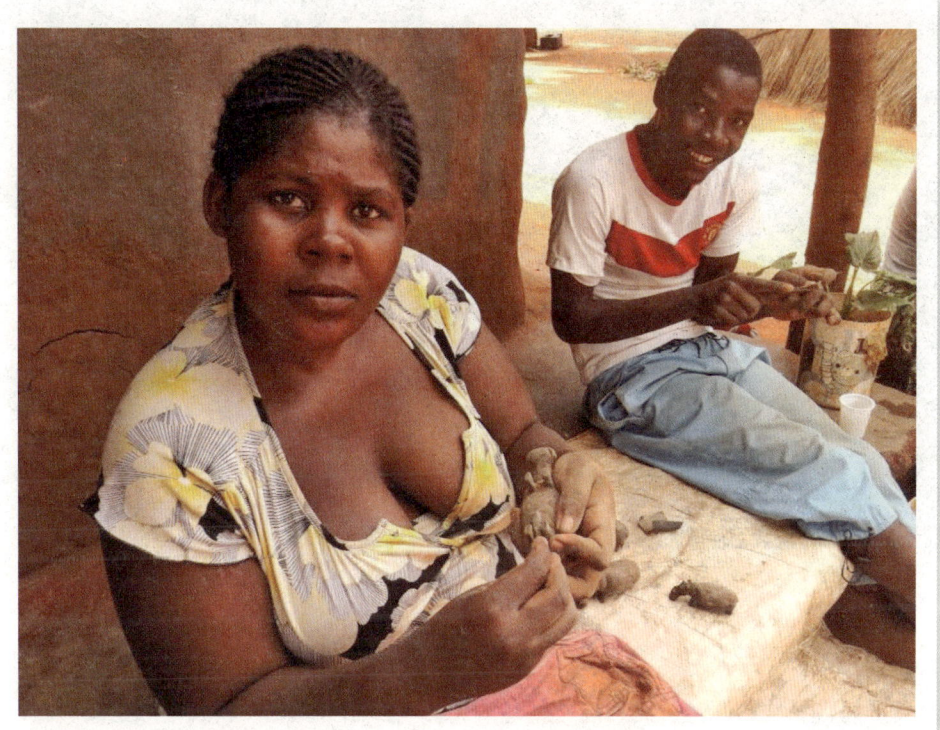

⬆ 精心打磨铜制品

首饰、茶杯,甚至连夜晚点的灯,统统都是铜制品。

铜,成了赞比亚国家的骄傲。据悉,赞比亚的铜矿靠近刚果(布)边界,形成一大"铜矿带",以基特韦为中心,自西北向东南延伸。这条铜带长225公里,宽65公里。

"铜矿带"是如何发现的呢?司机介绍说,开始人们并不知道这里有铜矿。有一天,一个当地猎人打猎,发现了一只奔跑的羚羊,然而,他连续开枪都没

街头宣传画《总统的吻》

有射中。没了子弹，只剩下空枪时，他随手从地上捡起一块石头准备砸向羚羊，忽然发现石块有绿色锈斑，这不就是铜矿石吗？他再向下一看满地都是铜矿石，此后人们便把铜矿发现地命名为"流动羚羊铜矿"。自此，"铜矿之国"赞比亚饮誉世界！

中国在非洲援建坦赞铁路，在很大程度上帮助赞比亚输出了铜矿。当年，坦赞铁路几乎成了运输铜矿的专列！

从利文斯顿过赞比西河去姆库尼部落

过密林,渡河床,去泥潭……

从赞比亚首都卢萨卡市西南行 450 公里,经过长途跋涉终于来到赞比亚南部的边境城市利文斯顿。

利文斯顿又称"马兰巴"。1855 年英国传教士、著名探险家利文斯顿来到这一带传教,发现赞比亚与津巴布韦交界处的大瀑布,震惊了世界。于是,这个地方被命名为利文斯顿。

穿行利文斯顿市内大街,城区不是很大,但街道整齐宽敞,绿树成荫,鲜花盛开,这个仅 9 万多人的城市一派春意融融的景象。在市区,我参观了利文斯顿博物馆。利文斯顿一生最大的贡献之一是发现了大瀑布,并以英国女王维多利亚的名字命名。这一发现当时在全球引起轰动,人们纷纷而来,领略这一壮观而雄伟的场景,并很快将它列为与南美的伊瓜苏瀑布、北美的尼亚加拉瀑布并列的世界著名三大瀑布。也因此,人们将利文斯顿的雕像矗立在市中心。

利文斯顿市是赞比亚的边境城市,海拔 986 米,距离维多利亚瀑布 11 公里,处在赞比西河中游北岸,原为赞比西河上的一个渡口。我从城区的渡口乘船,荡漾在赞比西河,欣赏这条通向维多利亚瀑布的河流。

渡船在平静的赞比西河行驶,蓝天白云映照在水面上,好像进入一个纯净的世界。据船公介绍,赞比西河是非洲南部最大的一条河流,也是非洲流入印度洋河流中的第一大河,发源于安哥拉中东部和赞比亚西北部高地,河长 2660 千米,为尼罗河、刚果河和尼日尔河之后非洲第四大河。赞比西河以支流众多、

↑ 畅游水天一色的赞比西河

险峻壮观、流域面大、水量丰沛而著名，其流量在非洲仅次于刚果河而居第二位，特别是它所形成的维多利亚大瀑布，使得其名声大起。

渡船在赞比西河面上漂动，可见河边的河马、大象、羚羊，我将大自然的风光一一收进镜头，留下难忘的印记。

下渡船后，我乘车去乡下，与当地人零距离接触。

汽车穿过一片树林，转向一个古老的部落，这就是姆库尼。因为街口竖有一个牌子，上面英文字母为MUKUNI，显然，用汉语拼出来就是"姆库尼"了。

扫视了一圈，部落全是茅草房顶，房体、院墙都是树枝、树干搭起的，没有砖，没有水泥，没有钢筋，都处于原始状态。出现在视野中最多的是儿童，光着脚，赤着膀，衣着很少，有的甚至一丝不挂，在沙堆中玩耍。我还看到不少七八岁的儿童，头顶水桶，从两公里外走回来。

接待我的是部落酋长，他说："赞比亚乡下大都处于贫困状态，姆库尼还

⬆ 姆库尼部落的群童

⬆ 登高探视

算好一点呢。这个部落一共不到百户，而人口超过500人，主要是小孩多。这里不限制生育，一般妇女生七八个是常事，多者十五六个。此地一个丈夫可能拥有多个妻子，再加上早婚早育，孩子多是正常现象。"

我走进一家院落，一位中年妇女迎出来，她一手抱着一个孩子，一手牵着一个，后边还跟着好几个，好像是家庭幼儿园，其实这都是她的孩子，共有8个。酋长小声告诉我说："她肚里还有一个，正在孕期。"

我参观的另一家是一对老人，正在院落里用干柴烧水做饭，烟雾升腾，火势很旺，铁锅里煮着玉米。老人对我说："我们全家24口人，儿子、孙子都在外打工。"

姆库尼部落有家庭店铺，有卖蔬菜的，有卖果品的，有卖杂货的，有的男人善于制作陶器，雕刻一些玩具，靠手工艺品挣钱。

结束了姆库尼之行，回首那些木屋、草房，再看看院落中的大人小孩，袅袅炊烟中安逸、自得、悠闲！他们日出而作，日落而息，在天然的环境中无忧无虑地生活着……

⬆ 烧柴煮饭

马拉维：荡漾马拉维湖

汽车在疾驰，车轮在飞转……

从马拉维（Malawi）首都利隆圭（Lilongwe）乘车4个多小时，来到马拉维湖国家公园。

公园大门坐落于浓密的树林中，门口左侧立有一个大木牌，上面的标识告诉来访者：早在1984年，联合国教科文组织就将马拉维湖国家公园列入世界自然遗产。几个守卫人员严格检查了我的护照、提包及随身携带的物品后放行。

一切都是那么原始。走在茂盛的大森林中，可见树木遮天蔽日，飞鸟掠过头顶，狒狒轻盈地跳动，口中不时发出声响。进入密林十多分钟后，眼前豁然一亮，

▽ 荡舟平静的马拉维湖面

一个巨大的湖面展现在眼前：这是马拉维湖吗？湖边竖立着的"世界自然遗产"石碑，表明这的确是马拉维湖。

踩着细沙，踏着波浪，我涉水登上一只木船，在一望无际的湖面上静静荡漾、荡漾……

湛蓝的天空，将白云撒在清澈的湖里；湖中的鱼儿穿行于碧空薄云之中；分不清哪是水，哪是天；分不清云在水里，还是水在天上。湖水简直太清了！天空实在太蓝了！云朵真是太白了！

这就是马拉维湖！这就是世界自然遗产！

木船在湖面漂泊，船公为我讲述马拉维湖的故事——

马拉维湖国家公园由马克利尔角半岛及其周围地区的12个小岛和3块陆地组成，是世界上第一个淡水湖国家公园。马拉维湖在东非大裂谷谷底南部，处于马拉维、坦桑尼亚和莫桑比克三国的交接处，大部分水域都在马拉维国家境内。该湖是东非大裂谷的一部分，是一处典型的断层陷落湖。马拉维湖呈狭长形，南北长500公里，东西宽32公里至80公里，海拔472米，平均水深273米，总面积30800平方公里，是仅次于维多利亚湖、坦噶尼喀湖的非洲第三大湖。

荡漾在湖中，领略和感受着这个世界第四深湖。由于整个湖区位于裂谷地

登岛相遇撒网的渔民

段,故得青山绿水,云蒸雾绕,好似浮悬在半空之中的一处仙境。在湖中飘啊飘,仰望绝壁险峰,瀑布奔泻,银燕飞舞;遥望湖湾水域,微波细浪,茫茫山崖。马拉维湖不仅风光旖旎,而且集多种佳景于一身,我看到岛上高山悬崖,岸边惊涛拍岸,浅滩流水潺潺,这里被誉为中南非洲最壮丽的湖光山色,一点也不过分,加之湖区地带气候温暖,水源充足,真是非洲游览胜地。

湖面行舟,心旷神怡,十分放松。船公顺势向水中扔去一块面包,于是鱼儿很快集拢过来,这时他信手捧起一条让我观赏,后又放生,让鱼儿回归大自然。

不觉,木船靠近一个岛屿,我登石上岸,看到岛上岩石仍刻着世界自然遗产的标识。当地政府不断向来人宣告他们的骄傲——马拉维湖,让所有来者都知道马拉维湖的价值。小岛非常宁静,有泉水,有溪流,有瀑布,还有众多的飞鸟,真是世外桃源,人间天堂……

离开小岛,木船又荡漾在湖水中。船行湖面上一个多小时,又飘摇在另一个小岛边。不过,这个小岛不能攀登,全是光滑的大石块,林立在岛的四周。

第二岛不可攀登

每个巨石都被水浪雕刻得极为美妙,超出人的想象,有的岩石只冒出一棵小树,有的石缝中仅有一根小草,在风中摇曳,孤独、渺小,又显示它的生命力那么坚韧、顽强。人登不上小岛,这里更成了鸟的世界。船公手中拿了一条死鱼,用力吼了一声,接着又把鱼儿扔向天空,只见一群鸟儿飞来,十分精准地叼到鱼,飞走了!这就是大自然!这就是马拉维!

这湖为什么叫"马拉维"呢?我请教船公,他停下船桨说,这个湖旧称"尼亚萨湖",来源于班图语,意为大水或湖泊,1965年改名称为"马拉维"。"马拉维"在当地语中是"火焰"的意思,原指金色的太阳照射在湖面上,湖水泛起了一片耀眼的火焰般光芒。"马拉维"实为"美丽富饶国土上有一个火焰般闪光的湖泊"。

船公介绍说:"在马拉维湖周围,除南部外,三面山峦叠嶂,风景秀丽。湖水由四周14条常年有水的河流注入,其中希雷河水量最大,它同赞比西河相连。湖区大部分水域位于马拉维共和国境内,沿湖有卡龙加、恩卡塔贝、恩科塔科塔、

▼ 湖心岛更加荒凉

奇波卡等湖港，湖东面有利文斯顿山，西面有维皮亚山，青翠挺拔的山峰相对耸立在狭长的湖面两岸，形成两道壁障，景色极为壮观。"

荡漾马拉维湖，简直太美了，而且是大美、秀美、奇美！只有身临其境，才得以感受。马拉维，是金色的太阳照射在湖面？是耀眼的火焰在湖面上泛起光芒？是生命的光环在湖面上升腾？

痴迷啊！马拉维湖……

然而，终归没有不散的宴席。

木船返航了，依然是平静的水面，依然是碧蓝的天空。木船在湖面上荡漾……

此时，船公收起船桨，顺风而归。归途中，船公向我介绍了马拉维这个小小国家的情况，他说："马拉维共和国面积 11.8 万平方公里、人口 1300 万，居民绝大多数为班图语系黑人。马拉维历史悠久，早在 13 世纪就有班图人定居，

⬆ 满载而归

后沦为英国殖民地。"

荡漾在马拉维湖的木船靠岸了！大半天的水上观光结束了！

离开马拉维湖，又是 4 个多小时的车程，到达首都利隆圭。这个海拔 1000 米的小城非常漂亮。在市区，我参观了国会大厦、英雄纪念碑、清真寺、古老集市和中国援建的体育馆。

走在大街上，看到林荫大道纵横交错，街心花园、自动喷泉、绿地广场遍布全城。市区还保留一块自然生态区，茂密的林木将附近漂亮的花园式别墅区与稠密的普通住宅区截然分开。别墅区房屋造型优美，排列整齐，环境幽雅；普通住宅区房屋紧凑，街道狭窄，人口稠密。

晚上，我的住地为利隆圭最高级宾馆——中国金凤凰宾馆，是由中国安徽一家企业承建的，建筑风格为中国特色，外国元首包括中国领导人来访都在这里下榻。

入夜，首都利隆圭是那么宁静，墙外的狗叫，动物的嘶吼，蟋蟀的长鸣，在耳畔回响……

利隆圭！原始状态下的袖珍小城……

马拉维！火焰般的湖光水影……

英雄纪念碑

国会大厦

莫桑比克："腰果之乡"

汽车疾驰在莫桑比克（Mozambique）境地。车窗外，密密麻麻的腰果树翠绿欲滴，一片片望不到头……

这里，是著名的"腰果之乡"。

陪同的李践红先生介绍，莫桑比克面积79.9万平方公里、人口2500万，全国虽然没有什么太著名的名胜古迹，但有"腰果之乡"的美誉，这里种植着很多很多腰果树，腰果成了莫桑比克第一大经济支柱。

莫桑比克原本并不产腰果。被殖民时期，当时的葡萄牙统治者从南美洲巴西带来几颗腰果种子试种，很快在这里开花结果。于是，本国人也纷纷引种，就连当地数量众多的猴子也推波助澜，在迁移中将种子四处播撒。腰果树能迅速种

⬆ 进入"腰果之乡"——莫桑比克卖腰果者一拥而上

植扩展开来,与当地气候有关,充沛的阳光和稳定的气温促进了其生长。腰果给人们带来财富,其果仁香脆美味,果壳可提炼高级工业油,是全球紧俏的商品。在这里,与腰果相关的产品比比皆是:商店里加工成各种味道的腰果琳琅满目,人们家中到处陈设腰果木家具,很多工艺品以腰果造型为图案,还有与腰果有关的歌曲、诗歌、小说也应运而生,脍炙人口。

陪同者李践红是河南人,已在莫桑比克驻扎5个年头,主要从事中非文化交流和商贸活动,现为莫桑比克"华人和平统一促进会"秘书长,对莫桑比克了解很深、很透。

汽车进入莫桑比克首都马普托(Maputo),这个拥有百万人口的城市,到处都是葡萄牙人留下的痕迹,不管是街道还是建筑,都仿照了葡萄牙的建筑风格。这个城市是1544年葡萄牙入侵后建起的,并以殖民者的名字命名,1976年改称"马普托",得名于流经城区的马普托河。

提到葡萄牙,不得不了解莫桑比克的历史。1498年葡萄牙航海家瓦斯克·达·伽马所率领的船队首先来到莫桑比克岛,并逐步向内陆扩展。这个国家自1505年开始成为葡萄牙的殖民地,直到1975年宣布独立。

汽车沿着林荫大道直插马普托独立广场。站在广场四处眺望,周围有市政厅、孔赛桑女士大教堂、艾菲尔铁屋、通杜鲁植物园、萨莫拉·马歇尔塑像等,其中市政厅为葡萄牙殖民者修筑,是殖民当局政府办公所在地,现已改为当地政府办公场所。而艾菲尔铁屋是当时葡萄牙驻莫桑比克的总督官邸。可见,葡萄牙统治时期留下的建筑何其多,成了莫桑比克被殖民的历史见证。

▽ 马普托独立广场

⬆ 殖民时期的旧市政厅

⬆ 葡萄牙殖民时期的艾菲尔铁屋

⬆ 古城堡

从独立广场沿着萨莫拉·马歇尔大街前行,穿过9·25大街后到达6·25广场,旁边矗立着一座庄严、肃穆的古城堡,这也是葡萄牙统治时代的产物。只见这座用红褐色砂岩砌起的城墙,历经百年风雨,仍默默屹立着,述说着莫桑比克人民的血泪史。据门口的简介得知,马普托城堡是葡萄牙军队于1851年修建的,当时为葡萄牙人的军事基地。

步入城堡,看到中间竖着一个十字架,四周围着炮筒,城墙上有很多大炮。在院内南部的城墙上,刻有两幅浮雕,一幅是殖民地军事指挥官正在斩杀莫桑比克人的情景,另一幅是大酋长被俘的特写。

面对这两幅浮雕,李践红讲解了画面中的故事,他说:"1895年,两名当地荣加族首领因不满葡萄牙人的统治,带领一批土著人围攻城堡。这时葡萄牙人急忙调来一支军队进行镇压,荣加人的反抗行动遭受重挫,两名首领逃进当地一个部族大酋长的庄园,寻求庇护。葡萄牙军人要求大酋长立即交出首领,否则严惩不怠,但被大酋长严词拒绝。结果,葡萄牙军人血洗庄园,大酋长及两首领终被生擒,遭到葡萄牙人的折磨,痛苦死去……"

马普托火车站也是葡萄牙时代的产物,由葡萄牙殖民当局仿欧洲火车站的

← 特色教堂

← 老火车站

← 毛泽东大街

形式建造。车站的拱门由白色大理石砌成，上面的圆形穹顶由法国著名建筑师古斯塔维·埃菲尔设计。

中国人来到马普托市，都想去毛泽东大街看一看。我穿过金合欢树、椰子树林，到达毛泽东大街，不由分说，站在街心拍照留念。

毛泽东大街为东西走向的绿荫大道，中间有绿色隔离带，两边人行道上种满绿树鲜花，总宽超过50米，长2.5公里。它西接列宁大街，与其形成"丁"字，再向西便是马克思大街。除两端相连的大街外，另有10条街道与毛泽东大街交叉，每个十字路口皆标有毛泽东大街的名称。莫桑比克独立后实行社会主义制度，为此一些街道以社会主义国家的领袖名字命名。

在马普托我还走访了一所大学，参观了自然历史博物馆、工艺品市场、宝石博物馆等。

马普托城，一个带有浓厚殖民地建筑色彩的都城！

莫桑比克，一个遍布历史遗迹、伤痕累累的国家！

"石头之城"莫桑比克岛

莫桑比克共和国的国名由"莫桑比克岛"而来。按照历史记录，先有"莫桑比克岛"，后有莫桑比克国。莫桑比克岛有着悠久的历史。

早在公元200年，莫桑比克岛就有班图人居住。9世纪以后阿拉伯人不断涌入并在岛上开展海上贸易交流。1498年葡萄牙人第一次登岛，将这里起名莫桑比克岛，并宣称为葡萄牙领土，其首都就建在此地。

李践红介绍完岛的情况后，带我走上一条长长的海上大桥。他说："如今去莫桑比克岛不必乘船，只需走过一条长达4公里的陆岛大桥，海岛与陆地已

⬇ 远眺"石头之城"莫桑比克岛

经连结在一起。"

莫桑比克岛很小，面积仅有一平方公里、人口1.2万。就是这个小小的海岛，1991年被联合国教科文组织列入世界文化遗产，而整个莫桑比克国仅有这么一处世界遗产。

登岛后，第一眼看到的是石堡。石堡是殖民时期的杰作，起始于1502年，后屡次改建、重建、扩建。石堡实际是一个军事要塞，矗立在海边，威严庄重，尤为突出的是那厚厚的城墙，一直延伸到大海，铁壁铜墙，坚不可摧。

⬆ 岛上留下的最早文字记录

当年葡萄牙的驻兵达2000多人，堡内建有三座蓄水池。尽管风吹雨打日晒500多年，但风采依旧。

与石堡相映衬的是巴鲁亚特圣母教堂，这是南半球最古老的一幢欧式建筑，它同样见证了莫桑比克岛的沧桑历史。

除此之外还有殖民时期的总督府、古典式医院、政府办公房等，其建筑材

⬇ 葡萄牙总督府

料皆是石头。也因此,莫桑比克岛被称为"石头之城"。

为什么该岛被评为世界文化遗产?这些古老的建筑自始至终都采用相同的技术、相同的石材、相同的装饰,因此呈现出惊人的一致风格,也营造出独特的石头城风貌。

走在石头之城,感到分外清静,鲜见人影。原来,葡萄牙人把这个岛分成两部分:一部分为葡萄牙人区域,称为石头城部分,黑人是不能进入的;另一部分是当地黑人的生活区域,称为茅草房区。莫桑比克独立后葡萄牙人全搬走了,这些葡式建筑要么被当地人利用,要么空置,像座废城。

我慢慢走进黑人生活区,这里的地势明显低洼,都是茅舍。一位黑人说:"如果地势高的上城叫石头之城,那么地势低的下城就叫茅草之城。"

岛上茅草房黑人住宅

谈起历史,李践红说:"当时葡萄牙人通过这个岛作为中转站,把欧洲的枪炮卖到中国,再把中国的丝绸、茶叶、香料卖到欧洲。后来又开始向美洲贩卖非洲黑奴,这个岛一度成为海上霸主葡萄牙最重要的奴隶交易市场,直到莫桑比克开展民族解放运动,赶跑了葡萄牙人,才得以解放,首都也搬到了马普托。"

岛上没有地下水,全靠储存雨水。中国在5年前为其修建了输水管道,彻底解决了岛民的吃水问题。

踏访结束后很是感慨。莫桑比克岛现在是一个鲜为人知的小岛,历史的浪潮也曾在此翻涌冲击,殖民时期的遗迹被完好地保存下来,得以让后人更多地了解它的故事……

斯威士兰：旷世奇观芦苇节选妃

车前，山路弯曲……

窗外，峰峦叠嶂……

汽车向着斯威士兰行进……

斯威士兰（Swaziland）王国，这个非洲南部的小国，可能很少有人听说过，更别说涉足过这个弹丸之地。这是一个比较封闭的国家，加上并没有特别的景观，所以鲜少有人问津。

然而，就是这样一个小小的国家，如今仍延续了历史上遗留下来的一年一度的国王选妃活动，而且规模之庞大、场面之隆重，在世界上极为罕见！

能够参观这一浩大的世界独一无二的国王选妃盛况，无疑是极具吸引力也是非常难得的机会。

去斯威士兰王国，只能从莫桑比克或南非进入。

我从马普托乘汽车南行80公里，到达与斯威士兰交界的纳玛夏小镇，这里有松林、尤加利树林、教堂、纪念碑，环境优美。

办理出入境手续后继续前行140公里，便到达斯威士兰王国首都姆巴巴内（Mbabane）。斯威士兰王国面积1.7万平方公里、人口125万。在首都，我参观了国王官邸、国王办公地、国王第三任妻子宫殿等地。

姆巴巴内城市不大，仅有6万人口，这里的环境与全国一样，非常之美，有"非洲瑞士"之称，是最适宜人类居住之地。而最让人注目的是在这里一年一度举行的芦苇节。国王将在芦苇节从数万起舞的女孩中选出一位他的王妃，这是非洲最后的王国延续至今的古遗风，也是全世界独有的化石级古国文化遗迹，现已被列入世界非物质文化遗产。

8月30日，芦苇节选妃活动进入高潮。

这一天清晨，天还没亮，9万多名少女去到姆巴巴内市郊65公里外的河床中采伐芦苇。在采芦苇时，姑娘们还一一跳到河中赤体洗浴、洁身。

采集芦苇后她们排成长队，一边走一边舞动芦苇，一边跳舞唱歌。芦苇摇曳、摆动，裙裾旋转、飘扬，歌喉嘹亮、动听。姑娘们一个个靓丽多姿、楚楚动人，尽情展示自己的青春活力和少女魅力，慢慢地向皇室进发，去敬献芦苇。她们用这一古老的形式，表达对国王姆斯瓦蒂三世及王太后的敬意。

9万多少女，9万多芦苇！这是一条浩浩荡荡的队伍，她们要一一经过皇室，对于这些少女来说，要经历一场极为严峻又激动的场景，因为这是自己能被预

▼ 满怀希望

⬇ 整装待发 ⬇ 阔步向前

⬆ 笑脸相迎

选王妃的序幕,也是展示自己的一个极好机会。为此,女孩们个个都把自己打扮得如花似锦,含苞欲放;个个婀娜多姿,娇矜妩媚;人人出水芙蓉,如梦似幻;将完美的自己展现给国王、王太后及所有皇室成员。

对于斯威士兰人来说，国王是国家、民族、权力的象征，是斯威士兰人民的精神支柱和偶像。故而，作为一个未婚女孩，能够嫁给国王，是她们的憧憬和梦想，也是渴望、期盼的最高境地。

而对于国王而言呢，认为这是一种独特的民族文化，因国王制度的延续而流传下来，将每年的芦苇节定为国家的主要节日。

其实，在很早很早以前，斯威士兰就有了芦苇节，它起源于古代的少女成人节，不过那时少女不穿衣服，全身裸露。国王利用全国少女节隆重集会，以增强民族团结、凝聚人心，顺便从中选出王妃。

斯威士兰是非洲实行君主制的国家，一夫多妻是传统，国王也不例外。老国王索布扎二世在世时，一生拥有 75 个妻子、250 多名子女。现任国王姆斯瓦蒂三世是已故国王索布扎二世的第 67 子，1986 年加冕国王时年仅 18 岁，现拥有 15 位王妃、30 多名子女。

跳啊，唱啊，舞啊！献芦苇的少女们一队接一队，一排连一排，一直持续着，欢腾着，直到中午 12 点……

下午一点半，9 万多名少女全部汇集在皇室广场，她们戴着脚链、手镯、项链，系着彩带，扎着头花，一个个袒胸露乳，赤裸腰臀，翩翩起舞，花枝招展，展示青春魅力。其阵容之庞大，蔚为壮阔，真是千古奇观！

时钟指向下午 2 点整，国王姆斯瓦蒂三世和王太后及所有皇室人员都来了！他们坐在广场最前面。

紧接着，多姿多彩、载歌载舞的少女们排成队伍，接受国王的检阅。于是，芦苇节气氛达到高潮。歌的海洋、花的海洋、舞的海洋……而每一位少女飞舞的脚步，扭动的腰肢，甩出的臂膀，绽开的笑颜，都汇向国王的视野。此时，国王姆斯瓦蒂三世的目光在人群中流连，他在找、在挑、在选……沉浸在选妃中……

忽然，国王姆斯瓦蒂三世，从座位上起身，在皇室、大臣的簇拥下，走下观礼台，走进队伍，与少女们零距离接触，和她们同跳、同唱、同舞。芦苇节气氛此时沸腾到极致，整个广场一片欢呼声、歌唱声，经久不息。国王与少女，交织在一起……

载歌载舞向国王显示身姿

国王走下看台步入少女群中

欢声雀跃，热烈奔放，激情四溢，此起彼伏……

跳啊跳！舞啊舞！国王在少女中游走！唱啊唱！扭啊扭！舞动中，国王在姑娘前逗留！看上了谁，会送给这位少女一件礼物，她随之成为王妃候选人，

⬆ 选妃广场骤然沸腾了

紧接着王室人员将其带回皇宫……

　　天色已晚,夜幕降临。而皇室广场,依然沉浸在狂欢中,歌声、笑语在斯威士兰上空回荡……

　　斯威士兰,芦苇节选妃成为旷世奇观……

　　斯威士兰,9万少女经历一生中最激动的时刻……

津巴布韦：世界三大瀑布之一的维多利亚大瀑布

乘直升飞机俯瞰维多利亚瀑布全景

车轮滚滚，徐徐移动……

随着汽车的行驶，逐渐看见前面升腾起的白色雾气，慢慢听到越来越大的水声。转眼，维多利亚瀑布到了。

"世界三大瀑布"之一的维多利亚瀑布被称作"非洲肾上腺素首都"，横跨赞比亚和津巴布韦（Zimbabwe），处在两国边界。1989年被联合国教科文组织列入世界自然遗产，并以"天下第一瀑"被列入"世界七大奇观"。

我首先来到赞比亚一侧的瀑布公园大门,迅速办完入园手续,迫不及待穿过一片森林,迎着咆哮声和雾气,来到瀑布前。那飞流的水柱,四溅的浪花,腾起的雾霭,一齐映入眼帘。雾气和水汽瞬间将衣服浸湿。

我继续沿瀑布一线的裂谷谷沿前行,10分钟后来到一个叫"刀刃桥"的地方,因雾气太大,眼前什么也看不见。转而,水雾变成雨点,又变成瓢泼的大雨,全身衣服湿透。顶着大雨,脚踏着水流,我通过一座一米宽、30米长的木制"刀刃桥"。谁能想到,木桥下飞出了一道彩虹,那样绚丽多彩。我出神地望着美丽的彩虹,也不觉雨流湿了全身……

我顶着漫天的大雨继续前进,伴着轰鸣的水声,但见雨雾,却看不见瀑布。其实,瀑布就在眼前,但却"不识庐山真面目"。我等啊等,只见瀑布偶尔露出峥嵘,却只那么几秒钟,又被雾气遮盖住了。这里本来能一览维多利亚大铁桥,但此时瞪着双眼却什么也看不到,更不用说瀑布了,只好遗憾回程。

原路返回入口处,我有些失望和沮丧。这时,工作人员告诉我:"维多利亚瀑布总面积61650公顷,其中赞比亚一侧只占1650公顷,津巴布韦为6万公顷。若要感受瀑布的壮观气势,须到津巴布韦一侧,那里能看到大瀑布!"

办完过境手续,我沿维多利亚大铁桥向津巴布韦一侧步行而去。大桥的跨度为200米,两侧是两国海关,国界在桥中间部位。走到大桥中点,放眼望去,那峡谷、瀑布、彩虹、刀刃桥,一并收入视野中,组成一幅美丽、壮观的画卷!

在津巴布韦一侧,也有一个维多利亚瀑布公园,这里的门口要比赞比亚一侧修筑得更有特点,世界遗产的标识更为明显、突出。门前图案介绍到:维多利亚瀑布宽1800米,最大落差110米,每秒流量5000立方米。瀑布群由5部分组成,依次是魔鬼瀑布、主瀑布、马蹄瀑布、彩虹瀑布和东瀑布,其中4段在津巴布韦,一段即东瀑布在赞比亚。

依然是一片高大的树木,依然是典型的热带雨林,遮天蔽日,阴森潮湿。沿着林间小路走去,前面出现一座铜像,雕刻的是利文斯顿,石碑上刻着他的生平事迹。

我冲向裂谷边沿,首先看到一处人工山道,沿着这条人工阶梯下行至谷底,一幅山水画展现在眼前:云雾缭绕、山水撞击,震撼人心!从这里可以远距离

↑ 一号观景台

看到瀑布，飞流直下，雾气茫茫，声震四方。当初土著人称这一大瀑布为"莫西奥图尼亚"，其意为"声响如同雷鸣的雨雾"或为"雾雨咆哮"。此时，看起来真是名副其实。

我手扶栏杆从谷底上到地面，顺裂谷沿由西而东观看瀑布群。第一站来到宽幅为 30 米的"魔鬼瀑布"前，这是距离观景台最近的瀑布，仿佛触手可及，水声也震耳欲聋。那奔腾的水浪，一泻而下，气势磅礴，势不可挡！为什么起名"魔鬼"呢？当地工作人员说："这条瀑布具有强烈的威慑力、震撼力、冲击力，像水怪、魔鬼一样，铺天盖地，近在咫尺，仿佛要把你吞食，所以叫魔鬼瀑布。"

紧靠"魔鬼瀑布"的是"主瀑布"。走到这里，简直不敢相信自己的眼睛，瀑布幅度那么宽，水流那么急，给人一种宽大厚重之感。那排山倒海之势，那直落深渊之猛，那飞流直下之急，那声震山河之巨，不能不令人敬畏！主瀑布位于维多利亚瀑布中间位置，是瀑布之中宽度最大、流量最多的瀑布，其落差为 93 米，瀑布高 122 米。

离开"主瀑布"向东走，呈现在眼前的是"马蹄瀑布"。因被岩石遮挡而形成马蹄状，由此而得名。

第4站来到"彩虹瀑布"观景台。一道彩虹从天而降，异常美妙！这是由太阳光的折射而形成的。"彩虹瀑布"是一道光彩亮丽的风景线，是俯瞰对面水线最高的一处瀑布，彩虹随时都在呈现，给人以无限的遐想……

"彩虹瀑布"的水幔从上到下达108米，它与"绝命崖"相对。"绝命崖"前的裂谷深达240多米，谷壁寸草不生，岩石裸露，只能下看而不可跨越。"绝命崖"在东西向裂谷的南出口拐角，与赞比亚一侧的"刀刃桥"相对。赞比西河正是从裂谷而下，奔涌向前，一发而不可收，形成"天下第一瀑"。

从"彩虹瀑布"东行一段路程，远眺到了维多利亚瀑布大铁桥。一桥飞架裂谷，这是当年英国人修筑的大铁桥，至今安然无恙，依然横卧在河谷之上。我看到大桥下，一条彩虹贯穿其中，为大桥增添了五彩的颜色，赋予其一片生机！

归程中，再次回望维多利亚大瀑布，让"世界七大奇观"留在记忆中，永铸心间……

维多利亚大瀑布：动力之所在！力量之源泉！

⬇ 万马奔腾的马蹄瀑布

博茨瓦纳：夜宿乔贝公园

汽车缓缓向着博茨瓦纳（Botswana）行进……

我是从津巴布韦维多利亚瀑布城启程西行的。没有村庄，没有人迹，全是大片大片的森林草地，间或一些野生动物，这一地带是津巴布韦的国家动物保护区，与博茨瓦纳的乔贝国家公园接壤，连成一片。

一个多小时的车程后，到达与博茨瓦纳交界的海关。森林中走出几个黑人向我招手示意，欢迎客人的到来。

办完入境手续，双脚经过严格消毒后放行。我换乘博茨瓦纳的越野车继续西行，公路两边仍然是高大的树林，大象等动物频频出现。女司机兼英语翻译介绍："博茨瓦纳国家公园和津巴布韦国家动物保护区连在一起，除海关一段外其他地方没有明显的国界，动物可自由穿行，不受国与国的影响。在非洲，国与国动物保护区大都连在一起且没有标志，主要是为动物活动方便。因为动物没有国籍，更不存在国界问题。"

女司机指着右侧的一片水域说："那就是赞比西河的一条支流，当地习惯叫乔贝河。这个地带连着四个国家，北边是赞比亚，东边为津巴布韦，西边是纳米比亚，脚下踩的是博茨瓦纳乔贝国家公园，这是非洲大陆唯一的位于四国边境的国家公园。"

汽车开行20分钟，停在一片荒野中的一座孤单单的房屋前，这就是我居住的旅舍。周围有大象、疣猪、羚羊自在活动，今夜，要与兽共舞了！

此时，正是太阳落山之际。我扛上照相机，爬到屋顶去拍落日。举目远望，

↓ 静静的博茨瓦纳乔贝河并不平静

夕阳下的乔贝国家公园罩上了一层绚丽的晚霞，树木、草原、河流、远山，披上了一层淡淡的红装，令人心驰神往……

虽是日落时分，天还很亮，我从屋顶下来，独自走出房间，去距离驻地不到两百米的乔贝河边游赏。我沿着一条曲折土路，穿过一片浓密树林，到达河边时，只见十多头角马排着队在饮水。排在最前面的角马较为健壮，后面的较为瘦小。我细细地观看着角马饮水的场景。

突然，水里窜出一只鳄鱼，一嘴咬住角马，一场决斗开始了：受到惊吓的角马跳动、嘶叫、反抗；而鳄鱼狠狠咬住角马脖子，任其甩动，任其极力挣扎也死死不放，河面上翻起阵阵血浪。其他角马见势都四散逃开，而河中鳄鱼都纷纷涌来了，群起而攻之。角马丧失了抵抗能力，终究摆脱不了一群鳄鱼的厮杀，慢慢窒息而死，河面铺开了一大片血迹……

← 河内张开血盆大口的鳄鱼隐含着杀机

这一幕上演得太惊心动魄了。再看看自己的眼前,还有十多条鳄鱼浮在水面,只露出鼻孔呼吸,而眼睛瞪得雪亮。它们都在守株待兔,等待饮水动物的到来。

吓出一身冷汗,我迅速离开。因为人也是动物啊!可别成了鳄鱼的猎食对象。

惊险、刺激!这一幕残忍的场景怕是再也不会忘记……

回到住地,大厅里的工作人员正在向客人讲解:"不能私自走出房间,更不能到外边的林子里。因为这个宿营地处在野生动物保护区内,外面很多肉食动物,比如豺狗、狮子、豹子、

➡ 乔贝河岸聚集着很多鳄鱼张牙舞爪杀气腾腾

➡ 张开大口寻找目标

➡ 咬牙切齿开始行动

豺狼等，说不定瞬间将你猎吃，成为动物的美味佳肴。听清了吗？绝对不能外出，为了生命与安全！"工作人员最后又重复了一句："绝对不能外出！"

听完，倍感后怕！怎么没早说一声啊！

晚上，没有地方可去，我在大厅里看地图、读报纸、赏图片，了解博茨瓦纳国家的情况。

博茨瓦纳共和国面积58万多平方公里、人口180万；首都哈博罗内（Gaborone）人口22万。该国地处南非高原中部的卡拉哈迪盆地,北部有沼泽，东南部多丘陵，西南部为半荒漠地区。全国矿产丰富，钻石储量和产量均居世界前列。

博茨瓦纳历史悠久。公元13—14世纪有人从北方迁居于此。1885年成为英国"保护国"。1966年独立。

入夜，宿在乔贝国家公园。隔着门窗，仰望星空，那么幽深；望向旷野，那么安静；俯视河面，那么宁静。躺在大自然的怀抱，和野生动物同住，与浮华城市的感觉大不一样。

熄灯了，但却无法入眠：鳄鱼的袭击，角马的逃生，羚羊的奔跑，一幕一幕出现在脑海里……

乔贝这一夜是难忘的，也是值得回忆的！

清晨，天还不亮，窗外的小鸟叫个不停。迎着鸟鸣，我扛上相机，又一次登上房顶，拍照日出，把乔贝晨光中的树木、野草、鲜花、河流，一一装进镜头。

吃过早餐，我又踏上旅程，深入乔贝国家公园，拍摄野生动物。仍然是越野车，仍然是那位女司机。

越野车在旷野行进，穿过森林，越过草原……

女翻译一边开车，一边向我介绍乔贝国家公园的情况："乔贝国家公园始建于1920年，最初是英国殖民者的狩猎区，后将该地辟为国家公园，占地1.2万平方公里。它的北端是顺流而下的乔贝河，流经地域形成一幅罕见的天然美景，这里的自然环境从未被破坏，世界上再也找不到这样的景致。在这原始森林和草原中，栖息有狮子、犀牛、疣猪、大象、斑马、豹子、羚羊、野牛、鬣狗、猴子、黑貂等众多兽类。乔贝河和沼泽地里有鳄鱼、河马和鱼鹰、小蓝翠鸟、鸵鸟、野鸭等，鸟兽种类达数百种以上，特别是大象，拥有 12 万只，这在其他野生动物保护区中是少有的。"

汽车在丛林中开出 10 多公里，前面出现一条河流，原来这就是乔贝河。河面在太阳照射下泛着银光，平静地流向远方。走近河岸，看到大批鳄鱼躺在岸边晒太阳，一个个鼓着肚子，悠闲安然，可见它们已经吃饱喝足。再向河里

↑ 疣猪出没

看，大批河马张开大嘴昂着头，与鳄鱼分成两个阵营，互不往来。乔贝河的风光太漂亮了！鸟儿在河面上追逐、翻飞，一切都是那样奇妙！

汽车沿乔贝河边的山丘行进，不断看到一群群奔跑的羚羊，三五成群戏水的大象，一片片吃草的角马，独来独往昂首挺立的长颈鹿，

↑ 陆龟爬行

都镶嵌在如诗如画的天幕下。

随着越野车的前进，我还看见了旱龟、火烈鸟、珍珠野鸡、白天鹅和许多叫不上名字的飞鸟、动物。

乔贝公园太大了！博茨瓦纳太美了！

走出乔贝国家公园不远，是博茨瓦纳的一个小镇，名为卡萨内，这个镇虽然不大，但有很多豪华宾馆和高

↑ 长角羚羊

级住宅，还设有国际机场，开通多条通向国外的航线。

在卡萨内小镇，我走进一处农贸市场，此处都是当地乡下的农民在出售自家农产品。人群中，我无意看见一个没穿鞋的土著人，只长有两个脚趾，而她身边的孩子也是两个脚趾。于是我询问了翻译，她说："在当地有很多长着2个脚趾的人，这是遗传基因所致。这个民族叫德马族，常年在森林中过着刀耕火种、与世隔绝的原始生活。目前，只有博茨瓦纳和津巴布韦的森林中，大约有200多这样的土著人。"

乔贝国家公园，大自然恩赐了动物的世界，在很多地方可与肯尼亚、坦桑尼亚媲美！

⬆ 珍珠鸡群

纳米比亚：悲凉的苏丝斯黎沙漠

清晨，纳米比亚（Namibia）首都温得和克（Windhoek）沐浴在朝霞中，教堂和博物馆在霞光映射下更加艳亮。

披着朝霞，我离开首都一路南下，前往苏丝斯黎沙漠深处探秘。

↓ 纳米比亚首都温得和克市的地标教堂与博物馆

第五章　南部非洲：两大洋夹角的多彩陆块 | 439

⬇ 去往大漠的途中穿过茫茫草原

汽车飞驰在公路上，两边是丛生的草地和浓密的树林，偶见羚羊和飞鸟穿行在林间草地。

纳米比亚共和国面积82.4万平方公里、人口210万。15世纪时荷兰、葡萄牙、英国等相继入侵，1890年德国占领全境，1915年南非当局以参加协约国对德国作战为名出兵占领。1990年宣布独立，成立纳米比亚共和国。

中午，我经过安奈博湖度假村，稍事休息后继续前行。透过车窗，目光中仍是草地和丛林，很少看到村庄和农舍，很少见到路人，偶有汽车来往于沙石路上，扬起一片飞尘。纳米比亚国土面积大，人烟稀少，大片土地归属个人所有，被开辟成私人农场、农庄。农场用铁丝网围起，有公路穿过，便横挖一条沟，上面盖上铁箅，阻止牛羊跑出，因牛蹄踩下就会陷进，好聪明的纳米比亚人。

途中，我走访了一家农场。农场主希特纳斯今年80多岁，出生在德国，已在他的私人农场生活了大半辈子。希特纳斯带我在他的住宅区参观了一圈，这里有风车发电机、油库、餐厅、洗澡间、卧室，还有一个后花园。他向我介绍："农场共有1500亩土地，长有多种树木和花草，一直没有被破坏，生态环境得以保护下来。我有15个子孙，都在城里，每到假日他们就全来了，在这里享受大自然。"

经过这家农场后，公路两边的草地逐渐由绿变白，土地沙化也自此开始了。尽管如此，我仍然看到旷野的黑背豺

去往大漠的途中穿过茫茫草原

途遇豺狼

狗、猴子、羚羊，给我寂寞的长途跋涉增添了乐趣和兴致。

经过5个小时、360公里的奔波，在一片沙漠中出现了一处孤独的建筑，司机说，那就是要住的旅馆。走近之后，发现旅馆建造得很有特色，门前用红色沙子铺成圆形图案，宅院里移栽了翠绿的树木，种有沙漠植物。餐厅就设在露天里，举目即可望到沙丘、沙山和沙漠。这个旅馆居然还建了泳池，开通了网络，有Wi-Fi。

入住沙漠一夜，感觉非同一般。

凌晨5点，服务生敲门提醒，6点钟之前必须赶到苏丝斯黎沙漠公园大门，否则就看不到沙漠日出。于是，我草草吃过早餐就匆匆上车了。走过一段沙路，来到苏丝斯黎沙漠公园门前。谁知，"东方欲晓，莫道君行早"，这里欲进公园的汽车已排出一公里之长，大家此行都是一个目的：看沙漠日出！

公园门口有一棵骆驼树，枝杈上筑有一个硕大的鸟巢。小小的巢口朝下，一排连一排，密密麻麻有上百个之多，应是上百只鸟儿在这个群巢中栖息。鸟巢搭造得非常精巧、细致，至少有一立方米大。正当我在巢下欣赏拍照之余，工作人员让我赶紧离开，他说万一有蛇从巢窝里掉下来，那就麻烦了。原来，经常有蛇爬到鸟巢里偷鸟蛋。

6点整大门栏杆抬起，放行了。汽车排着长队向沙漠深处进发，浩浩荡荡。进入视野里的沙漠都是红色的，这就是世上有名的纳米布沙漠。纳米布沙漠在纳米比亚境内沿大西洋海岸线"一"字排开，长达1600多公里。"纳米布"在那马部族语言中意为"不毛之地"，纳米比亚的国名就是取自纳米布。纳米布沙漠已有8000万年的历史，是世界上最古老的沙漠，且有世界上最高的沙丘，它要比250万年前形成的世界第一大沙漠撒哈拉沙漠早得多。8000万年前，本格拉寒气冲击着大西洋海岸，由于温度低，海水不蒸发，干燥的热风将岸上的岩石风化为细沙，逐渐形成了纳米布沙漠。纳米布沙海已被联合国教科文组织列为世界自然遗产。

车行45公里，左侧出现一座线条为大S形的非常优美的沙丘，当我把镜头对准沙顶S"曲线"时，汽车戛然停住。原来，那座S形沙丘就是最著名的45号沙丘。我迅速下车，疾步朝着45号沙丘爬去。

45号沙丘太漂亮了！正迎着喷薄欲出的朝阳，披着撒满金子般的光线，秀出柔美的身姿，拥抱初升的太阳。人们在沙丘上排成一条长线，像蜗牛一样，慢慢地、慢慢地向上爬动、爬动……

⬇ 美丽的45号沙丘迎来第一束晨光

⬆ 攀登45号沙丘制高点　　⬆ 继续翻越沙丘

为什么起名45号沙丘呢？原来当地人性格比较直率，连起名字都是直来直去的，所以他们干脆把这里到公园门口45公里的距离搬到名字上。45号沙丘非常美，只要来到纳米比亚，一定要去45号沙丘。在很多旅游杂志上，45号沙丘照片都作为纳米布沙漠的地标。

第五章　南部非洲：两大洋夹角的多彩陆块 | 443

如果说世界上最高的沙丘是纳米布沙丘，那么最美的沙丘应该是45号沙丘了。我用去一个小时爬到45号沙丘顶端，已是汗流满面，衣背湿透。站在沙顶，举目眺望，那茫茫沙海，座座沙丘，片片沙树，朵朵白云，道道霞光，让人如梦似幻，如痴如醉……

上山容易下山难。这是沙山，踩的是细沙，走的是软地，显然下山更困难、更费力。忽然想到国内秦皇岛南戴河的"冲沙"旅游项目，我何不来一次下山"冲沙"呢？于是，我与一位姓周的女士毅然决然从沙顶"冲沙"而下！顺着沙流，依着沙体，御沙而行。不知道是"滑"，还是"擦"；不知道是"滚"，还是"爬"，瞬间从沙顶下落到沙底。睁开双眼抬头一看：我的天！沙山这么高？这么陡？心中隐隐有些后怕！不过，在45号沙丘过一回"冲沙"瘾，印记深刻，不虚此行……

在苏丝斯黎沙漠，还有一处死亡谷，单听这一名字就让人不寒而栗。我又继续向沙漠深处走去。沙粒越来越红，沙丘越来越高，沙路越来越难行。汽车又探进15公里后停了下来，因为轮胎深陷入沙土，很难驱动。无奈，我在这里换乘了双排座沙漠越野车。顿时，尘土飞扬，沙粒四溅。在沙窝里艰难行车5公里后，一座沙山挡住去路，死亡谷到了！

没有"死亡谷"的迹象啊？环视四周，全是挺立的红沙丘。原来，去死亡谷还要徒步踩沙3公里。临行前，当地人说，一定要带足水，撑好伞，穿好鞋，然后去经历酷热的"沙地苦行"。

炙热的太阳当空照射，没有一丝云彩的蓝天像个热锅盖，双脚踏着滚烫的沙粒，面颊流淌着滚落的汗珠，湿透的衣服紧贴在身上。"嚓嚓""嚓嚓"，举步维艰……

渴了，喝一口水！

热了，擦一把汗！

累了，站一会儿！

走啊，走；走啊，走……

暮然，前边出现一片白花花的空旷之地，依稀可见无处着落的飞鸟。唉！不用说，这就是死亡谷！管它湿衣湿背，管它热气蒸腾，我几步跨到死亡谷，

⬆ 终于到达死亡谷

眼前立刻展现出一幅十分悲凉的场景：一片一片干涸的土地，裂缝遍布，旱迹斑斑；一处一处干瘪的泥浆，凝固、卷缩、皱皱，晒干烤焦；一棵一棵干枯的树木，歪着、躺着、侧着，疏落枯萎，失去生命……

这里，寸草不生，一毛不拔，没了生机，没了活力，一片沉寂，一派苍凉……

这，就是死亡谷！

⬇ 悲壮

⬇ 荒芜

⬇ 凄凉

……那扑朔迷离的现象,意想不到的残状,既令人惊奇,又引人深思,留下一幅超越自然的画面……

悲残啊!死亡谷!这是生与死的抗争!

悲壮啊!死亡谷!这是生与死的交锋!

原来,这里曾是一处河床,三面沙丘,一面水道。由于突然干旱、断水,河床干了,树木死了,这片几百亩大的地块,没了生命力。枯树已在此风吹日晒300多年,然则死而不倒,不屈不挠,依然挺立着,向往生命,追求生命!这种渴望生命的坚持是何等荡气回肠!

面对死亡谷感叹至极:保护环境吧!树,尚且如此,而人类呢?

为此,这里也是许多电影拍摄的取景地,让人触景生情,感悟人生……

到鲸湾赏大西洋

汽车又上路了……

我是从纳米比亚苏丝斯黎沙漠公园启程的,一路向北,朝着大西洋岸边的鲸湾(又称沃尔维斯湾)奔去……

窗外依然是荒漠、丛林、草地……

穿过地下大峡谷,经过刀片山,路过南回归线 Tropic of Capricorn 牌子,下午6点钟到达鲸湾港城。

步行在鲸湾港城,城市不大,街道横平竖直,布局合理,很多建筑都是欧洲风格,那是英国和法国统治时期的产物。临海一侧吊车林立,轮船密集,这是纳米比亚最大的港口,港口紧靠沙石沉积而成的鹈鹕岬浅滩岛屿。这个港口一直被南非控制,直到1992年才回归纳米比亚。鲸湾城中心有个椰树公园,里面生长着大片参天的椰林,之中有个刻有十字架的纪念碑,旁边是一处教堂。

在鲸湾,伴着大西洋的低沉涛声,渐渐进入梦乡……

第二天清晨我去海边游览,看到海岸矗立起一道道风格各异的建筑,把港城装饰一新。岸边聚集了很多人,都是乘船去观海的,他们大多是欧洲人,还有少部分中国人。

一声汽笛拉响,我乘坐的游船离开岸边,成群结伙的鹈鹕随船而来,张着大口讨要东西。鹈鹕长有一个网兜式的喉囊,大嘴一张很可怕,但它口接食物非常精准,从不失误。这里的鹈鹕之多让人惊叹!这才知道为什么此地叫鹈鹕岬。

荡漾大西洋,迎着海风,沐浴着晨光,格外惬意。正当我伸出镜头拍照时,

🔼 鲸湾码头叼鱼的鹈鹕

◀ 靠近船体的鹈鹕索要食品

突然一只海豹跳上甲板,紧接着两只、三只……一只接一只蹲在船板上,瞪着两只大眼。这突如其来的庞然大物把我吓坏了,赶紧缩回身子逃向船舱。这时船员提着一筐鲜鱼走近海豹,一条一条扔向海豹的嘴里。这才感到海豹太可爱了!它向船上的人们示好,向大家鞠躬,向船员点头。随着船员对海豹的讲解,人们逐渐了解了海豹的习性。于是,大家争抢着去喂它们、摸它们、吻它们。

轮船航行两个多小时,靠近鹈鹕岬旧灯塔、旧栈桥一角时,出现大片海豹,它们横七竖八比比皆是,躺着的、卧着的、坐着的,多种姿态。特别是海豹跳水嬉戏,展示的身姿更为优美动人,吸引着人们,久久不愿收回视线。

在大西洋邮轮上,我还看到鲸鱼、海狮、海豚等多种海洋动物,海鸥、天鹅、火烈鸟等许多水鸟。

午饭,在船上开餐了!没能想到这一顿是"生蚝"大餐。生蚝是这里的特产,

↑ 海边的海豹群

在大海里人工养殖，营养丰富。将"生蚝"放入嘴中，非常细嫩、柔软、鲜美，带着海洋的味道。据悉，纳米比亚每年向中国出口生蚝80万吨，仍供不应求。

半天多的海上行程结束了，畅游大西洋给我留下深刻印记。

返回鲸湾后，换乘汽车，沿大西洋沿海公路而行，去不远处的另一个港城斯瓦科普蒙德踏访。

汽车在柏油路上前行，前方左边是滔滔的大海，右侧是滚滚的黄沙。大西洋蓝色水域和纳米布黄色沙漠融合在一起，并肩而去，蓝、黄分明，平铺在天空下，别有趣味，这就是纳米比亚独有的特色！

汽车离开鲸湾港城不远，沙滩上出现一片红瓦房屋，这就是闻名于世的长滩度假村。因何出名，司机介绍："很简单，是因为好莱坞女明星安吉莉娜·朱莉曾在这里住过，并生下第一个孩子，为此媒体大加炒作，使得长滩度假村连同纳米比亚一起出了名。"

经过20分钟车程，走完25公里的路途，到达斯瓦科普蒙德这个与鲸湾规模相当的港城。站在大街环视四方，这个不到十万人的小城三面沙山，一面朝海，天上沙尘飞扬，地上烟雾笼罩，有人戏称此城为"睡美人"，不无道理。

走向海边，最明显的地标是伸向大西洋之中的栈道，足有两公里之长，这是当年德国统治纳米比亚时修筑的。栈道起始处立有石碑,介绍栈道的历史。漫步在长长的栈道上,越走风势越大,越看风景越美,既饱览古老的木制建筑,又欣赏到港城的全貌,还能瞭望弯曲的海岸线,诗情画意,沙海并藏!当我快要走到栈道的尽头时,发现这里还建了一个用木板搭起来的饭店。刚进木门就看见里面人满为患,大概都在品尝栈道就餐、观光的双重滋味吧!

是也罢,非也罢!反正这里的风光、美味齐佳!

这就是纳米比亚,这就是斯瓦科普蒙德!

▼ 斯瓦科蒙德伸向大西洋的栈道

将要消失的原始部落辛巴族"红泥人"

依然是沙浪滚滚的纳米布沙漠,依然是浪涛汹涌的大西洋……

汽车离开沿海的斯瓦科普蒙德港口,继续前行,向着纳米比亚北部与安哥拉接壤的库内内省疾驰,我去探访即将消失的原始部落——辛巴族"红泥人",车程600公里。

车轮旋转。左边海浪呼啸,右侧沙风四起,后面尘土飞扬……

大西洋,如此无情!

纳米布,如此冷漠!

一叶小舟似的汽车被夹击在大海与沙漠中,艰难地行驶,与大自然抗争着,那样的渺小……

窗外,大漠中,荒凉至极。然而,却奇迹般生长着一种"千年兰",顽强的生命已生存1500年,是世界上寿命最长的草本植物。

汽车过亨蒂斯拜、开普克罗斯、索里斯索里斯,里程表已显示走出230公里路途。这时,司机猛地左打方向盘,停在一个历史遗迹旁,原来这里是被联合国教科文组织列入的世界文化遗产——特韦费尔方丹岩画。向导兼翻译

穿越大漠中的千年草

特意安排的一个过路景观。

下车后,我跟向导走进岩画保存地。那画中的犀牛、大象、鸵鸟、长颈鹿栩栩如生,活灵活现。其中最著名的一幅岩画描绘人类化为野兽成为"狮人"的场景。听介绍,特韦费尔方丹岩画是世界上最大的岩刻艺术集中地,岩画数量达2500幅,且已有2000多年的历史。

汽车继续北行,又经过4个小时的行驶,到达库内内省首府奥普沃市。屈指算来,总共走了500公里路程。稍加休整后,又上路了,指南针仍是向北。

人烟更加稀少,路况更加难行,依稀可见灌木丛中的草房、农舍……

又是100公里车程,一条奔腾而下的河流出现在眼前,这叫库内内河,是纳米比亚与安哥拉的界河。

这时,无路可走,只能徒步。走啊走,行啊行……

突然,视线中出现了一个椭圆形部落,周边散落着一座座茅草房,中间是牛圈,散发出一股牛粪味。再把眼光聚集到草房,那是用木棍和草搭建而成的,外皮是牛粪涂抹的,门很小很低。只见草房前坐着一群妇女和小孩,用惊诧的眼光投射过来。这些女人都是袒胸露背,只在腰间围拢一块小布,基本是裸体状。

◆ 走进红泥人部落

令人最惊叹的是女人的全身从上到下涂满红色泥土，就连头发也用红泥罩起裹住，简直成了一个红色泥人。这时我才猛醒，这不就是我要寻访的"红泥人"吗？

陪同采访的翻译点点头，验证了这个事实。她们的确是辛巴族红泥人。

翻译找到酋长，两个人嘀咕了一阵子后，将我带进草房。弯腰钻进这个四面透风的窝棚，不禁感叹实在太简陋了，这个面积只有4平方米的草屋，墙上挂着弓箭、大刀、竹筐、草绳、牛角，炕上铺着一张兽皮，仅此而已。

瞧这一家子

在这间黑暗的草房，酋长接受了我的询问——

问："这个家族有多少人？"

酋长："54人。"

问："男人和女人的比例是多少？"

酋长："大约是1比3，女人多于男人。"

问："男女比例差别怎么这样大？"

酋长："不知道！反正女多男少。"

问："为什么人们身上涂红泥土？"

酋长："防晒，防蚊虫叮咬，保暖，这里沙漠地带昼夜温差大，当地人不

⬆ 泥人百态

穿衣服，泥土将皮肤和毛孔封住，抵抗寒冷。"

问："是否用的一般泥土？"

酋长："从山上采集的红土粉，再加牛奶和动物脂肪搅拌混合而成。"

交谈结束后，我走出草房。跟随的翻译告诉我："男女比例失调是人种的问题，也是遗传的因素。所以这个部族都是一夫多妻，而且男女关系非常随意，多生多育。即使这样，该族人口仍然锐减，正逐渐走向消失的边缘。"他指着院落里低矮的草房说："每个小草房都住着一房妻子和她的孩子们。小孩尤其是男孩生下来夭折的较多。"

在院落里，我接触了一些妇女，翻译说："妇女以身涂红泥为美，发染红泥为俊，尤其是年轻的女人们，全身涂的泥土红得透亮、光滑，头顶上还要扎一朵用泥土染红的牛皮发结，脖上挂一圈红泥染成的项链，显露美丽、漂亮。"

翻译介绍说，辛巴族是纳米比亚一个原始部落，不足两万人，至今仍保持着五百年前的传统习俗，过着刀耕火种的原始生活，辛巴人的祖先是从安哥拉高原迁徙而来，分布在库内内河流域，与外界隔绝。因为男女比例严重失调，

⬆ 茅屋内的红泥人

辛巴族红泥人面临消失的困境。有关专家预言，20年后红泥人这个非物质遗产将不复存在。

日落西天，将要返程。部族的人们赶来送行，热情而不舍……

辛巴族，这样原始、自然、生态……

红泥人，如此可爱、可敬、可亲……

南非:"钻石王国"

千山万水,万水千山。

跨过一道道高山,越过一条条河流,到达非洲最南部的南非共和国。

南非(South Africa)被称作"钻石王国""彩虹之国",有人说"到南非等于旅游全世界"。

来到南非第一大城市约翰内斯堡,既有欧洲的古老、典雅,又有非洲的奔放、狂野,多种激情在这里结合。同时也会让你感受到钻石的诱惑:"钻石恒久远,一颗永留存",这是南非德比尔斯公司推出的广告。"世界第一大钻石"就出现在南非。

南非面积121.9万平方公里、人口5400万,很多地方都出产钻石。南非的第一颗钻石是于1867年在约翰内斯堡西南的奥兰治河与瓦尔河交汇处的金伯利一带发现的。当初,一名放羊的女孩无意捡到一块石头,她并不知道这是一颗钻石,只当作透明发亮的石块玩耍。后来猎人尼科克看到后认为是一块有价值的石头,便用自己的全部家产包括50头牛、100只羊换取了这块重83.5克拉的石块。经化验这是一块钻石,猎人将它切割成重47.75克拉的梨形钻石,并命名"南非之星",这就是"世界第一大钻石"。

钻石的发现立即引起南非乃至整个非洲及世界的关注和轰动,刹那间勘探者和开采者蜂拥而至,挖掘钻石的狂潮就此开启。与此同时,争抢钻石的斗争相继展开,残酷、血腥,你死我活,尤其是英国人和荷兰人的争夺导致了残酷的战争,双方死伤严重……

⬆ "钻石之国"南非第一大城市约翰内斯堡钻石切割形状的大楼

一百年过去了,钻石的开采、挖掘仍然不衰,这得益于它的储量。另外,南非钻石颗粒大、品质高,所以南非被誉为"钻石王国"是当之无愧的。当然,南非还是世界上最大的产金国,有"黄金国度"之称。

穿行闹市,经过第一家国家银行后,一座钻石形状的大楼出现在眼前,楼体像钻石切割的层面,呈现出多棱状,闪闪发光,熠熠生辉,耀眼夺目,是约翰内斯堡商业中心的一大亮点,充分体现了"钻石王国"的特色。

距钻石大楼不远处,便是当年世界第一高楼卡尔顿中心商城。这座摩天大楼建于1972年,当时是世界上最高的大楼,显示着"钻石王国"的富庶。尽管这座举

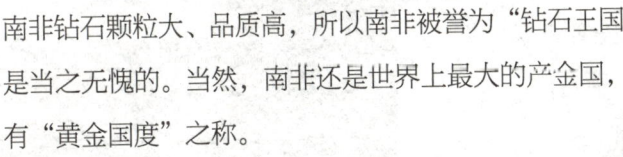

➡ 曾经的世界第一高楼卡尔顿中心商城

世闻名的摩天大楼为约翰内斯堡的标志性建筑,但因处在闹市区的群楼之中,标志却很难看见。

华丽多彩的钻石加工厂大门

在约翰内斯堡市内转了一大圈,来到绿树环绕的钻石加工厂。门口有两人持枪放哨,戒备森严。大院里树木参天,绿草鲜花装点,一座拔地而起的大楼写着KAO'S标记。我穿过四道岗才到达钻石加工场地。这家钻石厂是犹太人开办的,比不上德比尔斯公司,但在约翰内斯堡也小有名气,香港的李嘉诚曾到这里访问。

在钻石展厅,我首先观看了钻石形成、开采和加工录像。钻石是世界上最奇妙、最稀有、最珍贵的一种矿产,也是世界上最坚硬的一种物质。钻石形成需要10亿年复杂的物质变化过程,而

钻石厂展示使用过的汽车

这些变化要在地球表面以下200公里深处岩层高温高压条件下进行,随地壳运动火山爆发推至地表。100吨矿石只能加工0.4克拉钻石,1克拉等于0.2克。钻石的加工也极为复杂,一颗圆钻的标准切面是58个,切好这58个面谈何容易?

听完介绍,真正了解到一颗晶莹剔透、光芒四射的钻石为何这样昂贵!

稀有、漂亮、精美,决定了钻石的价格,现在才理解"钻石恒久远,一颗永留存"这句名言的实际意义。

面对大大小小、琳琅满目、各式各样的钻石,我动了心,犹太人拿出新出

产的钻石,按出厂价售,每人只限一颗。钻石价格差异天壤之别,你可在柜台浏览,最便宜的 100 美元,而最贵的达 10 万美元,差别在于切割、色泽、净度和重量。拥有一颗钻石吧!相信它会给你带来气质、幸福和吉祥!

▽ 钻石的广告晶莹透亮

"紫荆花之城"比勒陀利亚

从约翰内斯堡乘车50公里，来到南非首都比勒陀利亚（Pretoria），尽管没有约翰内斯堡大，但它却是历史名城，素有"紫荆花之城"的美称。

过去，黑人认为这里是一个以杀戮为乐的清教主义之地，是一个最恪守种族隔离制度、最惨淡的城市，或者说是黑人最不喜欢的地方。

南非的黑人，肤色相较其他非洲地区的人要浅得多，近乎咖啡、巧克力色，但他们所受的屈辱、压迫和不公正的待遇同样难以言说。为了平等自由和消除种族隔离，一百多年来南非黑人进行了长期英勇反抗和不懈斗争。

穿行宽敞的街道，我来到市区东部总统住所联合大厦。大厦坐落在山坡上，我拾阶而上，两旁是绿色草坪、观赏树木、白色喷泉，一派生机。联合大

⬇ 南非首都比勒陀利亚市庄严的联合大厦

厦外表由红色砂岩铺就，综合了欧洲建筑风格：钟楼为西班牙式，廊柱是希腊式，柱头是法国式，花坛是意大利式。大厦于1913年设计建造，门前"一"字排开的雕塑依次是第一任南非总理、二战时期的南非总理和希腊神话中的战神。1994年5月10日，黑人第一任总统纳尔逊·曼德拉具有历史意义的就职仪式就是在这里举行的。我站在大厦前，看到台阶上、草坪中、树荫下，集结着很多黑人，自由自在地谈论着，享受今天来之不易的斗争成果。

在联合大厦，讲解员述说了南非黑人在曼德拉带领下消除种族隔离、争取平等自由的斗争历史。曼德拉是个传奇式人物，生于特兰斯凯库努的一个黑人家庭，父亲是一位部落酋长的顾问。由于参加学生罢课运动，曼德拉被学校开除。1952年曼德拉在约翰内斯堡开办第一家黑人律师事务所。1960年政府宣布律所为非法组织，曼德拉转入地下活动，后被警方发现，以种种罪名叛处他5年有期徒刑。1963年警方又发现了曼德拉反政府的证据，以蓄谋推翻国家罪判处其终生监禁，以前关在罗本岛。

当地向导对我介绍，曼德拉主要是为黑人争取自由。以前在南非，医院、

↑ 黑人聚会讨论国家大事

← 今日被解放的黑人精神抖擞、昂首阔步走在大街上

← 先民纪念馆

学校、公交车都有白人与黑人之分,公园里的凳子分出白人座和黑人座,白人座是靠椅,黑人座是条凳,如果黑人坐了白人座椅就是违法行为,会被警察抓起来的。

曼德拉在狱中为黑人争取平等、自由的斗争受到全世界的关注,政府在压力之下于1990年不得不释放他。曼德拉出狱后,为黑人解放而斗争的信念更加坚定。艰苦不懈的努力终于赢得胜利,1994年5月10日曼德拉宣誓就职,成为南非第一任黑人总统,结束了延续三百多年的白人统治。

先民纪念馆坐落在比勒陀利亚市南部一个山坡上,与联合大厦遥遥相望。这是一座巨大的花岗岩建筑,同样有欧洲的建筑风格。我沿台阶而上,参观了大厅中的白色雕塑,那是记述1834年到1840年间大迁移的,记述了白人占领南非内陆地区的过程。纪念馆最顶部,全是石头走廊,从走廊望去,整个比勒陀利亚市尽收眼底。

南非著名的LESEDI民俗文化村在首都以西,一个多小时的车程,村民由祖鲁族等黑人组成。当我到达时,看到十多处圆顶茅草房,屋前门上挂着象牙、牛骨、羊头,院中古树花藤,鸡鸭满圈。午间我在此吃了一顿饭,体验一下当地人习俗。饭后,一场歌舞表演引人入胜,表演者舞矛动盾,叱咤风云,展示了黑人英勇胆大、不屈不挠、勇敢拼杀的精神。

出民俗文化村继续西行,来到著名的太阳城。太阳城坐落在茂密的灌木丛

⬆ 紧跟祖鲁人去踏访祖鲁人村寨

⬆ 黑人聚居区建造的现代化太阳城

林深处,这里的所有树木都是从外地引种而来的。太阳城有"非洲的拉斯维加斯"之说,临近皮兰斯堡国家公园。太阳城设计独具匠心,并极有非洲味道,是一个纯净奇妙的世界,这里曾连续五年举办世界小姐选美大赛。

太阳城里面包含了皇宫酒店、失落城、地震桥、赌场、电影院、世界级高尔夫球场、商业中心、游乐场、游泳池等。高精尖现代化设施,融入美丽的自然环境中。

具有西班牙建筑特点的皇宫酒店像一颗闪闪发光的宝石,如宫殿一样奢华,它实际是一个顶级的超五星级宾馆,在世界超豪华宾馆中排名第 20 位,住一晚房价为 1000 美元。皇宫前有一座石桥,桥下流水连接两边的河塘,水面上是瀑布,从山上一泻而下。

失落城是根据当地很久以前一个黑人部落在这里遇地震突然消亡的故事而建的。走过一个黑黑长长的山洞,忽然亮堂起来,接着就来到山腰中的一座地震桥。在桥上,突然地动山摇,山呼海啸,桥体猛烈晃动,桥缝隙中还冒出很多烟雾,让你感受到如同地震般的效果。过桥后为一悬崖峭壁,下边是一个人造沙滩和人工海域,让你像是在海上一样身临其境……

⬇ 在黑人部落失落城体验地震感觉

"海角之城"开普敦

  开普敦被誉为非洲的"小欧洲",是南非最美的城市,有"鲜花之都""电影之都""海角之都"和"母亲之城"美誉,被称为"世界十大旅游城市"之一。它是南非立法的首都,国家议会所在地。南非的历史,又是从这里开始,所以更增加了它的神秘感,其中,罗本岛被联合国教科文组织列入世界文化遗产。

  四百多年前,弗朗西斯·德雷克爵士来到桌山海湾时,惊叹不已:"这是我们环球航行以来见到的最美海湾。"浩瀚的大海,逶迤的山谷与平直的桌山完美结合,构成开普敦这座人生旅途中必去的世界最佳沿海城市。

  桌山是开普敦最有吸引力的地方。5亿年前桌山原本在海底,长期受冰川海浪的侵蚀而被磨成平面,后经地壳变动形成现在的桌山。它的底座为花岗岩,

▽ 开普敦的桌山

海拔 1086 米。桌山的山顶呈水平状平地，居高临下可俯瞰桌湾，是整个城市的地标和指南针。当迷失方向时，它像荒漠中的灯塔为你引路。

乘缆车沿便道登上桌山时，那种心旷神怡的感觉难以言表。湛蓝的天空，雪白的云朵，无边的大海，起伏的山峦，青翠的绿树，盛开的鲜花，全城风貌尽收眼前。在桌山游览千万要注意安全，曾经有一名中国女体育记者因为照相后退，不慎掉入桌山下的崖谷，险些丧命，后经直升机大半天的搜寻才得以获救。

信号山低于桌山，紧靠大海，因山顶装有航标信号而得名，这里是观望桌山的最佳角度。远望二十圣徒"一"字排开影影绰绰，绿点体育场历历可见，俯瞰城区更加清晰，眺望大海就在脚下。

在信号山眺望罗本岛，只见它像弯月一样镶嵌在海中。罗本岛的名字是当年荷兰人所起，意为海豹，因为岛上有许多海豹。这个岛曾被用来关押反叛首领。英国人把麻风病人和精神病人赶到该岛，之后这里又成了监狱。黑人领袖曼德拉曾在这里被关 27 年，罗本岛因此而闻名世界。罗本岛是于 1999 年被联合国教科文组织列入世界文化遗产的。

下山后，我直奔大广场，这是过去杀人和阅兵的地方，中央的塑像是英国国王埃德华七世，对面为城堡。城堡是一座坚固的石头城，建于 1697 年，为南非最古老的建筑。城墙上有六面旗帜，整个建筑为五角形，墙壁厚达 10 米，5 个角堡分别以奥兰治王子的不同头衔命名。城堡外有一圈护城河，堡内是首领

城堡

的官邸和关押罪犯的地牢，现已开设为军事和海事博物馆供人参观。

　　维多利亚海港是开普敦最古老的城区，布满了商店、宾馆、餐馆和娱乐场所，处处充溢着欧洲风格建筑。这里人山人海，各种肤色的人比比皆是。在港口一侧，还开有一个水门广场，立有纳尔逊·曼德拉、威勒姆·德克勒克、戴斯蒙德·图图、阿尔伯特·鲁图利四位诺贝尔和平奖获得者的雕像。

↓ 维多利亚港

↑ 曼德拉等四位诺贝尔和平奖雕像

开普敦最大的城中绿地是市中心的"公司花园",成为整个城市的肺。这个花园起初是荷兰东印度公司殖民官杨·范·里毕克1652年登陆后,作为菜地经营耕种的,后来慢慢发展种植成为植物园。从北门进入花园,踏进这片绿意盎

→ 古城发祥地公司花园

→ 散步在公司花园的人们

然的植物园林,有如置身于童话的世界,鲜花、古木、绿草、飞鸟、碧水、野鸭、芦苇、雕塑,引人入胜,浮想联翩。

花园草坪上躺满了年轻的恋人,正享受阳光、青春。花园的四周,依次是维多利亚建筑风格的议会大厦、圣乔治天主教堂、南非博物馆、南非美术馆、泰因海斯官邸等。

南非是世界上感染艾滋病最高的国家之一,达800万人之多,为全国人口的五分之一。

当我离开这个国家时,南非总统正号召国民接受普查,以扼制艾滋病扩展,他说:"我们要打破长久以来的沉默,同艾滋病给人民带来的耻辱抗争!"发表演说后便挽起衣袖请医生抽血,带头接受艾滋病检测。

"非洲最西南端点"好望角

清晨,万里无云,波涛滚滚,阳光撒落海滩。我离开开普敦城区,迎着海风,沿开普半岛南行,去往世界著名旅游胜地——好望角。中途经过世界自然遗产——开普植物生态保护区。

开普半岛被夹在大西洋和印度洋之间,长80公里,它是一个狭长地带,像一片树叶伸向大海,好望角就坐落在半岛最南端。

汽车沿海滩而去,左边是陡峭曲折的山路,右侧是汹涌澎湃的大西洋,海水拍击着山石腾起朵朵浪花,在阳光折射下像是颗颗宝石,五彩缤纷,绚丽耀眼。

▽ 晨光穿过月牙形坎普斯贝海湾白人居住区

汽车停在坎普斯贝,这里是开普最受青睐、最豪华的白人居民区。"贝"是港湾的意思,白人一般都住在靠山沿海的地方。站在海边眺望,海岸像弯曲的月牙,顺海岸向上望去,是一片白色错落有致的小洋楼,向下望是一湾恬静的海平面。小鸟在海空飞翔,云彩在蓝天飘动,船儿在水上穿行,脚下是碧绿草坪连接的白色海滩,这是一幅动人的海景图案。

穿过山谷,经过一片密林,到达豪特湾。"豪特"在荷兰语中意为森林。显而易见,这是一个森林港湾,沿岸散落着一个渔村。从这里我登上游船,绕过一座山峰来到海豹岛,岛上海豹密密麻麻爬满岩石,要不是身体的摆动,还以为那是晾晒在山石上的海带。船开近岛屿,只见海豹有的直立昂头,有的缓慢爬行,还有的跳到水里戏闹。

在豪特湾繁华渔村港登船驶向大海

从豪特湾横穿开普半岛来到东海岸,或者说从大西洋海岸来到印度洋海岸。这里是面朝东方升起太阳,另有一番情趣。气温明显升高倒不是因太阳所为,而是由海水造成的。大西洋的水温通常要比印度洋低12度,这与东南风有关,当这股风将西海岸海水的表层温水吹走时,较深的海水补上来,这种异常现象

第五章 南部非洲:两大洋夹角的多彩陆块 | 471

被称为"上涌",形成了大西洋寒冷的"本格拉洋流"。世界就是这样奇妙,大自然就是如此神秘。

顺着蜿蜒的山路沿东海岸线到达西蒙镇,在镇的南端,有一个名叫伯尔德斯的小沙滩,里面隐蔽着数以万计的企鹅,所以这里又叫企鹅滩。我穿过一座座英式小洋房,钻进一条树木遮掩的幽静小路,来到企鹅滩。这里有白色细沙,碧绿海水,光亮岩石,浓密树丛,其间行走着憨态可掬的小企鹅,真是别有风情。

⬇ 岩石上的海豹群

⬇ 雾气中的西蒙镇海边的鸟群

顺东海岸线继续南行，过类勒角、斯米茨温克尔湾后，进入世界闻名的开普植物生态保护区，展现在面前的是另一个世界：大片大片的灌木丛，飞长的青草，盛开的野花，悠闲的羚羊、斑马、鸵鸟，昂首欢迎游客的到来。保护区面积 7750 公顷，仅次于克鲁格国家公园。若是春天，保护区更为壮观，那是满满花的世界。开普植物生态保护区于 2004 年被联合国教科文组织列入世界自

↓ 植物生态保护区

然遗产。

穿过灌木和草丛，沿着弯曲山路，披着阵阵海风，来到一个叫开普点的地方。山路中间竖有一木牌，英文字母显示：南非开普点，南纬 34°29′24″，东经 18°29′51″。

从开普点通向灯塔的山路皆是石梯，石缝中不断爬出黑色蜥蜴，满山是丛生的灌木和花草。一路攀爬，总算登上顶峰。一座白色的灯塔豁然耸立在眼前，触手可摸。蓦然回首，好望角全景呈现在眼底，它像一头巨大鳄鱼扑向大海。这座 1857 年修建的古塔被称作"绕开死神的航标"，塔侧竖有一个指向牌，标明距离世界各重要城市的里程，其中就有指向北京里程的标志。灯塔立在山

↓ 爬上灯塔

巅上的一个平台上，三面为悬崖，直劈海平面。站在塔顶举目四望：海天一色，雾气茫茫，白浪涌动，飞鸟翱翔，特别是好望角，静静地伸向大海，任凭海浪巨风吹打。这一壮观景色怎能不令人陶醉呢？难怪国际影星成龙来到此处后发出感叹："此生足矣！"

下山后，我直奔好望角，近距离接触。到好望角千万别在海边捡石头，因为那是违法的，在几天前就有人捡石头后被抓捕。

来到好望角，顿有一种天高地宽海阔之感，眼

↓ 鳄鱼似的"好望角"

前的美景是令人震撼无比的：近望刀劈一样陡峭的悬崖，猛烈撞击岩石海岸的海浪，天涯海角在心中涌动；远眺大西洋和印度洋的分水岭，两洋海水在这里交汇冲击；低头看脚下的鹅卵石，五光十色形状各异……

伫立好望角：危崖峭壁，阵风怒吼，波涛汹涌，翻腾咆哮，撼天动地。此情此景，让人不由想到它的峥嵘岁月。

五百多年前，巴索洛·迪亚士的探险船颠簸到好望角，发现了新大陆，由此登岸，成为"好望角之父"。之后荷兰、法国、英国人慕名而来，拓荒、开发，改写了非洲的历史。

然而这里也成了罪恶之路，殖民者不仅掠夺资源，还押送数以百万计的非洲黑人奴隶经过此地贩卖到世界各地，所以有人说好望角的另一面是"坏望角"。而另一个"风暴角"的称谓，也让人毛骨悚然。凝望远处的沉船桅杆，两大洋冷暖交汇点形成的滔天巨浪，曾将过往的140多艘轮船吞没，这不能不令人心生恐惧！

但好望角实在景象奇妙，风光美丽。站在写着"非洲大陆的最西南端点"的木牌边，海风吹动着衣襟，海浪拍打着心扉。好望角，希望从今以后，只带给人们和平与幸运……

⬇ "非洲大陆的最西南端点"

"祖鲁人的故乡"德班

一进入德班市后，顿感楼高、路宽、海阔：那一座座直插云天的摩天大厦，那一个个高大精美的街区雕像，那一处处极具创意的艺术画廊，矗立在浩瀚的印度洋海岸，展示出时代气息、现代模式、超前思维！德班，被称为"非洲的夏威夷"，太贴切了！它还有"非洲的大门""国际会议之都""非洲最佳管理之城"等美誉，又因这里的原住民曾是祖鲁人，所以又被称为"祖鲁人的故乡"。

▼ 去德班沿途中

进入市区后我来到滨海大道著名的"南方太阳酒店",这是南非南方太阳集团兴建的四星级宾馆。向导刘懿伦女士说:"酒店因中国国家领导人的下榻而闻名。2013年在这里召开金砖国家领导人会议时,其他国家元首都住五星级酒店,唯独中国没有,消息传开,这个酒店一下子名声远扬。"

第二站来到国际会议中心。这是一座现代感非常强的建筑,超大的圆顶像巨型蘑菇一样镶嵌在蓝天上,下面由钢结构支承,前门玻璃上"BRICS"金砖国家标志十分明显。这里经常召开国际性会议,其中有不结盟运动部长级会议、国际防艾滋病会议、非洲联盟首脑会议,还有2013年的金砖国家领导人会议等。

行进在维多利亚街区,看到很多殖民时期建筑,其中印度样式楼房颇多。据介绍,德班全市300万人,其中印度人100万、黑人100万、白人80万、华人10万。

穿过一条条巷道来到旧城区,走进市政厅广场。这里古树参天,坐满了休闲的市民。市政厅广场有旧市政厅、新市政厅、二战纪念碑,还有许多人物雕像,这里是德班城区的发祥地,也是祖鲁人最早居住的地方。

旧市政厅是一座英式建筑,下层6根圆柱,上面一个钟塔傲然屹立。1835年英国殖民地统治者本杰明·德班上任后,将这里命名为"德班",并由此地

↑ 德班国际会议中心

↓ 旧市政厅

二战纪念碑

向外发展扩建。后来建了市政厅,加强了对德班的统治地位。伴随着旧市政厅的老化和破损,在旧市政厅的旁边又建造了新市政厅。新市政厅也是一座欧式建筑,年代也已久远,蓝色的圆型拱顶已经褪色,新市政厅也不"新"了。二战纪念碑坐落在广场一角,在周边高楼的对比之下,虽已显不出它的高大,但肃穆依旧。

德班港口是此城市第四个参观点。只见港湾屹立着一排排、一行行数不清的吊机,停靠着一队队刚刚进港或即将启锚的轮船,垛满了密密麻麻整齐排放的集装箱墙。德班港是南非乃至整个非洲最大的海港。我有幸登上一艘中国巨轮,船长介绍:"许多中国货轮开往德班港口,将中国制造的产品源源不断地输送到这里,架起中非友谊的桥梁。"

德班港是个天然良港。港外海浪滔滔,港内风平浪静。1824年,一艘英军船只被港外风浪吹到了港湾里,他们才发现南非有这么好的良港,随后船上十几名英军决定留下来,海港建设从此开始。200年来,德班港都是南部非洲货物的集散地。

出海港,沿海岸线一路来到巍然屹立的灯塔,这是航海的路标,其造型独特装饰考究,尤其晚上光彩闪闪放射出道道光芒,成为德班一大景观。

距灯塔一步之遥建有一座栈桥,一直伸进大海。栈桥建造得更有特色,两排暗绿色的弯型灯柱分列两旁,仿佛列队欢迎来客。伴着海涛,穿行灯柱,走向大海,别有一番情趣……

入夜,德班已是万家灯火。回住地的路上,李女士介绍了德班的一些情况。德班是祖鲁族人的故乡,"祖鲁"当地祖鲁语意为"在海港"。早在150万

🔼 夜幕中的栈桥

年前的旧石器时代就有人居住在这里。据在德拉肯斯山脉山洞发现的石器考证，几万年前土著人曾在这里狩猎群居，直到两千年前非洲的黑人部落移居此地。1824 年当地各部落联合起来组成了祖鲁族。之后，殖民者侵入，德班逐渐发展起来。从 1845 年起，英国人开始移民到此。19 世纪 50 年代早期，印度契约劳工大量拥入，接着荷兰、葡萄牙人跟进，至此德班成了一个拥有多种族多元文化的现代化都市。

从圣卢西亚湿地到德拉肯斯山脉

远山、森林、草地；绿水、蓝天、白云。

汽车一路飞奔，驶向圣卢西亚湿地公园。

南非东部地区有两大看点，一处是世界自然遗产——圣卢西亚湿地公园，一处是世界文化与自然双重遗产——德拉肯斯山脉公园，这两地成为人们来此追寻的观光胜地。

傍晚，来到坐落于湿地公园旁边的河马镇。"河马镇"是因为湿地公园的河马经常光顾小镇而得名。在小镇看到大街小巷都贴有"小心河马"的警示牌，其中一个牌子写着"HIPPO STEAKHOUSE"，意思是"小心被河马撕成肉饼"。

▽ 河马镇河马警示牌写着"小心被河马撕成肉饼"

▽ 标牌显示"夜间小心河马"

宾馆服务员一再告诫:"晚上不要出门,这里的河马太多太多,咬死人的事件时有发生!"草丛、路边、河滩、街头,都是河马出入之地。河马异常凶猛,狂暴不羁。

晚上不能出门,我只好呆在大厅,不过也正好采访了值班经理,了解圣卢西亚湿地的情况。

圣卢西亚湿地公园南起马普雷恩,北至索德瓦那,与莫桑比克海岸线南端接壤,总面积380平方公里,有220公里海岸线,由沿海平原及大陆架组成。因自然界连绵不断的河流、海风侵蚀造成了不同地形,它包括圣卢西亚湖、圣卢西亚海滩、沙丘、草地、沼泽、芦苇丛、珊瑚礁等,有上百种动物和鸟类。1999年被列为世界自然遗产,是南非第三大国家公园,也是南非乃至世界风光最美丽的地方之一。

次日清晨,在向导刘懿伦女士的带领下,首先乘船去圣卢西亚湖踏访。荡漾在湖中,鳄鱼、河马半身隐没在水中,还有很多鸟儿飞来飞去,美丽灵动。最有意思的是芦苇中的黄莺,正紧张而有序地搭建自己的家园。据刘女士介绍:"鸟窝由公鸟来搭建,而母鸟是旁观者。公莺每天不停地搭巢就是想一博母莺的

↑ 圣卢西亚湿地上的河马群

↑ 芦苇中的黄莺窝

芳心，公莺常常搭建很多次才能得到母莺的爱情。"

正当聚精会神观看黄莺筑巢之时，船公突然起身抓到一条长蛇，这可吓坏了我。据船公介绍，湖中有52种蛇，这些都是被保护动物。

走出湖区，我上岸后又坐上越野车到圣卢西亚森林自然保护区参观。保护区门口悬挂着世界自然遗产的标识，圣卢西亚湿地之所以被列为世界自然遗产，源于它集中了海洋、沙山、森林、湖泊等几大类地貌于一身，成为世界上最多种类动物和鸟类的栖息地之一。这里是世界上唯一一处无论在海里还是陆地上都生长着最大和最古老动物的区域，东临的印度洋区域还生长着世界上最大的座头鲸和最古老的金翅鱼。

越野车在森林中奔驰，从车窗向外望去，不断看到大象、犀牛、羚羊、长颈鹿、斑马等动物。

最后终于穿过森林，我来到海边，看到洁净的印度洋。放眼望去，那沿着海岸线长长的沙山是世界上罕见的"植被沙山"。这条长34公里的沙山经过一万四千年印度洋湿暖潮气的沁润，已生长出茂密的植被，成为世界第二高"植被沙山"，高度达184米。世界第一高"植被沙山"在澳大利亚。

↑ 世界第二高有植被沙山

"植被沙山"是观景之佳地,当登至山顶,可以尽情观看大海中的鲸鱼。

沙滩上的沙粒细小洁净,每到夏日的夜晚,有成千上万的海龟上岸产蛋,又有成千上万的小海龟回归大海,让人惊叹大自然之奥妙!

圣卢西亚湿地是美丽的!而更加美妙和壮丽的是德拉肯斯山脉!它于2000年被联合国教科文组织列入世界文化与自然双重遗产。

世界文化与自然双重遗产!这在全世界是不多见的。南非只有这一处世界双重遗产——德拉肯斯山脉公园。

圣卢西亚湿地至德拉肯斯山脉的直线距离为300公里,但路况极差。一般绕道德班,然后沿德班至约翰内斯堡的高速公路前往。向导刘女士正是采纳的这条路线。

离开圣卢西亚湿地公园,晚上赶到德班市。

次日清晨从德班出发,沿高速公路一道飞奔……

德班到约翰内斯堡有600公里,这是非洲最繁忙的高速公路,单向四车道,担负着80%德班港货物的运力,一天24小时都在繁忙地运输。我要从德班沿高速行驶300多公里去西北方向的德拉肯斯山脉国家公园。

汽车大约跑出200多公里后下高速路,沿着一条窄小的公路继续上行,山势越来越险,山道越来越弯,坡度越来越大。然而,两边的风光异常美丽!有森林、草原,有灌木、农田,有村庄、农舍。窗外粉红色桃花最为艳美,一路伴随,形影不离,那随之而来的丝丝春意扑面而至,别有诗情。

越过高山,涉过河流,大约走出一个多小时,德拉肯斯山脉公园大门出现在目

去德拉肯斯山途中风景如画

光中。下车后一眼便看到醒目的世界双重遗产标识牌，表明我已经到达德拉肯斯山脉。

办完入园手续后，汽车又开动了，继续向着深山老林行驶。不过，这里已是景区了。

山势更加陡峭，坡路更加倾斜，弯道更加频繁，海拔逐步升高。而窗外的

▽ 进入德拉肯斯山脉公园

▽ 像大羚羊的茅草房

风光也更加绚丽多彩，尤其是山坳中的农家茅舍，那样原始、古朴。这里的南非人保留了几百年前古老的生活方式，从没有改变。

"这就是德拉肯斯山脉，已被列为国家公园。"刘女士指着窗外的大山说。话音一落，又加重语气："这就是世界文化与自然双重遗产！"接着，刘懿伦女士介绍了德拉肯斯山脉的情况。

德拉肯斯山脉绵延1200公里，是非洲南部的一条主要山脉，为南非高原边缘大断崖的组成部分，祖鲁人叫它"喀什兰巴山"，意指"长矛屏障"，而荷兰先民称之为"龙山"。该山脉从南非东部南回归线起，贯穿斯威士兰西部和莱索托东部，伸至东开普省东南部，它像一条长龙横卧在南部非洲，景色十分壮丽！

介绍完之后，刘女士说："它被列入世界文化与自然双重遗产是当之无愧的！其中'自然'遗产部分是大自然的恩赐！"接着刘女士又说："著名的灾难电影《2012》结尾时，屏幕上的喜马拉雅山脉变成了德拉肯斯山脉，非洲大陆取代喜马拉雅山成为世界屋脊。电影这样渲染，增加了德拉肯斯山脉的知名度，让世人了解到非洲还有一条与喜马拉雅山相媲美的山脉！这就是电影导演的用意所在。"向导刘懿伦女士是中国台湾人，大学毕业后留在南非工作，已有18个年头。

◆ 绵绵高山遍布很多岩洞

汽车艰难盘爬，海拔继续升高。视线中出现高耸的玄武岩扶壁、砂岩墙、山地草甸及悬崖峭壁，分外险峻而绝美。面对这如画的山色峡谷，真正感受到大自然的魅力！体会到世界"自然"遗产的壮哉！

但"文化"遗产部分在哪里？刘女士告诉我："这里保留了旧石器时代早期、中期和晚期的人类居住遗迹，并发现4000年前人类涂下的岩画群，这是撒哈拉沙漠以南规模最大、最密集的岩画群。所以，它又被列入世界'文化'遗产，同样当之无愧！"

"世界文化与自然双重遗产——德拉肯斯山脉！引无数旅行者尽折腰！"刘女士感慨地说。

公路已到尽头，眼前出现断头路。下汽车后改为徒步攀登。山势挺拔，山路崎岖。海拔又在慢慢升高，升到3000多米时，胸口明显发闷和不适，但眼前出现更加亮丽、更加激动人心的场景——岩画！这是土著人的奇迹，这是原始部落的杰作！我迫不及待地走到岩画前，仔细观赏：有大羚羊群，有狩猎者的弓箭，有奔跑的马群，有捕鱼的船队，有暴跳的犀牛……线条简洁明快，表达粗犷奔放，画面栩栩如生……

这就是德拉肯斯山脉双重遗产中"文化"遗产部分的精华！这就是原住民4000年前在此栖居的遗迹。他们没有文字，只是虔诚地用石头在突兀的岩石上摩画神灵，表达着自己的意愿和对大自然的热爱。他们用岩画记录着打猎、祭

⬇ 射杀大羚羊的岩画栩栩如生

⬆ 打猎画真真切切

祀等日常生活，还表现着生殖崇拜、祖先崇拜、生灵崇拜。岩画中还有鱼虾，说明土著人的足迹还涉及大海和湖泊。

向导介绍，这些洞穴壁画是于1926年被英国人发现的。通过考证，延绵上千公里的高山洞穴是南非真正的原住民布须曼人的住所，壁画出自公元前两千年，也是布须曼人所为。据有关科学家研究，这是"人类最早的岩画"！

布须曼人以狩猎野生动物为生，后来开始猎杀白人和祖鲁人圈养的牲畜。此后，大批布须曼人被白人和祖鲁人赶到纳米比亚和莱索托去，19世纪末最后一批布须曼人被杀了不少。在南非境内真正意义上的原住民布须曼人留存下来的已经不多了。

最后，我参观了设在山上的茅草博物馆。馆内大厅展出了大量的岩画。讲解员介绍，布须曼人又称"巴萨尔瓦人"，别称"桑人"，现大部分生活在博茨瓦纳，其余在南非、纳米比亚和安哥拉。

峰回路转，夜幕拉开。绵绵的山峦，此起彼伏，仿佛诉说着这里跌宕的历史。

德拉肯斯，挺立在非洲南部一道神秘而壮丽的脊梁！

德拉肯斯，世界文化与自然双重遗产的典范！

莱索托:"国中之国"

白云、蓝天;悬崖、峭壁。

汽车在群山中穿行,向着莱索托王国(Lesotho)首都马塞卢(Maseru)驶去。窗外,一派迷人景色,仿佛驶入人间仙境。

莱索托,世界最大的"国中之国",三万多平方公里的国土面积全部被南非包围。

我是从南非的德拉肯斯山脉国家公园启程的。途经平静的南非第三大湖泊

⬇ 从南非去莱索托途经美丽的金门高地国家地质公园

拽克劳浮湖、美丽的金门高地国家公园、有"艺术小镇"之称的克里伦斯,最后到达南非与莱索托的边界。

谁能想到,办理入境手续后过海关即是莱索托的首都马塞卢。马塞卢是个边境城市,处在莱索托的最西端。

一进马塞卢城区便是中国人开办的一家"和平酒店"。在这家中餐馆就餐时发现柜台非常高,上海籍老板说:"这里经常会发生抢劫,柜台低了容易遭受

⬇ 莱索托首都马塞卢国王大道莫舒舒三世王宫前鳄鱼雕塑龇牙咧嘴

⬇ 鳄鱼特写

袭击,在此做生意一定要时刻注意安全问题。"

酒足饭饱,开始在马塞卢走访。该市仅有20多万人,占全国总人口十分之一,处在海拔1600米的山地上。"马塞卢"意为"红砂岩之地",来源于当地索托语。马塞卢虽小,但它有悠久的历史,早在1868年英国人便将此地作为军营,慢慢发展起来。

莱索托原称"巴苏陀兰",19世纪初巴苏陀族酋长莫舒舒一世建立王国。1868年后成为英国保护地,直到1966年独立成立王国,实行君主立宪制。该国绝大多数为黑人,由巴苏陀族和祖鲁族两个大族组成。

被"钻石之国"南非包围着的莱索托却是世界上最贫穷的国家之一。这个贫困的山区国家自英国人到来后,也并没有变得富裕,一切依旧。这个陌生的小国,越发神秘得令人期待。

走在首都马塞卢横贯东西著名的国王大道,确有一种神秘感,特别是经过现任国王莫舒舒三世王宫时,看到一条巨大的鳄鱼雕塑,很令人惊奇!如此之大的鳄鱼雕塑世上罕见,向导解释说:"各部落和民族都有自己的图腾。

↓ 地标老教堂

↓ 特色建筑帽子房

鳄鱼是莫舒舒部落的崇拜之物,也是这个民族的图腾和信仰。"

在马塞卢,我还踏访了中国援建的议会大厦和国际会议中心及莱索托大学、国家邮电局、国家图书馆、大教堂等地,还特意去了中国大使馆。一个多小时,走遍整个首都。

马不停蹄。接着,去往塔巴布秀夜至山。

途中,特意绕行至郊外的国王官邸,旁边有国王莫舒舒一世七个妻子的茅屋,至今还保存完好。据向导介绍,莫舒舒一世有一百多位妻子,其手下的将士一旦牺牲了,莫舒舒就会收养他们的妻子归为己有。莫舒舒部落还有一个传统,每当新人结婚,新郎的父亲要检验新娘是否是处女,这个风俗也真是有些奇葩的。

汽车向着夜至山飞奔,眼下这里正是春季,路旁的桃花盛开,美不胜收。向导介绍说,莱索托海拔均在千米以上,境内群山环绕,河流蜿蜒,风光优美。由于地势高,莱索托的气温比同纬度非洲国家要低得多,每年5月到9月是冬季,气候寒冷,尤其北部的马洛蒂山脉,经常是白雪皑皑,因此山区的滑雪场是莱索托独特的旅游项目,每年吸引来自世界各地的游客。

莱索托的经济主要依赖南非,它的一半国人都在南非打工。另外,莱索托向南非输出水资源以获得收入。

然而,近些年因为艾滋病的肆虐,莱索托人口从200万降到160万,全国30%多的人是艾滋病病毒携带者。

一个多小时车程,来到塔巴布秀夜至山。这座山是莱索托人的圣地,是莫

↓ 爬上夜至山

舒舒抗击外来侵略之地。看上去，这座山顶部平平，但实际山势险峻，只有一条山路通往山顶，可谓"一夫当关，万夫莫开"。在这座山的旁边，有一座像锥子一样拔地而起的大山——旗鲁巴山，这是当地传说中的神山，在国旗上也有印记。

爬到塔巴布秀夜至山半山腰，有一座有关莫舒舒国王的石碑竖在那里。

所谓"夜至山"，是因莫舒舒为抵抗外来侵略，带领士兵晚上爬到此山顶，故而命名这座山为"夜至山"。

今天莱索托王国的疆界形成于19世纪20至30年代。19世纪初期，这里的各部落之间为争夺土地和水源，出现了持续的战乱，最终祖鲁人和莫舒舒人逐渐称雄，形成了各自的祖鲁王国和巴苏陀王国。此时，白人殖民势力也侵入这一带，对巴苏陀王国的生存构成了威胁。当时的莫舒舒酋长一面继续讨伐不服统治的其他酋长国，一面率领军队抗击荷兰人入侵和英国殖民者的侵犯。由于势单力薄，他们不断后退，于夜间爬上这座易守难攻的山，并驻守山顶。这一抗争就是二十多年，最终莫舒舒酋长还是妥协了，并在1868年承认英国为其保护国，1871年被并入英属开普殖民地，1966年巴苏陀兰宣告独立，改国名为"莱索托王国"。

在塔巴布秀夜至山下，政府修建了一个大型露天博物馆，恢复了当年莫舒舒酋长和其他一些部落民众居住的茅草房及南部非洲的原住民布须曼人的石头屋。讲解员说："因为布须曼人个头矮小，所以石头房门开得都很窄小。布须曼人以壁画为长，在非洲乃至世界都很出名。"

离开夜至山继续东行，去寻见昔日布须曼人的壁画。

汽车在崎岖不平的山间行驶，两旁粉红色的桃花树或在农家小院、或在田野中突兀地立着，煞是好看。

一个多小时后，由于路况太差，车开不动了，我只有徒步而行。

道路越发难走，坡度越来越大。当我下到河谷，看到一群孩子们的衣衫褴褛，感叹他们的生活太艰难了，于是把随身携带的能够留下的东西都送给他们。

又穿过一段岩石，越过一条很深的河谷，跨过一座木桥，眼前突然出现一道悬崖峭壁，终于，布须曼人的岩画之地到了。

▼ 夜至山下的茅屋

粗粗一看壁画，它和南非的一样都是几千年前布须曼人画的，不过这儿的布须曼人虽一直居住在此，但生活习惯也随着当代文明的侵入而改变，他们已经成为现代人了。另外，这里和南非那边 3000 米海拔的洞穴壁画不同，此地的壁画都是画在 1000 多米海拔的岩壁上，日久风化严重，墙体壁面溃掉脱落，且没有任何保护措施，人为破坏严重，所以看到的壁画大部分已残缺不清，让人扼腕叹息！

仔细观察，这些壁画大部分都是大羚羊。大羚羊的体积非常大，堪比一头牛。旁边的向导说："按照习俗，布须曼人的男孩子只有独自成功猎杀一头大羚羊才能证明他已成人。所以壁画中还有男孩儿正在把猎杀后的大羚羊尾巴割下来准备示以族人的场景。"

从颜料上看，布须曼人的壁画使用的是大羚羊的血混合不同的矿石粉末，

↑ 终于找到隐藏在丛林中悬崖下的岩画

↓ 岩画破坏严重急待保护

这应该是西方油画颜料的鼻祖。

岩画上还刻有不少英文"到此一游"的字，破坏了整个画面。结束岩石画的游览后，才知道这个村子名为哈巴拉纳村，现已被列为"哈巴拉纳岩石公园"，处在首都东部 35 公里的地方。其实，莱索托还有一处塞赫拉巴泰贝国家公园位于马洛蒂山区，属于马洛蒂至德拉肯斯山脉跨界自然保护区，是世界文化与自然双重遗产的一部分，那里有更为引人入胜的岩画。

莱索托，一个神秘的"国中之国"！

莱索托，一个"封闭"的高原之地！

温馨提示

南部非洲的 10 个国家均处于南纬 10 度以南，气候要比中非和东非及西非一些国家温和一些。这些国家相对中部非洲等其他地域比较稳定和安全。津巴布韦、纳米比亚、南非等，都是旅游的好去处。在这些国家中，斯威士兰不易办签证，需要到莫桑比克或南非办理。而斯威士兰选妃又很吸引人，所以若要前行，务必提前联系，目前中国的尊旅假期等专门办理有关事宜。出行方面，有北京直飞南非的，还有飞肯尼亚等国再转机的航线。南部非洲的华人很多，华人机构也不在少数，吃、住、行、安全都不成问题。但需要注意，不要单独租车出行，有些不法分子专门跟踪华人，抢劫华人事件时有发生。

06

第六章 非洲岛国
两大洋中的绿翡翠

"佛得角""塞舌尔""科摩罗""圣多美"……多么动听的名字啊!"绿翡翠""红玛瑙""伊甸园""月亮岛"……多么美妙的比喻啊!这就是非洲岛国!

非洲岛国,说的是分布在非洲大陆周边的塞舌尔、科摩罗、马达加斯加、毛里求斯、圣多美和普林西比、佛得角共6个海岛国家及留尼汪(法)、圣赫勒拿(英)两个地区,它们像散落于大洋中的一粒粒珍珠,镶嵌在海面之上。非洲岛国不多,却精彩绚烂:世界最大种子海椰子、绝景佳地德阿让海滩奇石、全球罕见的狐猴、流光溢彩的"七色土"、奇特的树瓜、上亿年前的稀有生物寇拉侃兹鱼……

塞舌尔："印度洋上的明珠"

如洗的蓝天，舒卷的白云，深邃的大海。

飞机翱翔在印度洋上空……

经过数小时的飞行，抵达塞舌尔这个小小的岛国，这是我寻访非洲岛国的第一站。

⬇ 飞机漂洋过海飞向塞舌尔岛

↑ 登陆塞舌尔风光无限

来到塞舌尔（Seychelles），顿感山石、沙滩、海岸那么迷人：山沟幽谷，绿树丛林，千藤万蔓，栀子芳香，真是一幅绚烂多彩的画卷……

塞舌尔坐落在非洲东部海域，与科摩罗、马达加斯加、毛里求斯同被列为印度洋上的四大明珠，1993年在世界十大旅游点总评选中名列第三。塞舌尔面积455平方公里、人口8万，由马埃岛、普拉兰岛、拉迪格岛等115个大小岛屿组成。

信步于主岛马埃岛，感受到空气特别清新。这个岛是塞舌尔最大的岛屿，长27公里、宽8公里，面积为145平方公里。首都维多利亚（Victoria）国际机场、港口都设在此岛。整个岛东西铺就5条蜿蜒的山道，四周由一条环行公路围起。若开车环岛行，大约需要1个半小时。

我乘车来到岛的东北岸维多利亚市区，这个依山傍水的小城非常幽雅、秀丽。走到市中心，看到一座古老的钟塔，造型精巧奇妙，它已在此停留一个多世纪之长，是1903年法国殖民王室所建，也是法国王室宣布塞舌尔为其殖民领地的象征。当时，法国统治者为建这座钟塔耗费了大量人力、财力，目的只有

第六章 非洲岛国：两大洋中的绿翡翠

▶ 塞舌尔首都维多利亚地标古老的钟塔

一个,那就是要象征法国至高无上、不可侵犯的殖民地位。一百多年来,钟塔静静地矗立在街心,而它给塞舌尔人留下的是一段辛酸的历史……

在钟塔北侧,一位当地老人谈到塞舌尔的过去,回忆起被统治的那个年代,心情难抑激动,他说:"16世纪葡萄牙人统治这里,取名'七姊妹岛'。1756年法国占领后以'塞舌尔'命名。1794年英国取代法国。后英、法多次易手,轮流占领。1976年才宣告独立。"

顺着独立大道前行,看到一座模拟三只飞翔海鸥的大型雕塑,象征着塞舌尔人来自非、亚、欧三大洲。200多年前,这里还是荒无人烟的小岛,自那个时期起,非、亚、欧三大洲的移民漂洋过海来到这里,建成了今天美丽的海岛。

从独立大道乘汽车沿盘山公路上行,经过总统住宅、阿拉伯式别墅到达山顶,来到昔日英国女王伊丽莎白二世留建的观景

▼ 模拟海鸥展翅飞翔的雕像

台。站在山崖上的观景台举目远望：山水、云雾、海岛、丛林、峡谷，尽收眼底。这就是英国女王选择的观景台遗址。今天，在遗址前竖立了一块标牌，上面介绍了当年女王在此观景的情况。

从山顶下到港口，我又乘游轮前往最负盛名的圣安娜海洋国家公园游览。在游轮上，透过玻璃船底看到美妙的暗礁世界，海里许多鱼，围着轮船游动、追逐。从轮船潜水下去，海底五彩缤纷的珊瑚、五光十彩的鱼群展示出美丽的海底世界。船员介绍："在海洋公园海域，为了保护热带鱼类，禁止捕鱼，不许拾捡贝壳。从贝壳到浮游生物、虾类、小鱼和大鱼，已形成一条生物链！"海洋公园海域包含了几处小岛。我涉水登上一个名叫莫燕的小岛参观。这个岛原来是一名英国人的私有岛屿，岛上建有住宅、教堂和餐厅。去世前，他将小岛赠给了塞舌尔政府，此岛于是对外开放。在岛上，椰林挺立，奇石遍山，还有很多旱龟、猴子等野生动物。

在昔日伊丽莎白二世设立的观景台欣赏浩渺的云光山海

塞舌尔人大都住在马埃岛上,肤色各异,白、黑、棕、黄等很多人种。不管什么颜色,他们都自称为一个民族——克里奥尔。"克里奥尔"一词原意是"混合",泛指世界上那些由葡萄牙语、英语、法语以及非洲语言混合并简化而成的语言。在塞舌尔,不同肤色、不同宗教信仰的人和睦相处,人民生活悠闲自在。有趣的是,连总统会见外宾都从不穿西装打领带,只着短袖衬衣。

塞舌尔,它像一颗明珠镶嵌在印度洋上……

⬆ 朝气蓬勃的塞舌尔姑娘

普拉兰岛的海椰子

从马埃岛乘船东北行 40 公里,来到塞舌尔第二大岛普拉兰岛。满眼的绿树,满目的野花,眼中尽是绿意融融的山野,有人称这里为"人类的伊甸园"。

踏行翠绿的海岛,吸着清新的空气,闻着芬芳的花香,让人沉醉于大自然中。普拉兰岛面积为 45 平方公里、居民 7000 人。此岛因为有个"五月谷"而成为人们追寻的神秘之地。五月谷在玛侬谷地自然保护区内。1993 年该谷地被联合国教科文组织列入世界自然遗产。

经过十多分钟的车程来到闻名于世的"五月谷"前,在谷地的山壁上挂有一铜匾,上面印有的"世界自然遗产"标记,足以证明它的价值。

如果说塞舌尔是"人间天堂",那么五月谷就是"天堂里的天堂"。

当我步入五月谷,钻进大片的原始热带雨林时,参天的海椰子林让人惊叹

▼ 表面有斑点　　　▼ 海椰子像人体一样皱纹满身

不已！海椰子，是椰树的一种，所生长出的果实非常之大，是已知最大的果实。而它去掉果肉的籽，比西瓜还大，形状似女人的臀部及生殖器官，这也让它成为世界上最特殊、最神奇、最珍贵的种子即海椰子。

谷口，当地工作人员在山石上摆放了三个海椰子实物让来人触摸观看，每一个都有脸盆那么大。人们或抱、或举、或扛，一起拍照留影。

走进五月谷，欣赏观看海椰子林。18世纪，岛上有一个英国人对海椰子非常感兴趣，他认为五月谷就是圣经里的伊甸园，亚当夏娃失去的"智慧果"就是海椰子。走在黑暗潮湿不见天日的深谷中，不到300亩的面积中长着近万棵海椰子树。直上云天的海椰子树，果实累累，果子一个个大得出奇。而奇怪的是，海椰子树有雄雌之分，而且雄雌树紧靠在一起永不分离，一旦雄雌两者一株被砍，那么另一棵便会枯死，因此它还有"爱情树"之美誉。雄树只长花穗不结果实，树高达35米。

陪同参观的工作人员指着傲然挺立的海椰子树说："海椰子树一次可以结几十个果实，海椰子的果实比平常的椰树果实大得多，通常在30多公斤左右。每个果实有两到三粒种子，每粒种子10至18公斤，直径约有半米之多，是当今世界上最大的种子。果实在8个月大的时候，趁果肉还是胶质状时方可食用，果实清香甜美有补肾壮阳之功效。一旦超过9个月果肉就会逐渐变硬，洁白而坚硬的果肉，曾经有人拿来冒充象牙，其硬度可想而知。海椰子发芽后每年只生出一片叶子围成环状斜指向天，以利汇集雨水流到根部。海椰子树长到25年才开始开花。果实要8年才能成熟，海椰子树龄最多可达1000年，连续800年结果。"

他接着说："海椰子树的另一个神奇之处就是它的树干与树根的交接处宛如人体的关节，可以旋转！保证大树在刮风时可以随风转动。海椰子树死后，树干仍屹立数年方腐烂，而底部的这个关节则会继续存在百年才会完全分解掉。"

走在海椰子林，我询问这里为什么叫"五月谷"？向导介绍，五月谷在20世纪40年代还是一个私人庄园，它的名字就是当时的庄园主所取，1966年归为国有并开辟成国家公园。而对于"海椰子"的命名，也有传说。据介绍，印度洋有一渔民在海上捡到这种硕大奇特果实的空壳，以为它生长在海底，便起

↑ 海椰在树上的果实

名为"海椰子"。目前,塞舌尔是世界上唯一保存海椰子林的国家。

沿着挺拔耸立的海椰子林,听着婉转悠扬的鸟鸣,伴着脉脉流淌的溪水,用去一个多小时,我走完了五月谷。

"五月谷",世界独一无二的植物大观园!

"海椰子",全球最大最重的种子!

拉迪格岛——世界上出镜率最高的海滩

广阔的海域……

飞驰的游船……

从普拉兰岛行船5公里,我来到面积只有10平方公里的拉迪格岛。眼前,又是一个别有风情的世界,又是一处春花烂漫的境地。只见高高的椰树刺破青天,弯弯细柔的沙滩伸向大海,怪石嶙峋的山峰拔地而起。一派伊甸园风光,让人如痴如醉……

拉迪格岛是当今世界自然生态保存最好的岛屿之一,素有"生态景观甲天下"之美誉。这里的德阿让海滩、银泉湾滩,都是世界上最美的海滩,吸引了很多摄影师的镜头。

▽ 奇石海滩上的蓝天白云碧波细沙

我乘着一部"老牛车"在岛上观光，经过古老作坊式椰油加工厂、旱龟散养地，穿过昔日法国殖民时期的庄园楼，来到著名的德阿让海滩。海边的奇石怪峰一下子吸引了我的视线，真令人惊叹不已，怎么世界上还有如此漂亮的奇石海滩？看吧！一块块奇特的岩石竖立在海边，有的像刀削一样直立，有的如

▽ 荷花欲放

▽ 墨菊含苞

第六章　非洲岛国：两大洋中的绿翡翠 | 507

斧砍一样裂开，有的似铁凿一样花纹斑斓。观其形态是大象、青蛙、骏马？是麦垛、草房、帆船？任你去想象吧！所有的岩石都是天然雕塑，鬼斧神工，屹立在沙滩、海水、丛林，是幅绝美、动人的图画！

我穿行海滩岩石，或侧身，或弯腰，或低头，欣赏每一块岩石的特色；或踏沙，或涉水，或钻丛林，观看每一处沙滩，大自然造就了如此奇特美妙的世界，每走一步都要让人感叹！当地向导介绍："这些石林是在海水的作用下，经过千万年冲刷形成的。看看石面，多么光滑啊！而且水的冲刷是没有规律的，所以留下了各种形态的岩石，有锥体、圆形、棱形，更多的是不规则的奇特形态。"

奇石海滩引众多人驻足。放眼望去，石林中，沙滩上，大海里，很多异国人士在这里尽情地踏沙，自在地游泳，饶有兴趣地观看石林，使得这一小小的拉迪格岛充满了勃勃生机。

德阿让奇石海滩是近年来出镜率非常高的海滩，被美国《国家地理》杂志评为"全球十大景点"并列入人生必去的 50 个地方之一，同时让世界影视界人士着迷。在这里，先后有多家影视集团前来取景，拍摄了《侏罗纪公园》等知名影片，都希望把这里的绝美风光传播给世人，让更多的人享受大自然的恩赐！

拉迪格海岛，醉人的沙滩海景……

德阿让海滩，梦幻的奇石世界……

石门打开

科摩罗:"月亮岛"上妇女的"花花脸"

飞机从印度洋上空安全降落于科摩罗(Comoros)首都莫罗尼(Moroni)国际机场。

这是一个很小的岛国,总面积仅2236平方公里、人口80万。位于非洲东侧莫桑比克海峡北端入口处,由大科摩罗岛、昂儒昂岛、莫埃利岛和马约特岛(法国占领)组成,为印度洋上的四大明珠之一。首都莫罗尼坐落在主岛大科摩罗岛,长171公里、宽45公里,环岛行一天可以走完。

机场通向莫罗尼市区的公路一直沿着海岸线伸展,左边是莽莽的森林,右

⬇ 从机场路进入科摩罗首都第一个古老建筑物清真寺

第六章 非洲岛国:两大洋中的绿翡翠 | 509

面是滔滔的印度洋。科摩罗虽是一个小小的岛国，但它却有"香料国""月亮岛"的称谓。岛上香料生产和出口在全世界名列前茅。"月亮岛"是很早以前一位阿拉伯水手登陆命名的，阿拉伯语为"达加哉·阿乐·卡玛"，意为"月亮岛"。科摩罗人非常崇尚月亮，在国旗、国徽中都有新月的标识。

　　沿途，路边有一些散落的村庄山寨，还有过往的行人。让人新奇的是来往妇女的"花花脸"，像涂了白灰一样，人不人，鬼不鬼，很是吓人。向导对我说："那

白料涂脸成了一道风景线

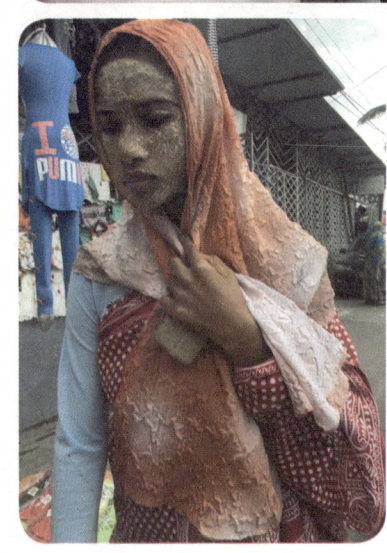

是白色颜料,为避免太阳直射着的色,因为这里邻近赤道,紫外线太强。妇女们为了保护脸才这样打扮的。"

经过半个小时车程,来到建在海边的首都莫罗尼城区。这是一个很小的沿海城镇,计6万人。一进城区,第一眼看到的是阿拉伯风格的古清真寺,接着是中国援建的国会大楼。

穿过旧议会遗址、独立纪念碑、海港、农贸市场,向导兼翻译阿萨德带我来到旧城区。最早阿拉伯人在此登陆建城,距今已有两千多年的历史。走在狭窄的小巷,那古街道、古院落,尤其是那古朴且雕刻精细的门窗,显示着古城沧桑的历史。

⬆ 独立纪念碑

⬆ 旧城里的老房、老门、老窗、老街

科摩罗首都莫罗尼的古老建筑还有皇宫遗址。站在倒塌的遗址前,依然能看出当年的辉煌,尤其是那个年代建造的厕所,它的下水道一直通向大海。这座老皇宫是1224年科摩罗第一代国王所建,用料全部是黑色火山石,依山临海。

与老皇宫遥遥相对的是依克泥悬崖,山壁像刀劈一样陡峭,地势险峻。在这里,我遇到了一位老农,他告诉我:"这是科摩罗有名的跳崖石。在很早以前,从马达加斯加来的海盗,登陆后杀人放火,强奸妇女,无恶不作。无奈,很多

↑ 老皇宫遗址

妇女被逼到山上，跳崖身亡！"

证明科摩罗人受蹂躏的何止一个跳崖石呢？不远处，还有一个巫师湖。当我来到这里时，一湾平静的湖水像明镜一样铺展在椰树林中。在这里割草的一位当地人指着湖水说："昔日，殖民者把大量奴隶带到这里，杀害致死，血流成河，染红了水面。每到夜晚，湖中会发出一种怪叫，当地人认为是灵魂的呼唤，为此这个湖又称灵魂湖。"

环岛行的下一站来到 MBENI 农业合作社。这里满山遍野生长着香料植物，有著名的伊兰、丁香、鹰爪兰、毕尼拉、香草、素馨、紫罗兰等，其中鹰爪产量居世界首位。这个合作社培育了一种树瓜，很是奇特。只见一树上长出很多像西瓜

← 奇特的树瓜

样的瓜。瓜类植物本来是一种藤蔓生长的果实，而这里培育的是树上结瓜，这种瓜叫嘎里巴斯，不能吃，可用来装存东西。

沿海岸线继续前行，来到海龟岛。这是一片平静的海水，白色的沙滩横铺在陆地与大海之间，高高的椰树刺破蓝天。为什么叫龟岛呢？一位捕鱼者说："因为地理上的优势，每到夜晚成千上万的海龟爬上沙滩，戏闹、筑巢、产蛋，为此这里叫龟岛。这是科摩罗一大景观。"

↑ 3亿多年前极为稀有的鱼类

科摩罗还有一种独特的鱼种，即寇拉侃兹鱼。这是一种极为稀有的鱼类，是3.77亿年前的古生物，比恐龙早700万年，曾一度被认为已经绝种。然而，1938年在这里的海域中发现并捉到一条，现已存放在国家博物馆中。这种史前鱼栖身在一般鱼类不能生存的深海下层幽暗洞穴里。

在大科摩罗岛上，我还参观了卡尔塔拉火山，这是世界上最活跃的火山之

▼ 黑石龙岩山

一，1900年至1965年间曾喷发过11次，最近一次喷发为2005年，造成25万居民无家可归。据介绍，科摩罗是一组火山群岛，是一个典型的火山国家，岛上地势崎岖，到处都是火山岩，造就了遍野自由生长的香料植物。

沿岛行，还观看了黑石龙岩山、火山湖、清真寺、中国援建的电视台发射塔等。

科摩罗，一个风景秀丽的海岛！

莫罗尼，一个阿拉伯风情浓郁的好去处！

◆ 火山湖

马达加斯加:"牛的王国"

您看过英国作家丹尼尔·笛福的《鲁滨孙漂流记》吗?马达加斯加(Madagascar)就是作者笔下鲁滨孙登过的岛。

乘飞机从舷窗俯瞰印度洋,有个像一片树叶飘浮在海面上的岛屿,这就是马达加斯加,别称"牛的王国""华尼故乡",为世界第四大岛,面积59万多平

⬇ 从机场到首都的路上看到很多牛群

方公里、人口2000万。该国有一处世界文化遗产——安布希曼加行宫；一处世界自然遗产——昂达西贝自然保护区。

走出机场，向马达加斯加首都塔那那利佛（Tananarive）行进。窗外，一座座平地而起的山丘上，从下而上盖满了住宅，红、绿、灰、白交相辉映的房屋错落其间，山下是稻田、河塘。从当地人的肤色看，黄、黑、白混杂，融合了亚、非、欧三大洲的人种。

沿途，但见很多牛车、牛群、牛粪。"牛的王国"，源于当地人对牛的崇拜，认为牛是财富的象征，家中牛越多越富有。

走进城区，城市建筑同样融入了亚、非、欧风格，混杂不一。探寻原因，需追溯其历史，有记载的马达加斯加岛历史始于公元7世纪，住民的祖先来自印尼的婆罗洲，接着阿拉伯人在海岸建立了贸易点。16世纪末梅里纳人建立梅里纳王国，他们是印尼马来人的后裔。1895年后法国长期占领。

塔那那利佛市坐落于海拔1470米的山脊上，整个市区依照地势起伏而建。

⇧ 山顶拥挤的建筑

▼ 女王宫门前的鹰雕

汽车盘山而上，到达山顶，停在著名的女王宫门前。只见大门雕刻精细，别有特色。宫殿高40米，富丽堂皇，这是伊麦利那王国时期的女王宫，曾经被一场大火烧过，后又进行修建。女王宫占地50多亩，围墙内除宫殿外还有教堂、

▼ 女王宫

刑架、墓地、后花园等。从王宫俯瞰全城，可见总理府、独立大街、湖中自由女神像、清真寺、法国人住所和传统集市佐马市场等。

与女王宫相媲美的还有一座古城，为安布希曼加行宫，于2011年被联合国教科文组织列入世界文化遗产。该行宫位于塔那那利佛市北20公里处，是一座树木茂密的山庄，称"临色山丘"。因在这里建有行宫和皇室陵寝，又称"圣城"。行宫坐落在山顶，为马达加斯加现存最古老而又较为完整的行宫，是安德里亚纳姆波伊尼麦利那国王在1788至1810年执政时的住地。

行宫为木质结构，建筑在石砌的台基上，屋顶由一根10米长黄檀木支撑，以双层黄檀木板为壁，共计110余块木板。"圣城"地势险峻，防卫坚固。护城

河周长 2500 米，围墙有 7 个隘口，每个隘口都修了石结构城门。现存较完好的是东面的安巴图米桑加纳城门，为单独一块圆石板，直径 4.5 米、厚 0.3 米，晨开夜闭，每次开关必须几十人推滚。

首都塔那那利佛也是一座古城，1625 年由安德里安贾卡王建立，因为当时调配了上千士兵守城，为此取名塔那那利佛，马达加斯加语意为"千人勇士之城"。

塔那那利佛，一座古老的"勇士之城"……

▼ 俯瞰首都全貌

去昂达西贝看世界稀有狐猴

清晨，从马达加斯加首都塔那那利佛出发东行，去到昂达西贝自然保护区看狐猴。该保护区被列为世界自然遗产。有关狐猴的动画片曾迷住了无数少年儿童，而狐猴的片子就是在马达加斯加拍摄得。

穿山谷，翻岗梁，涉江水，沿途农民正在收割水稻，从收到打，从运到晒，无一机械，而田间老牛在勤恳干活。在马达加斯加，人们对牛有着一种特殊的、近乎狂热的崇拜。牛为财富的标志，牛头为国家的象征，牛像孩子一样要接受洗礼，一个星期有一天不能让牛去干活。在马达加斯加，平均两个人有一头牛。

↑ 沿途收割稻谷的村民

如今，牛车、洗衣、收割都停留在原始状态，这个国家依然处在贫困线上，从路上可以看得一清二楚。

绕过一座山，司机拐进一个村庄，近距离接触当地村民。当我走下车，一群人围上来，有抱小孩子的，有背小孩的。这时，向导指着一个十二三岁背孩子的少女对我说："她背的孩子不是她的弟妹，而是她的孩子。这里女子有生育能力即可结婚，有的女子 12 岁就是母亲了，这并不为奇。儿孙满堂是当地人的风俗，儿女越多越好。当然,她们的目标是 7 男 7 女，认为 7 是最吉利的数字。"

经过两个小时车程，我先到了一个叫蝴蝶谷的山沟，参观了各种类型的变色龙，超乎想象的蜥蜴和鳄鱼、旱龟、青蛙、刺猬、蛇及一些昆虫。马达加斯加处在热带雨林中，造就了三项世界纪录：一是世界上昆虫科类最多，二是植物种类最多，三是有着世界上独有的物种狐猴。

转眼，汽车来到昂达西贝国家自然保护区门口，看看里程表，共走出 130

⬆ 穿越森林中的翡翠变色龙

⬆ 玛瑙变色龙虎视眈眈

公里。门口有一个木牌，介绍了保护区的情况。

昂达西贝自然保护区是马达加斯加最早建立的贝马拉哈的钦吉自然保护区中的一部分，于 1990 年被联合国教科文组织列为世界自然遗产。保护区植被以热带雨林为主，物种丰富，其中生活在这片保护区内的狐猴共有 11 种之多，现存最大也是最著名的狐猴 Indri indri 基本集中生活在该保护区内，另外保护区内还有一些珍稀特有的鸟类和两栖、爬行动物等。这里还生长着众多野生珍贵的兰花。

走进保护区内，顿然有一种神秘之感。那参天的树木，丛生的野草，枯死的长满绿苔的树干，腐烂的树叶……与充满原始趣味的森林进行零距离接触，融入大自然，使人的内心也平静舒缓下来，同时带来说不出的探寻乐趣。

当地探路人员不断告诫：手中一定要攥一根棍，一方面打草惊蛇，一方面可防止动物袭击。森林越来越深，越深越是要仔细观察、探寻……

突然，头顶上的树枝颤动起来，向上一望，那不就是狐猴吗！跳来跳去的狐猴，身姿轻盈敏捷。这时，我把相机对准狐猴一阵狂拍。接着，又有两只、三只、四只狐猴跳来，大胆出现在你面前，而且任你拍照。突然，有一只狐猴从树上跳到我的头顶上，乱舔一阵，久停不走，心里有些忐忑，不过并没有遭到袭击。后来，它跳到树上，远去了！

原来，狐猴都生活在保护区深处，其中有跳舞狐猴、国王狐猴等。最漂亮的要属国王狐猴了，黑白尾巴一米多长，滑稽之极，惹人喜爱。

⬆ 形形色色的狐猴

走近猴面包树

走在马达加斯加大地上，不时会看到一种既粗又圆、上面枝叶很少而非常奇特的树，这就是非洲的猴面包树。

多姿多彩的猴面包树林

在非洲，有很多这种猴面包树，与其他树种相比，观赏价值高。猴面包树有的种在平地，有的植在山坡，有的长在山上，很远很远就看到它光滑的树皮，泛着铜色、桃色的光泽。

我在马达加斯加走近一棵猴面包树，树高20米左右，树干特别粗，现场13个人手拉手合抱，没想到还没有围住一半。由于看上去像个大胖子，因此当地居民又称其为"大胖子树""树中之象"。

为什么称其为猴面包

树呢？因为猴子和阿拉伯狗面狒狒爱吃这种树的果实，而树干像面包，所以叫"猴面包树"，其实它的学名叫"波巴布树"。

猴面包树通常长在非洲热带草原，属于木棉种植物。关于猴面包树的来源，有好几个版本，说法不一。司机说："这种树是经过千万年的演变而成的。很早很早以前，非洲长了很多波巴布树，由于那个时期多风暴，将树冠刮断，树干又长新枝，又经风暴，又长新枝，反反复复地，树干慢慢'憋粗'了，成了今天的猴面包树。"

姊妹猴面包树

为了能够顺利度过旱季，在雨季猴面包树大量吸收水分贮藏在树干，树干的木质像多孔的海绵，可含大量的水，干旱时便成了水源。它曾为很多在热带草原上行走的人们提供了救命之水，解救了因干渴而生命垂危的旅行者，因此又被称为"生命之树""救命之树"。

谈到"救命之树"，当地人讲了这样一个故事："20世纪50年代，欧洲有个探险者在荒漠中走了一天，没了水喝。正当他的生命受到威胁时，突然发现前面有一棵猴面包树。于是，他拼命爬过去，用小刀在树干上捅了一个小洞，汁液瞬间从树干中流了出来，口干舌燥的他，咕咚咕咚地喝了个够，最终保住了生命。"

猴面包树的果实像个灰白色的大面包，长35厘米，果肉多汁且含有氨基酸和胶质，吃起来略带酸味。它既可生吃，又可制作清凉饮料和调味品，榨出

第六章 非洲岛国：两大洋中的绿翡翠

⬆ 结果实的猴面包树

的油为上等食用油。

雨季时猴面包树在枝条上长出小叶组成的掌状树叶含钙质高，可做汤，可入药，还可用来医治疟疾。树皮可以制作绳子和乐器的弦，也可作造纸原料，还可用它制作粗布。

猴面包树的木质没有利用价值，但有趣的是，当地居民常把树干掏空，搬进去居住，形成一种非常别致的大自然"房舍"，也有的居民将掏空的树干作为储藏室。令人感到奇怪的是，在猴面包树里贮存食物，会长时间不腐烂。猴面

⬆ 情人猴面包树

包树生长期长,千年不死。18世纪,法国著名植物学家阿当松在非洲考察,发现有一棵猴面包树的树龄已达6000年还非常茂盛。在非洲,当地百姓把猴面包树称为"圣树",不会轻易砍伐。

猴面包树真是一种神奇的树,尤其是它的树干之粗之大令人赞叹!为我开车的司机祖籍为南非,他对我说,在约翰内斯堡北部45公里处有一家"树心酒吧",这个酒吧就开在猴面包树之中。这棵猴面包树有5000年树龄,树干周长达50多米,树心已经干枯。于是当地一名叫范赫尔登夫利的人用树干中的空间开办酒吧。他在总面积为480平方米的空间,摆上桌子、椅子,可容纳60个人,成为世界上独一无二的树心酒吧!

猴面包树,非洲人的骄傲!

波巴布树,热带土地上的奇景!

⬇ 夕阳下的猴面包树

毛里求斯:"人间的伊甸园"

从飞机上俯瞰印度洋,如果马达加斯加像一片深绿的树叶,那么毛里求斯(Mauritius)就像一颗晶莹的翡翠,镶嵌在印度洋广阔海域中。

下飞机后,我乘汽车直奔毛里求斯首都路易港(Port Louis)。机场处在海岛的东南角,而路易港坐落于海岛的西北海岸,要穿越整个海岛才能到达。该国面积2040平方公里、人口126万,有一处世界文化遗产——莫纳山文化景观。

▼ 毛里求斯路易斯港中心大道终端为殖民时期总督官邸

汽车穿行在大片甘蔗林里，一眼望不到边，满眼皆是无际的甘蔗，汽车像一叶小舟荡漾在甘蔗的海洋。毛里求斯有"糖岛"和"甘蔗之国"的称谓，在国徽上印有的甘蔗图样是象征经济的符号，因为全国的经济支柱就是甘蔗。甘蔗是在殖民时期引进的，已有二百多年的历史。谈到历史，翻译介绍说："毛里求斯历经外国统治。1505 年葡萄牙人登岛，1598 年荷兰人引进甘蔗大量种植，1715 年法国人占领此地，1810 年英国打败法国将这里纳入英国殖民地。"

随着汽车的行进，车窗外的风光也在不断变化。毛里求斯作为一个火山岛，地貌千姿百态，沿海是狭窄平原，中部为高原山地，层峦叠嶂，景色秀美，被誉为"人间的伊甸园"。美国作家马克·吐温说："上帝先创造了毛里求斯，天堂再仿造了毛里求斯，创造了伊甸园。"正因为毛里求斯是天堂、伊甸园的原乡，这里成为全世界享受生命、解放自己的秘密花园。虽然岛很小，但到处是风光如画的景色，吸引世人欣赏那惊心动魄的美。岛上的居民就生活在如花似锦的伊甸园中，幸福指数很高。在非洲国家中，只有毛里求斯、塞舌尔的居民幸福指数被评为"最高"级别。

经过长途跋涉，汽车来到首都路易港市区。这个仅有 12 万人口的港口，三面环山，是一个天然良港，地处南大西洋和印度洋之间的航道要冲。在苏伊士运河通航以前，这里是环绕好望角航行的必经之地。20 世纪 70 年代后期，路易港建成为现代化的港口，同时也是世界上大型糖码头之一。

走在大街上，看到街道路标、招牌、街名均沿用法文，听到这里大部分居民说法语，让人有种置身于法国的感觉。路易港原由法国总督布唐奈斯于 1735 年所建，并以法国国王路易十四命名。市中心面对港口的一座古老大厦，是法国殖民者于 1738 年兴建的，现为毛里求斯最古老的建筑物。在

◀ 首都地标科当水门

海边赫德公园的沿海短墙上,至今还保留当年法国殖民者的一尊尊铜炮。路易港现住有印度人、巴基斯坦人、法国人、中国人及非洲人等,多民族融洽相处是它的独特之处。

在路易港,我参观了棕榈树掩映下的国会大厦、法国殖民时期的官邸、科当水门、中国城等地,这里多是殖民地时留下来的历史建筑,还有清真寺、印度寺院、中国庙宇等。中国元素很多,华人不少,一些街道东方色彩浓厚,不但有像北京天坛祈年殿式的传统建筑,还有悬挂"唐山杂货""稻香村""麻辣豆腐"等醒目汉字招牌的店铺。

↑ 毛里求斯唐人街红红火火

从市区乘车沿弯弯的山路来到著名的炮台山。山上放置有昔日英国人的炮台,旁边是1835年英国人建造的阿德莱德堡垒。站在山顶举目眺望,路易港全貌一览无余,尤其是山底的跑马场更是清晰可见。

路易港北面的皇家植物园大铁门别有特色,雕刻、装饰、花纹非常精美,引来很多游客观看欣赏,原来这个大门设计曾被评为国际金奖。走进植物园,很多挺傲粗大的古树,遮天蔽日,其中有面包树、椰子树、棕榈树、桉树、血

第六章 非洲岛国:两大洋中的绿翡翠 | 529

树等 500 多种不同的植物品种，其中仅棕榈树就有 80 多种。在植物园，还有中国国家领导人在此栽种的纪念树。遍布园林的有百种花卉芳香四溢，还有珍贵的鸟类。行至植物园中部，看到池塘中睡莲满湖，直径达一米多的莲叶，铺天盖地，令人叫绝。这是世界上最大的睡莲，每叶睡莲可承载一名孩童而不下沉。据悉，这是毛里求斯从巴西热带雨林引种而来，称之为"维多利亚巨头亚马逊睡莲"。

接着，驱车继续前行，到达海岛最西南角的莫纳山。莫纳山三面环绕海水，地势险峻，法国殖民时期，殖民者从非洲大陆买来很多黑人奴隶做苦工。奴隶们不愿遭受折磨，曾有几百人一

从炮台山堡垒俯瞰跑马场

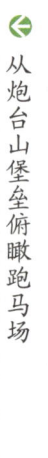
皇家植物园的巨形睡莲

从甘蔗林眺望海边的莫纳山

起到山上跳崖自杀，宁可去死也不想再受苦。2008年莫纳山文化景观被列入世界文化遗产。

汽车沿山路继续开往马雷尔，途中经过一处瀑布和咖啡种植园，最后抵达"七色土"。然而下车后，并没有发现什么"七色土"。在当地工作人员带领下，穿过一片浓密的树林，突然前面出现一片彩虹般的土地，原来"七色土"藏在这里！

"七色土"波状起伏而颜色各异，是一个个波纹状的丘陵山地，在阳光照射下，呈现出黄、赭、紫、红、橘等七种奇异的光彩，那斑斓色彩，神奇瑰丽，

↑ 鲜艳夺目的"七色土"

奇妙无比，让人啧啧称道！据悉，这是世界上罕见的同时拥有七种不同颜色的土地。据地质学家取样分析，这些泥土是火山喷发形成，经氧化后变成不同颜色，被誉为"地上彩虹"。

毛里求斯这个奇妙之地，被誉为"世界五大婚礼蜜月胜地"，吸引了大批新婚夫妇前来蜜月旅行、观光……

"人间的伊甸园"——毛里求斯，大自然恩赐了人间绝美的景致……

▼ 当地现代化建筑

留尼汪（法）：火山与冰斗并存的"千貌之岛"

辽阔的大海，无际的蓝天……

飞机慢慢地、徐徐地向下俯冲……骤然，一个暗红色的海岛呈现在机窗外……啊！这就是我要前往的留尼汪（Reunion）！如果把毛里求斯岛比作绿翡翠，那么留尼汪岛就是漂浮于印度洋上的红玛瑙了……

留尼汪地形的线条、色彩、层次越来越清晰：山峰、悬崖、峭壁、河谷、平原、森林、溪流、瀑布、礁石、高地……一一展现在目光中。留尼汪，被称为"千貌之岛"，太贴切、太真实了！

机场通往留尼汪首府圣但尼（St. Denis）城区的路上，司机兼翻译妮娜介绍，留尼汪是一个300万年前诞生的岛屿。为什么叫留尼汪？是历史所为。1513年，葡萄牙一个名叫马斯克林的航海家发现了这里的群岛，于是命名为马斯克林群岛。群岛主要由毛里求斯岛和留尼汪岛两大岛组成。而其中的"留尼汪岛"是1639年法国人到此以后命名的，法语为"联合"之意。全岛呈椭圆形，长63公里、宽45公里。这个拥有2512平方公里面积的岛屿，由原来的无人之岛，慢慢发展到85万人，成为法国的一个海外省。

行走在圣但尼大街，这个仅有12万人的小城，北朝平静的大海，南依陡峻的山地，风光旖旎，秀丽多彩。沿街房舍精致，深幽静谧。行人中有白种人、黑种人、黄种人等多个肤色的族群，人种的多元化成为留尼汪的一大特色。

在圣但尼，我有幸参观了市政厅、胜利纪念碑、圣但尼教堂、香草厂和留尼汪孔子学院。其中，波旁香草是世界上最好的。留尼汪岛盛产香草而被誉为"香草之岛"。

留尼汪实际是个火山岛。这个"千貌之岛",其奇特的地貌是在火山作用下形成的。岛上最有看点的是火山和冰斗,形成了奇异的地带,多彩的地貌,绚丽的沟壑。

岛上有两座火山,一座为岛中心海拔3069米的熄火山日内峰;另一座是海拔2631米的活火山富尔奈斯,又称"熔炉峰"。

留尼汪首府圣但尼的地标胜利纪念碑和市政厅近在咫尺

奔向世界自然遗产富尔奈斯火山,它是世界上最活跃的活火山之一

而后者一直在喷发,是世界上最活跃的火山之一。2015年,富尔奈斯火山被联合国教科文组织列入世界自然遗产。

在向导妮娜女士的带领下,从圣但尼驱车前往富尔奈斯火山。沿途,热带雨林、高原、平川、峡谷、河流、断崖等,真切领略了异彩纷呈的"千貌之岛",不得不叫绝!

经过2个多小时的车程,到达富尔奈斯火山脚下。我站在一个平台眺望火山顶,浓烟滚滚,像白色飘带一样,舞动、伸展、

⬆ 去往火山口需要翻越悬崖峭壁，跋涉熔岩坡地

飘逸，我赶紧按下快门，拍下富尔奈斯火山全景。

沿着崎岖的山路，又一段车程，妮娜女士带我登上富尔奈斯对面一座山顶。从另一个角度观看富尔奈斯火山升腾的烟云，更是一幅绝美的火山图画：烟雾、烟气、烟雨……

又上路了，向着富尔奈斯火山。伴随着海拔的升高，窗外的植被由森林、稀树、丛林，变幻为低矮植物，接着，眼前出现不毛之地的悲凉场景：荒山、秃岭、沙石……

汽车戛然而止，只有徒步而行。火山口快到了！

我迈开双腿，路过火山通道观景台，穿过熔岩山岗，眼前出现悬崖峭壁。站在峭壁前，依稀可见悬崖下的巨型火山天坑和大片的熔岩浆平地及升腾的烟云。之后，我沿悬崖阶梯下行至巨型火山天坑探看了一处破火山口。接着，冒着火山烟雾继续前行，大约徒步行走半个多小时，眼前终于出现了富尔奈斯火山口。只见宽 8 公里的火山口，像口巨大的锅，令人震撼！这座火山已有 53 万年的活动史。喷发最壮观的一次是 2007 年 4 月，火光几乎照亮了全岛。喷发

第六章 非洲岛国：两大洋中的绿翡翠 | 535

⬆ 间歇喷发的火山口经常被烈烟笼罩

最火爆的一次是 2015 年，熔岩浆的流动更是令人心跳！透过火山口，望着翻滚的熔岩浆，是奔腾的钢花？是燃放的礼花？还是飞溅的焊花……

踏访火山后，调转车头，去看冰斗。

留尼汪火山的喷发，造就了诸多独特的自然奇观和绝佳的地理地貌。妮娜介绍说，冰斗是数百万年前火山喷发之后，雨水侵蚀而形成的一种中空下陷、四面环山如漏斗型的凹地。这个漏斗型地貌有山壁、瀑布、溪流、幽谷、村寨。由于火山熔岩灰质地肥沃，冰斗中的植被茂盛，成为"仙境"一样的世外桃源、童话世界……。其中最为壮观的冰斗分别为萨拉济冰斗、锡拉奥冰斗和玛法特冰斗。妮娜驱车带我前往萨拉济冰斗，去观看她的本来面貌。

汽车环绕留尼汪岛行驶……

越过高山、河流、平原、谷地、岗梁。经过 3 个多小时的车程，到达萨拉济冰斗。这里的小镇是由萨拉济冰斗的名字命名的。小镇上有十二星座喷水池

⬆ 翻过高山峻岭奔赴萨拉济冰斗

及圣母天主教堂,它是萨拉济冰斗的中心地带。在此,我环顾了四周的冰斗地貌,接着上行。通过新娘头纱瀑布、绿色植被带、冰斗观景台,最后到达童话般的埃尔堡村寨。这是一个独特的法国海外小村庄,被誉为"法国最美村庄"。街道两旁坐落着可爱的克里奥小屋,依偎在缤纷美丽的花园里,使之沉浸在19世纪辉煌的殖民时代。在此,我去了"爱情通道"、冰斗观景亭、胜利女神雕像公园。其中,"爱情通道"独一无二的风光令人叫绝;这里是拍婚纱照的极佳之地。

返程的路上,思绪万千!留尼汪是值得留恋的——

留尼汪的火山气势磅礴……

留尼汪的冰斗妩媚秀丽……

圣多美和普林西比：大西洋上的"赤道公园"

飞机降落在大西洋几内亚湾东南部的海岛国家——圣多美和普林西比(Sao Tome and Principe)民主共和国。

这是一个由圣多美、普林西比岛和附近一些礁屿组成的国家，像珍珠撒落在大西洋，面积1001平方公里、人口20万，东距非洲大陆200公里。这里山高海阔，翠谷叠嶂；林茂草盛，鲜花怒放。因地处赤道，素有"赤道公园""绿珍珠"之美称。

圣多美岛葡萄牙人登陆点

主岛圣多美(Sao Tome)是首都所在地，地形为椭圆形，南北长85公里、东西最宽处40公里，面积859平方公里。

登上圣多美岛，首先来到岛屿西北部海岸的登岛纪念碑，这是早年葡萄牙人第一次上岛登陆点，只见一根10米多高的石柱上插有一个蓝色十字架，面朝大海，好像述说着几百年的沉浮历史。1470年葡萄牙人在此登岸，并以耶稣12门徒之一多美的名字命名该岛为"圣多美"，接着

↑ 独立广场双岛纪念碑

↓ 殖民时期建筑总统府

↓ 首都地标古堡

又占领东北部的另一个岛，并命名为"普林西比"，意为"太子岛"。1522年，两岛均沦为葡萄牙殖民地，并将葡国的政治犯和犹太人迁至该岛建立种植园。

离开登陆点，我顺圣多美岛海岸右行至岛屿的东北部海岸，踏访了"奴隶遇难纪念碑"。纪念碑建造得比较庄重，线条凝重而深厚，纪念在这里惨死的奴隶们。碑的旁边有一个牌子，上面写道，葡萄牙殖民者从非洲大陆的安哥拉、莫桑比克和佛得角等地运来大批黑奴，强迫他们到种植园做劳工。繁重的劳作和残酷的虐待激起黑奴的反抗，但遭到殖民者杀戮，成千上万的黑奴被处死，有的被绑起来扔到大海，沉入水底。故而，该岛又叫"死亡之岛"。

首都圣多美位于主岛东北端，大西洋湾，人口约5万。走进这个小小的城镇踏访，独立广场面朝大海，中心的雕像是双鸟纪念碑，双鸟代表双岛之意，四周是殖民时期建筑。在市区，我去了鱼市场、圣母大教堂、总统府和集贸市场。

圣塞巴斯蒂安古堡遗址是首都的地标，由葡萄牙殖民者于15世纪建造。在堡前竖有几处雕像，是当地人们休闲的场所。走进堡垒，我看到里面放置了很多葡萄牙殖民时代的物品，还有产自中国的青花瓷器。登上堡顶的灯塔，可瞭望一望无际的大西洋。

葡萄牙殖民时期，殖民者在圣多美岛建起了很多种植园，时过境迁，这一切现在都成了历史遗迹，只留下当时的一些建筑。在圣岛，我在岛的中部和南部共踏访了三处殖民时期经营的种植园。

第一个为 Agostinho 种植园，主要是烘烤可可豆。园内设有加工厂、医院、教堂等。在办公楼和医院前，我与员工的孩子们一起游玩；在宿舍，我走访了几位家属，了解了他们的生活情况：

问："当时这个种植园有多少员工？"

家属："200 多人吧！"

问："管理者都是哪里人？"

家属："都是葡萄牙人，本国人也有，是少数。"

问："当时的生产状况如何？"

家属："很火爆的！产品出口销往很多国家。但现在一切都破败

古堡前的雕像

种植园议事厅

在种植园和职工家属及下岗职工座谈

职工游乐园

了，再不复从前盛景。"

　　印象最深的是第二个种植园 Boa Entrada。踏进大门时，首先看到的是矗立在门口的议事楼。这幢二层小高楼是典型的葡萄牙建筑，为过去员工开会和议事的地方。植物园的活动广场很大，足有6个足球场那样宽阔，广场的正前方是葡萄牙人的办公楼，已经塌陷破败，成为危楼，但仍显露出葡萄牙的建筑风格。后院是葡萄牙管理人的住所，其建筑同样按照葡萄牙人的习惯而盖。昔日的加工厂房依然存留，成为后人的教育基地。据留守人员介绍，此植物园和其他植物园一样，自葡萄牙人走后，便走上衰落之路，直到破产，留下的大批员工和其后代都住在场里，现在这里已经成为一个小社会。踏访中看到，场院中聚集了很多员工及家属，还有一群群在玩耍的孩子们。

　　第三个种植园也已破败。

　　圣多美岛，大自然造就了美丽多彩的"赤道公园"……

　　但同时，留下了殖民时期的累累伤痕……

🔼 小小圣多美出租车何其多

普林西比岛人的"头顶功夫"

劈开大西洋的海浪,轮船向着普林西比岛进发……

我是从圣多美岛乘轮船去普林西比岛的。这是圣多美和普林西比民主共和国的第二大岛,面积142平方公里、人口仅1万,被誉为"世界上最纯净之岛"。

轮船靠港后,一帮黑人走过来,将我和向导、翻译的皮箱、提包通通顶在头上,大踏步地走向宾馆,甚至我的大相机也被顶在头上,运走了。这时,我

🔽 登普林西比岛后看到女人的"头顶功夫"更为惊叹

再回头看,轮船上的所有货物,都是"头顶"运出来的,大到立柜,小到脸盆,没有一种是用手拿、手提的。

踏上这个火山岛,顿感这里的山势比圣多美岛还高大、还陡峭,山路崎岖,弯道频频,少有平原、川地。

穿行在普林西比岛最让我震撼的是当地人的"头顶功夫",尤其是妇女。沿路,有的头顶一根粗大的木梁,有的顶一麻袋木薯,还有的顶一头小牛……

其实,我在非洲踏访过的国家中,都看到过黑人头上的"绝技",但这个普林西比岛更为突出,可能是因为山高路远、交通不便的原因吧!

这时,我询问陪同的翻译,他说:"在非洲,人顶货物不足为奇,这已是非洲人的习惯了,可以说习以为常。从生理角度说,非洲人脊椎骨确实发达,承受能力大,尤其女性,可以顶起相当于自己体重70%的重物,且行走如飞,脚上像蹬着风火轮。"

在普林西比岛,第一站踏访之地是坐落在山巅之上的星期日植物园。经过山路盘旋,穿过原始森林,走进一片青草萋萋的山顶平地上,星期日农庄出现在眼前。这简直是一处世外桃源:鲜花遍地绽放,蝴蝶翩跹飞舞,小鸟欢快歌唱。走进植物园大门，一片宽阔的草地广场呈现在面前，少说也有十个足球场大，不得不折服葡萄牙人的建场理念。广场四周依次是办公楼、医院、大教堂、马厩、员工宿舍和厂房，还有一条铁路一直通到车间。

在办公楼，留守人员介绍：这个植物园在殖民时期是可可种植园和一位葡萄牙皇族的家，现在已经废弃。当时曾有几百名员工在这里工作，很是红火了一个时期。

踏访时，留守人员还带着我去了庄园中一幢别墅。英国人爱丁顿于1919年5月29日在普林西比岛验证了爱因斯坦的相对论，他就住在这幢别墅里完成了验证工作，至今墙上还挂着当年的照片和说明。

⬆ 爱丁顿住宅前的纪念牌

植物园中的马厩建造得十分考究，尽管已经倒塌了半截，且杂草丛生，但是看上去仍蔚为壮观，尤其是门窗和一些雕塑，反映出葡萄牙人的创造力。

普林西比首府

⬆ 普林西比岛上的植物园马厩

第六章　非洲岛国：两大洋中的绿翡翠 | 545

圣安东尼奥镇处在岛的东北岸，来到这里一看，也不过是一个小村镇，早已失去了往日的辉煌。但中心广场上的总督府和大教堂依然光彩照人，广场上留下的几处雕塑和纪念碑，长满了苔藓，锈迹斑斑。周围有昔日的邮电局、议事厅、小教堂，都是殖民时期建筑，保存尚完好。沿街而行都是民宅，还有理发店、浴池、咖啡厅等。

在普林西比岛，我还踏访了唯一一所医院，共30个床位，5名医生，打针输液都没有问题，但有大病需乘飞机到首都去看病。

普岛只有一家宾馆，由欧洲人开办，全是单体单间茅屋式住房，散建在山顶上。晚上没有电灯，钥匙上有一个微型发电机照明，还带有一个口哨，万一碰到野兽可以呼救。而就餐之地设在附近的小岛上，吃一顿饭要走一公里长的木桥，但一路诗情画意，让人流连。在这里住宿者大多是欧洲人。

如果说圣多美岛是大西洋上的"赤道公园"，那么普林西比岛就是大西洋上的"璀璨珍珠"，纯净得令人窒息……

◆ 中心广场上的教堂　　◆ 殖民时期的遗迹

佛得角：非洲最西部的海岛国家

穿云破雾，银燕高飞。

飞机在大西洋上空飞翔……

突然，机体被强烈的气流颠簸了一下，接着开始缓缓降落、降落……

佛得角（Cape Verde）渐渐出现在海面上，这是大西洋中的一个岛国，东距非洲大陆500多公里。

飞机安然降落在佛得角主岛圣地亚哥岛首都普拉亚（Praia）国际机场，这是一个很现代化的大型机场。

"佛得角"在葡萄牙语中意为"绿色的海角"，而在落叶的季节这里却成为"红玛瑙"的世界。佛得角扼守欧洲、北美洲、南美洲、非洲海上交通要道，是连接四大洲的海上中心，素有"海上十字路口"之称，还有一处世界文化遗产——大里贝拉。

▼ 佛得角首都普拉亚中国援建的总统府

汽车离开机场后向着首都普拉亚市区行驶。佛得角位于北大西洋佛得角群岛上，全境由 18 个岛屿组成，面积 4033 平方公里、人口 50 万，其中黑白混血的克里奥尔人占总人口的 70%。佛得角本是一片荒芜之岛，没有人烟。1456 年葡萄牙人首先登陆，后沦为殖民地，是欧洲人在非洲海岛的第一个殖民地，该国尽管远离非洲大陆，却是非洲相对安逸的国家，生活水平在非洲属于中等偏上水平。

十分钟车程后进入首都普拉亚。"普拉亚"在葡萄牙语中为"海滩"之意。这是一个很小的港口城市，处在海滩之上的台地中，总共 13 万人口。沿街而行，看不到什么高楼大厦，多是二层建筑，且基本为殖民时期留下来的。

穿越普拉亚市区来到中心广场，周围分别有大教堂、政府办公楼、卫生部大楼、旧总统府及葡萄牙统治时期的一些殖民建筑。广场中心立有纪念碑，种有很多花草树木。

我从广场一角拐进总统府所在地，草地上一队卫兵正在操练。总统府是一幢黄色的楼宇，顶部飘扬着佛得角国旗。佛得角的总统府是对外开放的，人们可随意出入参观。在卫兵引领下，我参观了总统府会议厅、接见厅、贵宾厅、展览室和中心花园。这座总统府是中国援建的，大门口挂有中国援建的铜制标牌。

总统府坐落于山崖上，后面是悬崖峭壁，可以俯瞰大西洋和全市风光。在这一风水宝地，竖立着一尊青铜雕像，纪念葡萄牙人安东尼奥·诺利这个早期探险家，他是 1460 年 12 月 3 日第一个登陆佛得角圣地亚哥岛的。

▽ 第一个登岛人安东尼奥·诺利的青铜雕像

佛得角还有一个"大里贝拉"，

于18世纪末更名为"旧城"。大里贝拉是佛得角最古老的城镇,又是该国早期殖民时期的首府所在地,于2009年被联合国教科文组织列入世界文化遗产。

大里贝拉距首都普拉亚15公里。

大里贝拉悬崖上的要塞

驱车10分钟,我到达大里贝拉旧城制高点——圣菲利佩要塞。这是1593年修筑的城堡,现在依然雄伟壮丽。高高的城墙上架着一排大炮冲向海面;一座座弹药库尽管破败但仍显示着它的威力;圆形水塔坐落于要塞中央几乎没有受损。站在建于悬崖上的垒顶俯瞰,大里贝拉旧城全貌尽在眼前。

走下悬崖城堡要塞步入大里贝拉旧城,首先映入眼帘的是大教堂遗址:残

大教堂遗址

第六章 非洲岛国:两大洋中的绿翡翠 | 549

垣断壁、破烂不堪、一片废墟。这是建于1516年的一座教堂,从倒塌的石块上看,可见很多精美的雕刻、艺术的石画、神秘的线条,令人惊叹!

信步在大里贝拉古街上,听着当地人的介绍。这座旧城是在葡萄牙人诺利登陆后兴建的最早首都。"大里贝拉"是葡萄牙人起的名字,葡语指"大河"之意。500多年过去了,大里贝拉仍保存着皇家要塞、大教堂、皮洛里广场、古街道和小教堂等著名的古迹。17世纪初这里曾遭到海盗的袭击,大教堂、圣菲利佩要塞就是那时被摧毁的。

沿着高低不平的石路,我来到城中的皮洛里广场。站在广场中央,感受历史长河的振荡。这里最突出的地标是广场中心矗立的华丽的大理石石柱,它是葡萄牙权力的象征,皇权的标志,是当年殖民统治者葡萄牙人所立,它见证了当年贩卖奴隶的历史。在15至19世纪,该岛贩卖奴隶的交易就在这个广场中进行,成千上万的奴隶从这里被转运出海,走上了不归之路……

象征皇权的大理石立柱

旧城第一街

皮洛里广场,还是血腥的刑场。1712年法国海盗进攻到这里,将全城夷为平地,而被俘者全部被绞死在石柱上……

穿过皮洛里广场,是大里贝拉旧城最古老的一条街道,被称为"旧城第一街",初建于1534年,被当地政府保存下来。走在这条古街,满眼是低矮的、简陋的老房子,让人难以想象这就是当年殖民时期当地人的住所。有的房子前还挂出了出租的牌子,请前来的外国客人入住,体验一下旧时代的滋味。

"旧城第一街"的尽头是一座保存完好的小教堂,坐落在山脚下。这是兴建于1495年全世界最古老的殖民地教堂。教堂内还是当年的装饰，非常朴实、朴素，直到现在还在使用。教堂旁的古树前，展出了许多报刊杂志登载记述了教堂的古老，它同皮洛里广场石柱一样见证了大里贝拉沧桑的历史……

佛得角第二大看点萨尔岛，是佛得角群岛最早形成的岛屿。当我到达萨尔岛后，看到这里满目黄沙，一片荒凉。萨尔岛是佛得角第二大岛，南北长30公里、东西宽12公里，共5万人。全岛共有两个医生、一所医院、一所学校。埃斯帕戈斯是该岛的首府，其地标是矗立在山顶上的雷达白塔。市区南部是著名的圣玛丽亚海滩，东部是著名的佩德拉卢梅盐湖。荒漠、海滩、盐湖三大景观吸引了世人前来观光游览。岛上最为神秘的是盐湖，直径2000米，它实际上是个火山湖，含盐量相当高，人入湖而不会下沉，成为一大亮点。另外的鱼眼洞、火山熔岩海岸也很有看点。

佛得角，远离非洲大陆的世外桃源！

佛得角，深印着厚重殖民色彩的历史遗迹！

⬆ 最古老的殖民地教堂

⬆ 萨尔岛上的灯塔

⬆ 盐湖

圣赫勒拿（英）：流放拿破仑之岛

滔滔的大西洋，浩瀚的海平面……

小船奋力破浪，漂摇在浩瀚的海洋，向着圣赫勒拿岛艰难地进发……

圣赫勒拿岛距离非洲大陆西海岸1950公里，是孤悬在南大西洋的一座火山岛。由于太遥远、偏僻，与世隔绝，世人很难进入。几个世纪以来，货轮是岛上与外界联系的唯一途径。每个月仅有一只船从开普敦开向圣赫勒拿岛，来回达半个月之多。而且乘船前往，要提前半年预订船票。

为此，去圣赫勒拿，难！难于上青天……

再难，还是有世界上的历史迷、军事迷和生物迷前往，并视那里为他们向往的圣地。因为那里有一代伟人拿破仑、世界著名生物学家达尔文的足迹……

▼ 悬崖"天梯"699级台阶连着的山下首府小镇坐落在峡谷中

圣赫勒拿，我还是在中学历史课读到的，老师特意讲到拿破仑被流放该岛。今天，我要去实现缅怀一代枭雄拿破仑的愿望。

我是乘轮船前往的……

经过长时间的海上航行，终于靠近魂牵梦绕的圣赫勒拿（英）St·Helena（U·K），去往拿破仑生命终止的地方……

圣赫勒拿，从广义上讲，它不仅包含圣赫勒拿岛，还包含阿森松岛、特里斯坦——达库尼亚群岛和戈夫岛，总面积为412平方公里、人口0.56万。首府詹姆斯敦（Jamestown）设在圣赫勒拿岛。

从狭义上说指的是圣赫勒拿岛，该岛长17公里、宽10公里，面积121平方公里。因为是首府所在地，人口大都集中于此岛。

登陆一看，惊叹了！这个仅有1500人的首府詹姆斯敦是一个很小的镇，位于圣赫勒拿岛西北岸，两面是崖壁，一面濒临詹姆斯湾，镇中只有一条街横卧在狭窄的山谷中。

太震愕了！这个像布袋口一样的小镇，怎样出行呢？转眼一看，狭口悬崖壁上有直上直下的"天梯"，共计699级台阶，直上青云！太惊险了！镇上，人们的出行，就是靠这个"天梯"上上下下。我站在"天

➡ 小镇从教堂开始只有一条街道横卧在谷底

梯"旁，望而生畏，抬腿却步，这在世界上是独一无二的。当我站在"天梯"阶台，提心吊胆，忐忑不安，不寒而栗，毛骨悚然……

在小镇上，我探访了二战纪念碑、钟楼、教堂，还有写着"协天公"字样的华人住宅。

离开首府，我徒步踏行在岛上。圣赫勒拿岛是一个美丽的海岛。岛上有悬崖、峭壁、峡谷、怪石、泉水、溪流、山涧、台地、坡梁，散落着一户户农家宅院……

⬇ 小镇上的二战纪念碑

⬇ 议会小楼

走在圣赫勒拿岛，陪同的翻译名叫萨尔瓦，她带领我参观了草地牧场、山顶城堡、山巅教堂、七彩谷、原始森林，又专程去了坐落于山头平地上的总督府广场。这里聚集了很多休闲的岛民，唱歌、跳舞、打牌，皆在这里集中。

伴着歌声、笑语，面对休闲的人们，萨尔瓦女士讲述了海岛的历史——

这个远离世界的小岛本没人居住，历史上是一个荒岛。1502年5月21日，葡萄牙一个航海家航行到这里发现该岛，因这一天恰是天主教宗教日历中的圣赫勒拿日，便以此命名该岛。1588年和1659年英国人先后登岛，后被英国东

↑ 兴高采烈、无忧无虑的岛上人介绍华人劳工在这里工作的情况

印度公司占领，至此岛上有了人迹，现在岛上的居民主要是非洲奴隶和欧洲的混血种人。岛上的总督由英国指定，议院代表由岛民选出，居民出现纠纷由当地法院解决。

穿越一片森林，萨尔瓦女士带我来到首府詹姆斯敦南部4公里处的拿破仑旧居。这是一个约有300多亩地的庄园，2米多高的外墙由石块垒起，已经长满苔藓和荒草。墙内树林参天，鲜花遍地，含苞欲放，芳香扑鼻。这里就是盖世英雄法国皇帝拿破仑被流放之地。原本这里是英国东印度公司"朗伍德别墅"。

第六章 非洲岛国：两大洋中的绿翡翠 | 555

我走进院内,穿过烂漫的花丛,看到拿破仑当年的住屋,脑海中一下子翻卷起一代伟人拿破仑的形象……

在这个弹丸之地圣赫勒拿岛,至今还保存了历史遗迹拿破仑被流放时的住所,太珍贵了!身旁的萨尔瓦女士介绍,那是1815年10月15日,叱咤风云的法国皇帝拿破仑一世因滑铁卢惨败而被迫退位。而获胜的反法联盟各派惧怕拿破仑重整旗鼓,东山再起,卷土重来,于是将他流放到圣赫勒拿岛。当年,拿破仑在这个遥远、孤独的荒岛被限制自由,只能活动在四周12公里内,5年多的流放生涯,度过了难忘的日日夜夜,直至1821年5月5日去世,死因至今还是个谜。1978年福肖富德用中子活化分析法对拿破仑遗留的头发进行化验,认为死于砷中毒,怀疑为侍者所为。斯人已去,而拿破仑住屋中的生活用品依然存在,现已改作陈列室。在陈列室,我看到了一副国际象棋,萨尔瓦女士说:"这是拿破仑忠实部属埃尔芬斯通奉献的礼物,是拿破仑的爱物,可谓爱不释手,几乎天天把玩。"萨尔瓦接着又说:"象棋是由中国巧匠精心制作,为表敬意,埃尔芬斯通特意给每个棋子雕饰了带'N'的皇冠。"

走出陈列室,散步在拿破仑居室前院的花园中,萨尔瓦女士深沉地对我讲

↓ 拿破仑旧居坐落于风景秀丽的花草丛中

⇩ 拿破仑长眠在小岛山泉边上的绿树丛中　　⇧ 拿破仑旧居门前绿草青青

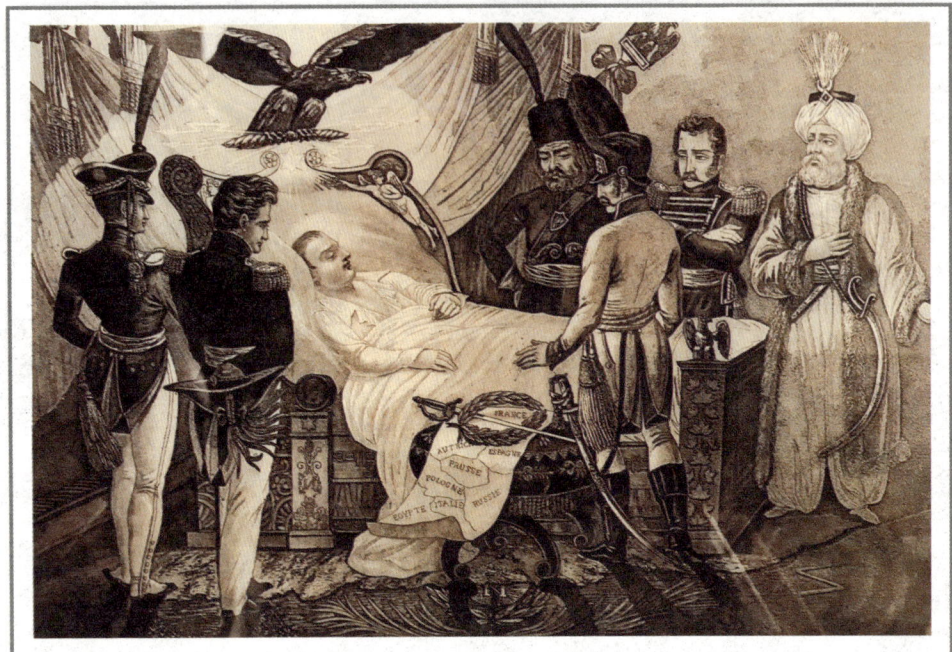

⬆ 屋内存有"病榻上的拿破仑"图像

起了拿破仑的中国元素，转而又指着拿破仑的卧室说："当年，拿破仑就是在他居住的这幢房屋里，对慕名前来拜访的英国驻华大使说了他一生中最后一句名言：中国是一头未睡醒的狮子，当他醒来，世界将为他震动！"

对于拿破仑一世，毛泽东对他十分敬佩，在《论持久战》一书中，多次提到拿破仑。

离开拿破仑旧居，在萨尔瓦女士陪同下，沿着蜿蜒的山间小路，穿过遍山的荆棘，来到一代天骄拿破仑长眠之地。在这里，我仿佛看到一位巨人站在绿树丛中，高瞻远瞩，那不就是当年的拿破仑吗？其实，这里已人走穴空，这是一段心酸的历史。1840年，法国政府派王子和军舰，在陪伴流放拿破仑及拿破仑的爱帅贝特朗带领下，一同前来圣赫勒拿岛，将拿破仑的遗骨接回巴黎，法国政府隆重举行国葬。

几天来，我居住的地方就是贝特朗的住所，处在拿破仑旧居的南墙外，约有30多米。贝特朗，这位拿破仑的爱帅，当年他和他的太太、三个儿子、一个女儿，在此一直陪伴着拿破仑共同度过了流放年代，直到拿破仑去世才离开这

↑ 世界著名生物学家达尔文在这个小岛留下了足迹

里回到法国。

在圣赫勒拿岛，还有世界著名的生物学家达尔文行走的足迹。达尔文在这里考察时发现此处是"物种的天堂"。岛上仍有达尔文曾骑过的那种罕见巨龟和见证过的奇特蝴蝶及别具特色、独一无二的红杉树等，这里可谓一个"天然宝库"。我沿着当年达尔文的足迹，看鸟、赏花、望树，别有洞天……

圣赫勒拿，这个与世隔绝、孤悬于大西洋上的独岛是神秘的！

圣赫勒拿，这个世外桃源因流放拿破仑而名噪一时！

温馨提示

非洲海岛国家不多，最大的是马达加斯加。这些岛国都很漂亮，是旅游、观光和度假的好去处。自助行或跟团出行的签证都比非洲大陆好办，其吃、住、行等条件和环境也都好于非洲大陆，尤其是非洲东部印度洋上的岛屿，是国内旅行的常规线路。至于到达，有北京飞往毛里求斯、塞舌尔等岛国的多条航线和航班，但去佛得角及圣多美和普林西比均需转机，而到达圣赫勒拿岛就更不容易了，需要提前半年订票。

后记

我共 9 次进驻非洲大陆，走完非洲全部 54 个国家和 3 个地区，这是我"走遍世界、踏遍全球"行程中最艰难、最辛苦又是最难忘的一个洲。回想起来，记忆犹新，流连忘返。无论是走东非还是西非；无论是去北非还是南部非洲，无论是哪个国家和地区，都不尽相同，特色鲜明。当我每到一地，都是那样的新奇！那样的心动！那样的惊叹！

非洲，给人的印象是贫穷、落后、原始、疟疾等悲凉的一面，还有战乱、海盗、枪杀等不稳定的因素，让人心生余悸，望而却步。

然而，当您步入这个"黑色"的世界，顿感这是一个奇妙的世界、奇妙的天下、奇妙的地域，与其他洲绝然不同，纯乎两样。单是族群的肤色，足以让你感到人类的反差，何况当地族群的装饰、习俗、文化与其他任何一个洲都大不相同、天壤之别，还有吃虫、吃土的习惯，使之不可理解。

更令我难忘的是非洲的动物世界，超越想象。我恰遇动物大迁徙，亲眼目睹了千千万万的角马奔腾成河的壮观场景，真切感受到"物竞天择"的自然法则！

非洲是有引力的！既有野性，又有柔静；既有狂热，也有幽美。马赛人的奔放，俾格米人的情怀，布须曼人的神秘……都给我留下了深刻的印象。

更何况，还有非洲的撒哈拉大沙漠、尼罗河、乞力马扎罗山、维多利亚大瀑布、马拉维湖、邦贾加拉悬崖山寨、杰内古城等，展示出一幅幅绝美的画卷，成为我记忆中永不消逝的电波……

《去非洲》全书共 6 章、109 篇，计 20 多万字，还插进我实地拍摄的 500 多幅照片，以飨读者。这里，感谢李翠林、干志强、刘永建、张渤、陈绍清、张晓林等为我提供我没有抓拍到或者说没有拍好的照片。

《去非洲》是继我的《乡路》、《乡情》、《乡曲》、《春韵》、《千山万水》、《西藏穿行》《穿越大西北》《行走南极》《去南美》《去加勒比海》《去中美洲》《去北美》《去大洋洲》等之后出版的第15部书籍。除此之外还有一部长篇电视连续剧《先遣连》(编剧),已在中央电视台一频道晚八点黄金时段播出并获得"飞天奖"一等奖。这些著作包括电视剧的正式出版和上映,受到广大读者和观众的好评,在此一并表示感谢!同时感谢当代世界出版社、风景图文、北京金图展览等单位的支持。

阅尽人间春色,唯美非洲。在《去非洲》这本新作即将付梓出版发行之际,我愿把撒哈拉大漠的驼铃声、尼罗河的浪花、马赛马拉的草香,献给您——亲爱的读者们!

作者:王喜民

2018年6月3日

图书在版编目（CIP）数据

去非洲 / 王喜民著. -- 北京 : 当代世界出版社, 2018.9

ISBN 978-7-5090-1436-3

Ⅰ. ①去… Ⅱ. ①王… Ⅲ. ①非洲－概况 Ⅳ. ①K94

中国版本图书馆CIP数据核字(2018)第181609号

去非洲

作　　者：	王喜民
出版发行：	当代世界出版社
地　　址：	北京市复兴路4号（100860）
网　　址：	http://www.worldpress.org.cn
编务电话：	(010) 83908456
发行电话：	(010) 83908409
	(010) 83908377
	(010) 83908423（邮购）
	(010) 83908410（传真）
经　　销：	新华书店
印　　刷：	北京华联印刷有限公司
开　　本：	710×1000毫米 1/16
印　　张：	35.50
字　　数：	540千字
版　　次：	2018年9月第1版
印　　次：	2018年9月第1次
书　　号：	ISBN 978-7-5090-1436-3
定　　价：	128.00元

如发现印装质量问题，请与承印厂联系调换。
版权所有，翻印必究；未经许可，不得转载！